A SOCIEDADE INDIVIDUALIZADA

Obras de Zygmunt Bauman:

- 44 cartas do mundo líquido moderno
- Amor líquido
- Aprendendo a pensar com a sociologia
- A arte da vida
- Bauman sobre Bauman
- Capitalismo parasitário
- Cegueira moral
- Comunidade
- Confiança e medo na cidade
- A cultura no mundo líquido moderno
- Danos colaterais
- Em busca da política
- Ensaios sobre o conceito de cultura
- Estado de crise
- A ética é possível num mundo de consumidores?
- Europa
- Globalização: as consequências humanas

- Identidade
- Isto não é um diário
- Legisladores e intérpretes
- O mal-estar da pós-modernidade
- Medo líquido
- Modernidade e ambivalência
- Modernidade e Holocausto
- Modernidade líquida
- Para que serve a sociologia?
- A riqueza de poucos beneficia todos nós?
- Sobre educação e juventude
- A sociedade individualizada
- Tempos líquidos
- Vida a crédito
- Vida em fragmentos
- Vida líquida
- Vida para consumo
- Vidas desperdiçadas
- Vigilância líquida

Zygmunt Bauman

A SOCIEDADE INDIVIDUALIZADA

Vidas contadas e histórias vividas

Tradução:
José Gradel

Título original:
The Individualized Society

Tradução autorizada da 1ª edição inglesa,
publicada em 2001 por Polity Press, de Cambridge,
Inglaterra

Copyright © 2001, Zygmunt Bauman

Copyright da edição em língua portuguesa © 2009:
Jorge Zahar Editor Ltda.
rua Marquês de S. Vicente 99 – 1º | 22451-041 Rio de Janeiro, RJ
tel. (21) 2529-4750 | fax (21) 2529-4787
editora@zahar.com.br | www.zahar.com.br

Todos os direitos reservados.
A reprodução não-autorizada desta publicação, no todo
ou em parte, constitui violação de direitos autorais. (Lei 9.610/98)

Capa: Sérgio Campante sobre fotos de Dora Pete;
Stephan Szpak-fleet; Revati Upadhya e Niels Roza

CIP-Brasil. Catalogação-na-fonte
Sindicato Nacional dos Editores de Livros, RJ

B341s

Bauman, Zygmunt, 1925-
A sociedade individualizada: vidas contadas e histórias vividas / Zygmund
Bauman; tradução José Gradel. – Rio de Janeiro: Zahar, 2008.

Tradução de: The individualized society
ISBN 978-85-378-0107-9
1. Individualismo. 2. Pós-modernismo – Aspectos sociais. I. Título.

CDD: 302.54
08-4115 CDU: 316.37

· Sumário ·

Introdução   7

Vidas contadas e histórias vividas:
uma proposta inicial   7

Como somos

1. Ascensão e queda do trabalho   27

2. Ordens locais, caos global   44

3. Liberdade e segurança: a história
    inacabada de uma união tempestuosa   57

4. Modernidade e clareza:
    a história de um romance fracassado   78

5. Sou por acaso o guardião do meu irmão?   95

6. Unidos na diferença   110

Como pensamos

7. Crítica – privatizada e desarmada   129

8. Progresso: igual e diferente   142

9. Usos da pobreza   148

10. Educação: sob, para e apesar
    da pós-modernidade   158

11. Identidade no mundo globalizante   178

12. Fé e satisfação instantânea   194

Como agimos

13.	O amor precisa da razão?	205
14.	Moralidade privada, mundo imoral	219
15.	Democracia em duas frentes de batalha	251
16.	Violência – antiga e nova	258
17.	Sobre os usos pós-modernos do sexo	275
18.	Existe vida após a imortalidade?	298
	Notas	315
	Agradecimentos	323

· Introdução ·

Vidas contadas e histórias vividas: uma proposta inicial

"Os homens são tão necessariamente loucos", sofismava Blaise Pascal, "que não ser louco seria outra forma de loucura." Não há saída para a loucura senão outra loucura, insiste Ernest Becker, comentando o veredicto de Pascal, e explica: os homens estão "fora da natureza e desesperadamente nela". Tanto em termos individuais como coletivos, todos nos elevamos sobre a finitude de nossa vida corporal, e no entanto sabemos – não conseguimos não saber, embora façamos tudo (e mais) para esquecer – que o vôo da vida, de maneira inevitável, vai cair no solo. E não existe uma boa solução para o dilema, pois é exatamente se elevar sobre a natureza o que abre nossa finitude ao escrutínio e a torna visível, inesquecível e dolorosa. Fazemos o possível para transformar nossos limites naturais no mais bem guardado dos segredos; mas, se tivéssemos sucesso nesse esforço, teríamos pouca razão para nos esticarmos "além" e "acima" dos limites que desejamos transcender. É a própria impossibilidade de esquecer nossa condição natural que nos lança e permite que pairemos sobre ela. Como não nos é permitido esquecer nossa natureza, podemos (e precisamos) continuar desafiando-a.

Tudo que o homem faz em seu mundo simbólico é uma tentativa de negar e sobrepujar seu destino grotesco. Ele literalmente se lança em um esquecimento cego por meio de jogos sociais, truques psicológicos, preocupações pessoais tão afastadas da realidade de sua situação que são formas de loucura: loucura aceita, compartilhada, disfarçada e dignificada, mas mesmo assim loucura.[1]

"Aceita", "compartilhada," "dignificada" – dignificada pelo ato de compartilhar e pelo acordo franco e tácito de respeitar o que é compartilhado. O que chamamos "sociedade" é um grande aparelho que faz apenas isso; "sociedade" é outro nome para concordar e compartilhar, mas também o poder que faz com que aquilo que foi concordado e compartilhado seja dignificado. A sociedade é esse poder porque, como a própria natureza, estava aqui muito antes que qualquer um de nós chegasse e continuará aqui depois que todos tenhamos partido. "Viver em sociedade" – concordando, compartilhando e respeitando o que compartilhamos – é a única receita para vivermos *felizes* (se não felizes para sempre). O veneno do absurdo é retirado, pelo costume, o hábito e a rotina, do ferrão da finalidade da vida. A sociedade, diz Becker, é "um mito vivo do significado da vida humana, uma desafiadora criação de significado".[2] "Loucos" são apenas os significados não compartilhados. A loucura não é loucura quando compartilhada.

Todas as sociedades são fábricas de significados. Até mais do que isso: são as sementeiras da *vida com sentido*. O serviço delas é indispensável. Aristóteles observou que um ser solitário, fora de uma *polis*, só pode ser um anjo ou uma fera; isso não surpreende, uma vez que o primeiro é imortal e a segunda é inconsciente de sua mortalidade. A submissão à sociedade, como observa Durkheim, é uma "experiência libertadora", a própria condição de liberação "das forças físicas cegas e não-pensantes". Não poderíamos dizer, pergunta Durkheim de maneira retórica, que "é apenas por uma circunstância afortunada, pois as sociedades são infinitamente mais duradouras do que os indivíduos, que elas nos permitem experimentar satisfações que não são meramente efêmeras"?[3]

A primeira dessas frases é pleonástica: o que a submissão à sociedade oferece não é tanto a libertação das "forças físicas não-pensantes", mas uma libertação de se pensar nelas. A liberdade vem na forma de um exorcismo do espectro da mortalidade. E é essa tautologia que torna o exorcismo efetivo e faz com que certos tipos de satisfação tenham o gosto de derrotar "forças físicas" cruelmente cegas. Quando compartilhadas com aqueles que nasceram antes e com aqueles que provavelmente viverão mais, as insatisfações "não são meramente efêmeras"; para ser mais exato, elas são purificadas (de modo efêmero) do estigma da efemeridade. Podemos experimentar a imortalidade dentro de uma vida mortal, mesmo que apenas de maneira metafórica ou metonímica, moldando nossa vida à semelhança das formas que concordamos estar dotadas de um valor imortal ou entrando em contato e se associando a coisas que, por comum acordo, são destinadas à eternidade. De uma forma ou de outra, algo da durabilidade da natureza pode escapulir com facilidade na transitoriedade da vida individual.

Do mesmo modo que o conhecimento do bem e do mal gera o indivíduo potente e estanca a necessidade de um guia moral, o conhecimento da mortalidade dispara o desejo pela transcendência, que assume uma de duas formas: a ânsia de forçar a vida, admitidamente transitória, a deixar traços mais duradouros do que aqueles que os deixam, ou o desejo de provar este lado do limite das experiências "mais fortes do que a morte" da vida transitória. A sociedade se alimenta desse desejo em ambas as formas. Existe nele uma energia à espera de ser canalizada e dirigida. A sociedade "capitaliza" essa energia, suga seus sucos vitais desse desejo, desde que ela consiga fazer com exatidão o que é preciso: fornecer objetos verossímeis de satisfação, sedutores e dignos de confiança para instigar esforços que "façam sentido" e "dêem sentido" à vida; esforços que consumam suficientemente a energia e o trabalho para assim preencherem a duração da vida; e variados a ponto de serem cobiçados e perseguidos por todas as posições e condições sociais, sem importar quão pródigos ou escassos sejam seus talentos e recursos.

Isso pode ser, como sugere Becker, loucura; contudo também podemos argumentar que talvez seja uma resposta racional para a condição que os seres humanos não podem alterar, mas cujos efeitos, mesmo assim, têm que enfrentar. Seja o que for, a sociedade "a manipula", como faz com aquele outro conhecimento do bem e do mal – mas sua margem de manobra neste caso é maior, e sua responsabilidade também, já que os seres humanos comeram da Árvore do Bem e do Mal, mas apenas ouviram falar da Árvore da Vida e não possuem qualquer memória de terem provado seu fruto.

Onde existe uso há sempre a chance do abuso. E a linha que divide o uso do abuso entre os veículos de transcendência oferecidos foi e continua a ser uma das mais acaloradamente (talvez *a* mais de todas) contestadas fronteiras que as sociedades humanas traçaram; e parece que permanecerá assim por um longo tempo, pois os frutos da Árvore da Vida não estão disponíveis em nenhuma barraca de mercado devidamente licenciada. O objeto de todas as economias é a gerência de recursos *escassos*, mas o destino da *economia da transcendência da morte* é gerenciar – fornecer e distribuir – *substitutos* para recursos notoriamente *ausentes*: os *sub-rogados* que devem lutar pela "coisa real" e tornar a vida vivível sem ela. A principal aplicação deles é prevenir (ou, se não prevenir, ao menos adiar) descobertas similares à triste conclusão de Leonardo da Vinci: "Quando pensava estar aprendendo a viver, eu estava aprendendo a morrer" – uma sabedoria que algumas vezes pode proporcionar o florescimento de gênios, mas que com maior freqüência resulta em uma paralisia da vontade. É por essa razão que os significados da vida que estão em oferta e em circulação não podem ser separados em "corretos" e "incorretos", "verdadeiros" ou "fraudulentos". Eles trazem satisfações que diferem em completude, profundidade e duração emocional, mas todos ficam aquém da genuína e necessária satisfação.

Duas conseqüências resultam disso. Uma é a assombrosa inventividade das culturas, cujo "negócio principal" é fornecer variantes de estratégias de transcendência sempre novas, não testadas e não desacreditadas, além de ressuscitar, mais uma vez, a confiança na busca em andamento, apesar da forma com que os exploradores seguem de um desapontamento para uma frustração. O comércio de significados de vida é o mais competitivo dos mercados, mas como não parece provável que a "utilidade marginal" das mercadorias em oferta um dia diminua, a demanda que impulsiona o fornecimento competitivo não parece que um dia irá secar.

A segunda é a espantosa oportunidade de tirar partido dos volumes de energia destampados e para sempre inexauríveis, gerados pela contínua e nunca totalmente saciada sede pelo significado da vida. Essa energia, se aproveitada e canalizada da maneira adequada, pode ter vários tipos de uso: graças à sua onipresença e versatilidade, constitui o "metacapital" da cultura – o material com o qual diversos corpos do "capital cultural" podem ser, e são, moldados. Qualquer tipo de ordem social pode ser representado como uma rede de canais, por meio da qual a busca pelos significados da vida é conduzida e as fórmulas do significado da vida são transportadas. A energia da transcendência é o que mantém a formidável atividade chamada "ordem social" em movimento; ela a torna necessária e possível.

Foi sugerido antes que separar significados e fórmulas de vida em "certos" e "errados" é uma tarefa ousada e destinada a fracassar. Isso não significa, porém, que todos os significados de vida em oferta têm o mesmo valor; uma vez que nenhum deles atinge o alvo com exatidão, não se pode depreender que todos erram os alvos pela mesma margem. Toda cultura vive por meio da invenção e propagação de significados de vida, e cada ordem vive manipulando a ânsia pela transcendência; mas, uma vez capitalizada, a energia gerada pela ânsia pode ser usada e mal usada de muitas maneiras diferentes, embora os lucros de cada alocação beneficiem os clientes de modo desigual. Podemos dizer que o âmago da questão da "ordem social" é a redistribuição, a alocação diferencial de recursos produzidos culturalmente e de estratégias de transcendência, e que o trabalho de todas as ordens sociais é regular sua acessibilidade, transformando-a no principal "fator estratificador" e na medida suprema da desigualdade socialmente condicionada. A hierarquia social, com todos seus privilégios e privações, é construída com as medidas diferenciais de valor das fórmulas de vida disponíveis para várias categorias de seres humanos.

É no campo de tais redistribuições socialmente reguladas da "energia de transcendência" capitalizada que a questão da verdade ou falsidade dos significados de vida pode ser colocada de forma sensata e uma resposta crível pode ser buscada. A energia pode ser *mal usada*, e de fato é – quando as possibilidades de uma vida com significado são reduzidas, escondidas ou desvirtuadas e a energia é direcionada para longe de sua descoberta. A manipulação social da ânsia pela transcendência é inevitável se a vida individual deve ser vivida e a vida em comum deve continuar – mas ela tende a incluir uma *manipulação do excedente* que desvia mais do que aproxima as chances que a vida cria.

A manipulação do excedente está no auge da perversidade quando coloca a culpa pelas imperfeições das fórmulas de vida produzidas culturalmente e da desigualdade de sua distribuição produzida socialmente sobre os mesmos homens e mulheres para os quais as fórmulas são produzidas e os recursos necessários para dispô-las são fornecidos. Um desses casos ocorre quando (para usar a expressão de Ulrich Beck) as instituições "para solucionar problemas" são transformadas em "instituições para causar problemas";[4] você é responsável por você mesmo mas "depende de condições que iludem sua compreensão por completo"[5] (e na maioria dos casos também o seu conhecimento); sob tais condições, "a maneira como se vive se transforma na solução biográfica para contradições sistêmicas".[6] Afastar a culpa das instituições e dirigi-la para a inadequação do indivíduo ajuda a difundir a raiva potencialmente rompedora, ou a redistribuir seu papel nas paixões de autocensura e autodepreciação, ou até mesmo a recanalizá-la para a violência e a tortura dirigidas contra o nosso próprio corpo.

Repisando o mandamento "não há mais salvação pela sociedade" e transformando-o em um preceito de sabedoria de senso comum, um fenômeno fácil de notar na superfície da vida contemporânea, empurra-se as coisas para um "segundo nível": a negação de veículos de transcendência públicos e coletivos e o abandono do indivíduo a uma luta solitária para a qual a maioria de nós não conta com os recursos necessários para executá-la sozinho. A apatia política e a colonização do espaço público com as intimidades da vida privada, a "queda do homem público", mencionada por Richard Sennett, o rápido desaparecimento da velha arte de atar os laços sociais e fazê-los durar, o medo/desejo esquizofrênico de separação e de ser deixado sozinho (a perpétua indecisão entre "eu preciso de mais espaço" e, nas palavras de Ally McBeal, "estou tão cansada de mim mesma"), as paixões ardentes que acompanham a busca desesperada por comunidades e a fissiparidade daquelas que são encontradas; a imortal demanda por regimes punitivos novos e melhorados com os quais se possa atormentar os corpos dos bodes expiatórios, unida paradoxalmente com o culto do corpo como "a última linha de trincheiras" a ser defendida com unhas e dentes, e fonte de uma série infinita de sensações cada vez mais prazerosas para absorver e processar os estímulos em oferta; a sempre crescente popularidade de drogas produzidas química, eletrônica ou socialmente, que se espera que, em diferentes momentos, agucem as sensações da vida e as harmonizem ou silenciem – todos esses aspectos podem ter raízes comuns ancoradas com firmeza nesse "segundo nível".

A tendência é a mesma em ambos os níveis: as *condições* sob as quais os humanos constroem sua existência individual e que decidem o alcance e as *conseqüências* de suas escolhas se retiram (ou são removidas) para além dos limites de sua influência consciente, enquanto as referências a elas são riscadas ou deportadas para o cenário nebuloso e raras vezes explorado das histórias que os indivíduos contam de suas vidas, em seus esforços para inventar ou descobrir sua lógica e remodelá-los em sinais convertíveis de comunicação interpessoal. Tanto as condições como as narrativas sofrem um implacável processo de *individualização*, apesar de a substância do processo ser diferente em cada caso:

"as condições", sejam lá o que forem, também são coisas que nos ocorrem, chegam sem convite e não se afastam apenas porque desejamos, enquanto "as narrativas de vida" representam as histórias que as pessoas contam de suas próprias ações e descuidos. Se projetada no discurso, a diferença é entre algo que se aceita e algo sobre o qual se pergunta "por que" e "como". Estas são distinções *semânticas* entre *palavras*. O ponto de maior relevância sociológica, porém, é como as palavras são empregadas na construção da história – isto é, onde a fronteira entre nossas ações e as condições sob as quais atuamos (e necessariamente não poderíamos ter atuado de outra forma) está desenhada no curso da narrativa.

Nas palavras famosas de Marx, as pessoas fazem história sob condições que não escolhem. Podemos atualizar essa tese como exigem os tempos das "políticas de vida" e dizer que o povo faz suas próprias vidas sob condições que não escolhe. Tanto na versão original como na atualizada, no entanto, pode-se pensar que a tese implica que o reino das condições que estão além de nossa escolha e o campo de ação receptivo à intenção, ao cálculo e à decisão estão separados e assim permanecem; e que, apesar de a interação entre essas questões representar um problema, a fronteira que os separa não é problemática – é objetiva e, portanto, inegociável.

Contudo, a suposição de que a fronteira tenha sido "dada" é, ela mesma, um fator importante, talvez o principal, que faz das "condições" o que elas são: uma questão de não-escolha. As "condições" limitam as escolhas das pessoas, isentando-as do jogo de meios e fins das ações da vida, com o pretexto de sua declarada e aceita imunidade diante das escolhas humanas. Como disse W.I. Thomas – algo que as pessoas assumem ser verdadeiro tende, como conseqüência disso (mais precisamente, como uma conseqüência acumulativa de suas ações), a se tornar verdadeiro. Quando as pessoas dizem "não há alternativa para X", X passa do território da ação para aquele das "condições" da ação. Quando as pessoas dizem "não há nada a ser feito", na verdade não há nada que elas possam fazer. O processo de individualização, que afeta da mesma forma as "condições" e as narrativas de vida, precisa de duas pernas para avançar: os poderes que estabelecem o alcance das opções e separam as escolhas realistas dos castelos de areia devem ser estabelecidos no universo das "condições", enquanto as histórias de vida devem se restringir a ir e vir entre as opções disponíveis.

As vidas vividas e as vidas contadas são, por essa razão, estreitamente interconectadas e interdependentes. Podemos dizer, o que é paradoxal, que as histórias de vidas contadas interferem nas vidas vividas antes que as vidas tenham sido vividas para serem contadas... Como Stuart Hall disse em outras palavras, "apesar de não querer expandir infinitamente a afirmação territorial do discurso, o modo como as coisas são representadas e as 'maquinarias' e regimes de representação em uma cultura exercem um papel *constitutivo*, e não apenas reflexivo, depois do que aconteceu".[7] As histórias de vida são ostensivamente guiadas pela modesta ambição de instigar ("em retrospecto", "com o benefício da visão posterior") uma "lógica interna" e um significado nas vidas que elas contam outra vez. O código que elas observam, sabendo ou não, molda as vidas que elas contam tanto quanto molda suas narrativas e a escolha de vilões e heróis. Vive-se a própria vida como uma história ainda a ser contada, mas a forma como deve ser tecida a história que se espera contar decide a técnica pela qual o fio da vida é tecido.

A fronteira entre "ambiente" e "ação" ("estrutura" e "agência", παοχειη e ποιειη) é, discutivelmente, a mais contestada das fronteiras que deram forma ao mapa do *Lebenswelt** e assim, de maneira oblíqua, às trajetórias dos cursos de vida. Nesta fronteira se travam as mais exaltadas batalhas ideológicas; ao longo dela, veículos armados e canhões móveis pertencentes a ideologias em combate são ancorados no solo para formar o "imaginário", a "*doxa*", o "bom senso" – a "linha de entrada proibida", fortificada

---

*Mundo vivido pelo homem. (N.T.)

contra assaltos do pensamento e minada contra a imaginação que vagueia. Apesar dos mais sérios esforços, esta é uma fronteira notoriamente móvel; e também curiosa, na medida em que o ato de questioná-la tende a ser a mais efetiva forma de contestar. "As coisas *não* são como parecem ser", "as coisas não são o que você insiste que elas são", "o demônio não é tão feio como o pintam": são os gritos de guerra que os defensores desta fronteira particular têm todos os motivos para temer, o que tantos porta-vozes dos veredictos divinos, das leis da história, das razões de Estado e dos mandamentos da razão aprenderam pelo modo mais difícil.

Ao elaborar a estratégia de pesquisa e a teoria dos estudos culturais, uma formidável contribuição britânica para a estrutura cognitiva da ciência social contemporânea, Lawrence Grossberg sugeriu que o conceito de "articulação" explicaria melhor a lógica estratégica das batalhas conduzidas na fronteira em questão ("o processo de forjar conexões entre práticas e efeitos, assim como permitir que as práticas tenham efeitos diferentes e muitas vezes imprevisíveis"):

> A articulação é a construção de um conjunto de relações a partir de outro; e com freqüência envolve desvincular ou desarticular conexões para vincular ou rearticular outras. A articulação é uma luta contínua para reposicionar práticas dentro de um campo de forças mutável, para redefinir as possibilidades da vida ao redefinir o campo de relações – o contexto – dentro do qual uma prática está localizada.[8]

A articulação é uma atividade em que todos nós, queiramos ou não, estamos continuamente empenhados; nenhuma experiência seria transformada numa história sem ela. Em nenhum instante, porém, a articulação traz riscos maiores do que quando chega para contar a história da "vida inteira". O que está em risco então é a aceitação (ou não, conforme o caso) da enorme responsabilidade colocada em nossos ombros – e apenas sobre nossos ombros – pela irresistível "individualização". Em nossa "sociedade de indivíduos", todos os problemas em que podemos nos meter são assumidos como criados por nós mesmos, e toda a água quente em que podemos cair se diz que foi fervida pelos fracassos dos desafortunados que caíram nela. Só podemos agradecer ou culpar a nós mesmos pelo que acontece de bom ou de ruim em nossa vida. E a forma pela qual "a história de toda a vida" é contada eleva esta suposição ao nível de um axioma.

Todas as articulações abrem algumas possibilidades e fecham outras. A característica distintiva das histórias contadas em nossos tempos é que elas articulam vidas individuais de uma forma que exclui ou elimina (impede a articulação) a possibilidade de seguir a pista dos vínculos que conectam o destino individual às formas e aos meios pelos quais a sociedade como um todo opera; para ser mais exato, impede o questionamento de tais formas e meios, relegando-os ao cenário não examinado das buscas individuais e considerando-os como "fatos brutos" que os contadores de histórias não podem desafiar nem negociar, seja de forma solitária, diversa ou coletiva. Com os fatores supra-individuais moldando o curso de uma vida individual longe dos olhos e do pensamento, o valor agregado de "unir forças" e "ficar lado a lado" é difícil de ser reconhecido. E o impulso de se comprometer (que dirá se comprometer criticamente!) com a forma em que a condição humana, ou o mandamento humano compartilhado, é moldada, é fraco ou inexistente.

Tem se falado muito da "reflexividade" da vida contemporânea; na verdade, todos nós – "indivíduos por decreto" que somos, os "políticos da vida", mais do que membros de uma "comunidade organizada politicamente" – tendemos a ser contadores de histórias compulsivos e encontramos poucos ou nenhum tópico mais interessante que nós mesmos para nossas histórias – nossas emoções, sensações e mais íntimas *Erlebnisse** . A questão, porém, é que o jogo da vida que todos jogamos, com nossas auto-reflexões e histórias sendo suas partes mais importantes, é conduzido de tal forma que as regras do jogo, o conteúdo do maço de cartas

---

*Vivências, experiências. (N.T.)

e a forma como as cartas são embaralhadas e distribuídas raras vezes sofrem um exame; e ainda com menos freqüência se tornam matéria de reflexão, muito menos de discussão séria.

O plácido consentimento de seguir jogando o jogo no qual os dados podem estar viciados (apesar de não existir forma de saber ao certo) e a renúncia a todo o interesse de saber se (e como) as vantagens estão sendo empilhadas contra os jogadores, parecem, a muitas cabeças pensantes, tão bizarro e contrário à razão que todo tipo de força sinistra e de circunstâncias não naturais foram listados como responsáveis por isso acontecer em grande escala. O comportamento bizarro pareceria menos estranho e mais fácil de se compreender se os atores fossem *forçados* a se render – por coerção rotineira ou pela ameaça de violência. Mas os atores em questão são "indivíduos por decreto", livres para escolher; além disso, como se sabe, podemos levar um cavalo até a água, mas não podemos fazer com que ele a beba.

Explicações alternativas foram buscadas, sendo encontradas em abundância na "cultura de massa"; com a "mídia", especializada em lavagem cerebral e em diversões baratas, e o "mercado consumidor", especializado no engano e na sedução, sendo considerados os principais vilões. Algumas vezes as "massas" foram consideradas vítimas infelizes da conspiração mercado/mídia, em outras foram culpadas por serem cúmplices tão bem-dispostas da conspiração – mas sempre estava implícita uma espécie de dano cerebral coletivo; cair na armadilha era claramente perder a razão.

Um pouco mais lisonjeira para os seres humanos são as explicações que deixam a razão subir ao palco: sim, os seres humanos usam sua sagacidade, suas habilidades e seu considerável conhecimento para ir vivendo, mas o conhecimento que está em oferta é fraudulento e enganador, e oferece pouca chance de encontrar as causas genuínas dos problemas. Não que falte razão e bom senso aos homens; a questão é que as realidades com as quais temos que lidar no curso de nossas vidas estão carregadas com o pecado original de falsificar o verdadeiro potencial humano e cortar a possibilidade de emancipação. Os seres humanos não são irracionais nem ingênuos, mas, sem importar quão cuidadosamente examinem sua experiência de vida, dificilmente encontrarão uma estratégia que possa ajudá-los a mudar as regras do jogo a seu favor. É isso, em resumo, o que sugere a explicação da "hegemonia ideológica". De acordo com essa explicação, a ideologia não é um credo articulado, um conjunto de afirmações verbais que deve ser aprendido e acreditado; está incorporada à forma como as pessoas vivem – "absorvida" pelo modo como as pessoas atuam e se relacionam.

Uma vez que a hegemonia tenha sido atingida, pistas e dicas apontando na direção errada (errada do ponto de vista dos interesses dos atores) são espalhadas pelo mundo em que os atores colocam suas vidas juntas; não existe mais possibilidade de evitá-las ou de desmascarar sua fraudulência enquanto for apenas em suas próprias experiências de vida que os atores devem se basear para estabelecer seus "projetos de vida" e planejar suas ações. Nenhuma lavagem cerebral é requerida – a imersão na vida diária moldada pelas regras preestabelecidas e prescritas é suficiente para manter os atores no curso estabelecido.

A idéia de "ideologia" é inseparável da idéia de poder e dominação. É uma parte não destacável do conceito de que qualquer ideologia é do interesse de alguém; são os governantes (a classe governante, as elites) que fazem sua dominação segura por meio da hegemonia ideológica. Mas para alcançar esse efeito precisamos de um "aparato" que, em algumas ocasiões abertamente, mas na maioria das vezes sub-repticiamente, conduzirá cruzadas culturais que levarão à hegemonia do tipo de cultura que promete diluir a rebelião e manter os dominados obedientes. Uma ideologia sem uma "cruzada cultural" seria o mesmo que um vento que não sopra, um rio que não flui.

Mas as cruzadas e outras guerras, na verdade todas as lutas, incluindo as mais ferozes, são (como assinalou Georg Simmel) formas de sociação. A luta presume um encontro, um "combate", e assim significa uma interação e um comprometimento mútuo entre lados em guerra. As "cruzadas culturais", o proselitismo e a conversão presumem tal comprometimento. Isso nos faz pensar se o uso da "hegemonia ideológica" como uma explicação para a popularidade das articulações inadequadas não perdeu sua credibilidade, mesmo que, sob circunstâncias diferentes, um dia tenha tido.

Os tempos de combate direto entre o "dominante" e o "dominado", corporificado em instituições panópticas de vigilância e doutrinação diárias, parece ter sido substituído (ou estar em curso de ser substituído) por meios mais limpos, elegantes, flexíveis e econômicos. As estruturas pesadas e as regras duras e rápidas, quando caíram em pedaços, expondo os homens e mulheres à insegurança endêmica de suas posições e à incerteza de suas ações, tornaram redundantes as desajeitadas e custosas formas de "controle direto". Quando, como diz Pierre Bourdieu, *la précarité est partout**, os panópticos, com suas equipes de vigias e supervisores, podem ser abandonados ou desmantelados. Também poderíamos passar bem sem os pregadores e suas homilias. A "*précarité*" está em melhor situação sem eles. A "precariedade", essa nova garantia de submissão, é maior porque abandonou as pessoas aos seus próprios recursos, lamentavelmente inadequados quando se trata de "controlar" sua condição atual, um controle forte o bastante para encorajar pensamentos para mudar o futuro. O descomprometimento é o mais atrativo e praticado jogo da cidade hoje em dia. A velocidade de movimento, em particular a velocidade para escapar antes que os pássaros tenham tempo de chegar em casa para se aninharem, é a mais popular técnica de poder.

Os grandes e poderosos de nossos tempos não desejam se ver envolvidos nas provações e atribulações da gerência, a vigilância e o policiamento; acima de tudo, nas responsabilidades que emergem dos compromissos a longo prazo e "até que a morte nos separe". Eles elevaram ao mais alto grau os atributos de mobilidade e flexibilidade: viajar com leveza, reajustes imediatos

---

*A precariedade está em toda parte. (N.T.)

e reencarnação contínua. Tendo à disposição um volume de recursos compatível com o número de escolhas, acreditam que a nova leveza não é nada mais do que uma condição fértil e agradável. Quando traduzidas como não-escolha, cânones obrigatórios do comportamento universal, os mesmíssimos atributos geram muita miséria humana. Mas também tornam (e pelos mesmos símbolos) o jogo imune ao desafio e assim o asseguram contra qualquer concorrência. A *précarité* e a TINA ("There Is No Alternative"*) entram na vida juntos. E só podem sair dela juntos.

Por que nós, estimulados a agir pelos desconfortos e riscos endêmicos do modo como vivemos, mudamos nossa atenção com muita freqüência e concentramos nossos esforços nos objetos e objetivos que não possuem relação de causa com as fontes genuínas desses desconfortos e riscos? Como acontece de a energia gerada pelas ansiedades da vida continuar sendo desviada de seus alvos "racionais" e ser usada para proteger, em vez de remover, as causas do problema? Quais são as razões pelas quais as histórias que contamos hoje e que tão raramente queremos ouvir, se é que queremos, vão além do estreito e esmeradamente cercado recinto do privado e do "ser subjetivo"? Essas e outras perguntas relacionadas se tornaram (é minha vez de confessar publicamente) minha obsessão. Estas conferências e ensaios são prova dessa obsessão.

As perguntas que acabei de listar são o único elemento comum que une os dispersos e aparentemente desconexos tópicos deste livro. A busca de uma resposta para essas perguntas foi sua motivação principal, e aproximar-se de uma resposta vaga por novos caminhos foi o objetivo principal. Acredito que o compromisso com o esforço para rearticular a cambiante condição humana sob a qual os "indivíduos cada vez mais individualizados" se encontram enquanto lutam para impor sentido e objetivo em suas vidas é, nas presentes circunstâncias (que

---

*Não existe alternativa. (N.T.)

tentei esboçar em *Modernidade líquida**), a tarefa suprema da sociologia.

Essa tarefa não consiste (não pode consistir) em "corrigir o senso comum" e legislar a verdadeira representação da realidade humana no lugar das erradas, endêmicas ao conhecimento laico. A essência da tarefa não é o encerramento, mas a abertura; não é a seleção das possibilidades humanas que valem a pena ser perseguidas, mas impedir que elas sejam encerradas, confiscadas ou simplesmente perdidas de vista. O chamado da sociologia atual visa aumentar e manter a amplitude dessa parte do mundo humano sujeita ao escrutínio discursivo incessante e assim mantê-la a salvo da ossificação na condição de "não-escolha".

A articulação das histórias de vida é a atividade por meio da qual o significado e o objetivo são inseridos na vida. No tipo de sociedade em que vivemos, a articulação é, e precisa continuar a ser, uma tarefa e um direito individuais. É, porém, uma tarefa bastante difícil e um direito que não é fácil de se conquistar. Para executar a tarefa e exercer o direito plenamente, necessitamos de toda a ajuda que possamos conseguir. E os sociólogos poderiam fornecer muita ajuda se eles se portassem bem, como podem e devem, no trabalho de gravar e mapear as partes cruciais da rede de interconexões e dependências que ou são mantidas escondidas ou permanecem invisíveis do ponto de vista da experiência individual. A sociologia é uma história – mas a mensagem dessa história particular é que existem mais formas de contar a história do que sonhamos em nosso contar de histórias diário; e que existem mais formas de vida do que as sugeridas em cada uma das histórias que contamos, as quais acreditamos ser as únicas possíveis.

Existe outro encadeamento comum para as conferências e ensaios reunidos neste livro: o efeito crucial da luta para expandir as fronteiras da articulação, trazendo de volta à análise as áreas banidas para um segundo plano e deixadas de fora pelas

---

*Rio de Janeiro, Zahar, 2001.

histórias de vida não examinadas, deve ser a expansão radical da agenda política. Conforme a esfera pública vem sendo colonizada, de maneira furtiva porém firme, pelos interesses privados, podada, descascada e limpa de suas conexões públicas e pronta para o consumo (privado), mas dificilmente para a produção de laços (sociais), esse efeito também pode ser descrito como uma descolonização da esfera pública. Como tentei argumentar em *Modernidade líquida*, o caminho para uma *ecclesia** verdadeiramente autônoma passa por uma ágora populosa e vibrante, onde as pessoas se encontram todos os dias para continuarem seus esforços conjuntos a fim de traduzir as linguagens dos interesses privados e do bem público.

Setembro de 1999

---

*Assembléia de cidadãos, do grego *ekklesía*. (N.T.)

Como somos

· 1 ·

Ascensão e
queda do trabalho

De acordo com o *Oxford English Dictionary*, o primeiro uso da palavra "trabalho" com o significado de "exercício físico dirigido a suprir as necessidades materiais da comunidade" foi registrado em 1776. Um século mais tarde, passou a significar também "o corpo geral de trabalhadores e operários que participam da produção" – e pouco depois os sindicatos e outras associações fizeram o vínculo entre os dois significados e por fim reforjaram este vínculo em uma questão política. O emprego dela no idioma inglês é notável, pois traz à tona a estreita conexão – na verdade, a convergência e uma identidade de destino – entre o significado atribuído ao trabalho (aquela "labuta material e mental"), a autoconstituição daqueles que trabalham em uma classe e as políticas baseadas naquela autoconstituição. Em outras palavras, o vínculo entre conferir à labuta física o papel de principal fonte de riqueza e bem-estar da sociedade e da auto-afirmação do movimento trabalhista. Juntos eles se ergueram, juntos eles caíram.

Grande parte dos historiadores econômicos concorda (ver, por exemplo, uma recente recapitulação das descobertas deles por Paul Bairoch)[1] que, no que diz respeito aos níveis de renda, havia pouco a distinguir entre diversas civilizações no auge de seu poder: as riquezas de Roma no século I, da China no século XI ou da Índia no século XVII não eram muito diferentes daquelas da Europa no limiar da Revolução Industrial. Segundo algumas estimativas, a renda per capita na Europa ocidental no século XVIII não chegava a ser 30% mais alta do que a da Índia, África ou China naquele tempo. Um pouco mais de um século foi suficiente, porém, para elevar bastante esta diferença. Por volta de 1870, a renda per capita na Europa industrializada era 11 vezes mais alta do que nos países mais pobres do mundo. No decorrer do século seguinte, a discrepância cresceu cinco vezes e chegou a 50 vezes por volta de 1995. Como observa o economista Daniel Cohen, da Sorbonne, "atrevo-me a dizer que o fenômeno da 'desigualdade' entre as nações é de 'origem recente'; é um produto dos dois últimos séculos".[2] E é dessa época que vem a idéia do trabalho como fonte de riqueza, assim como as políticas nascidas e guiadas por tal suposição.

A nova desigualdade global, a nova autoconfiança e o novo sentido de superioridade que a seguiu foram espetaculares e sem precedentes: novas noções e novos marcos cognitivos eram necessários para entendê-los e assimilá-los intelectualmente. Essas novas noções eram fornecidas pela nova ciência da economia, que chegou para substituir as idéias fisiocráticas e mercantilistas que haviam acompanhado a Europa no caminho para a fase moderna de sua história, até o limiar da Revolução Industrial. Não foi, por assim dizer, "um acidente" essas novas noções terem sido cunhadas na Escócia, um país ao mesmo tempo dentro e fora da corrente da sublevação industrial, envolvido e separado, física e psicologicamente próximo do país que iria se transformar no epicentro da ordem industrial emergente, mas que por um tempo se manteve afastado do impacto cultural e econômico de seu vizinho.

As tendências em ação no "centro" são sempre notadas com maior rapidez e mais claramente articuladas nas "periferias". E estar no subúrbio do centro civilizacional significava estar perto o suficiente para ver as coisas com clareza, porém longe o bastante para "objetivá-las" e assim moldar e condensar a percepção em um conceito. Não foi, portanto, "mera coincidência" as notícias terem vindo da Escócia: a riqueza vem do trabalho, que é a principal, talvez a única, fonte da riqueza.

Como sugeriu Karl Polanyi muitos anos mais tarde ao atualizar a visão de Karl Marx, o ponto de partida da "grande transformação" que criou a nova ordem industrial foi a separação dos trabalhadores de seus meios de sustento. Este evento importante foi parte de uma separação ainda mais compreensiva: a produção e a troca deixaram de estar inscritas em um modo de vida mais geral, na verdade mais amplo, e assim o trabalho (bem como a terra e o dinheiro) pôde ser considerado uma simples mercadoria, sendo tratado como tal.[3] Podemos dizer que foi essa nova desconexão que deixou a capacidade de trabalhar livre para se mover, e por conseguinte para ser colocada em diferentes usos (e portanto *melhores*), recombinada e integrada a outros arranjos (e portanto *melhores*), que possibilitaram que o "exercício corporal e mental" se congelasse em um fenômeno de direito próprio – uma "coisa" que podia ser tratada como todas as coisas são, isto é, "manuseada", movida, unida a outras "coisas" ou colocada em separado.

Sem que essa desconexão acontecesse, haveria pouca chance de que o trabalho pudesse ser mentalmente separado da "totalidade" a que ele "por natureza" pertencia e se condensasse em um objeto autocontido. Na visão pré-industrial da riqueza, a "terra" era tal totalidade – completada com aqueles que a aravam e colhiam dela. A nova era industrial e a rede conceitual que permitiu que fosse proclamado o advento de uma sociedade distinta – industrial – nasceu na Inglaterra, que se distinguiu de seus vizinhos europeus porque destruiu o campesinato, e com ele o vínculo "natural" entre terra, trabalho humano e riqueza. Os trabalhadores da terra primeiro tinham de ficar ociosos, para serem vistos como recipientes dessa "força de trabalho" pronta para ser usada e para que ela fosse chamada de fonte da riqueza potencial por seu próprio direito.

Essa nova ociosidade de trabalhadores parecia, aos contemporâneos da Revolução Industrial, a emancipação do trabalho – parte essencial da alegre sensação de emancipação das capacidades humanas em geral, dos constrangimentos vexatórios e estupidificantes e da inércia natural. Mas a emancipação do trabalho de sua relação estreita com a natureza não o deixou flutuar livremente e sem ligações por muito tempo; e dificilmente deixou este "trabalho emancipado", autodeterminante, livre para estabelecer e guiar seus próprios caminhos. A erradicada, ou apenas não mais viável, "forma de vida tradicional", velha e auto-reproduzível, da qual o trabalho era parte antes de sua emancipação, seria substituída por outra ordem, desta vez pré-projetada, "construída"; não mais um sedimento contingente do cego vaguear da sorte e dos disparates da história, mas um produto do pensamento e da ação racionais. Uma vez que se descobriu que o trabalho era a fonte da riqueza, foi tarefa da razão minar, drenar e explorar esta fonte de uma forma muito eficiente e jamais vista.

Alguns estudiosos, como Karl Marx, compartilhando o novo espírito turbulento da Idade Moderna, viram a morte da velha ordem como, principalmente, resultado de uma dinamitação deliberada: uma explosão causada por uma bomba colocada pelo capital, destinada a "derreter os sólidos e profanar o sagrado". Outros, como Tocqueville, mais céticos e menos entusiastas, viram o desaparecimento como um caso de implosão, mais do que explosão: avistaram as sementes da destruição no coração do "Antigo Regime" (sempre mais fácil de se revelar ou adivinhar em retrospectiva) e viram o alvoroço dos novos amos como, essencialmente, o ato de chutar um cadáver, dando novas e maiores dimensões às curas maravilhosas que a velha ordem havia testado num esforço desesperado e vão para evitar a morte. Houve pouca controvérsia, porém, em relação às possibilidades do novo regime e à intenção de seus senhores: a velha ordem, agora morta, precisava ser substituída por uma nova, menos vulnerável e mais viável – novos sólidos tinham de ser concebidos e construídos para preencher o vazio deixado pelos que foram derretidos. As coisas que haviam sido colocadas para navegar precisavam ser ancoradas novamente, agora de forma mais segura. Para expressar o mesmo no idioma atual, as coisas que foram "desencaixadas" teriam de ser, cedo ou tarde, "reencaixadas".

Rasgar os velhos laços locais/comunais, declarando guerra contra os meios habituais e as leis costumeiras, destruindo *les pouvoirs intermédiaires.** O resultado geral de tudo isso foi o delírio embriagante do "novo começo". A realidade liquefeita parecia estar pronta para ser recanalizada e vertida em novos moldes, para assumir uma forma que nunca teria adquirido se tivessem permitido que ela fluísse pelos canais que ela mesma havia cavado. Nenhum objetivo, por mais ambicioso que fosse, parecia excessivo para a capacidade humana de pensar, descobrir, inventar, planejar e atuar. Se a sociedade feliz – a sociedade dos felizes – não estava exatamente ali na esquina, sua chegada iminente já havia sido antecipada nas pranchetas dos homens que pensavam, enquanto os contornos que eles esboçavam ganhavam carne nos serviços dos homens que faziam. E o objetivo para o qual os homens que pensavam e os homens de ação dedicavam suas atividades era a construção de uma nova ordem. A recém-descoberta liberdade tinha de ser empregada a serviço da rotina disciplinada do futuro. Nada deveria ser deixado por si, caprichoso e imprevisível, sujeito a acidentes e contingências; nada deveria ser deixado em sua forma presente se esta pudesse ser melhorada, tornada mais útil e efetiva.

Esta nova ordem – na qual todas as pontas, apesar de temporariamente soltas, seriam atadas outra vez, e os náufragos, restos de fatalidades passadas, agora abandonados em uma ilha

---

*Os poderes intermediários. (N.T.)

deserta ou à deriva, seriam assentados, reassentados e fixados em seus lugares certos – deveria ser maciça, sólida e feita para durar. O grande era bonito, o grande era racional; "grande" significava poder, ambição e coragem. O lugar de construção da nova ordem industrial estava salpicado de monumentos a esse poder e a essa ambição, feitos de ferro e esculpidos no concreto; monumentos que não eram indestrutíveis, mas certamente feitos para assim parecerem – assim como fábricas gigantescas cheias até a borda de volumosas maquinarias e inúmeros operadores de máquinas, ou enormes redes de canais, pontes e trilhos de ferrovias pontilhados de estações imitando os templos de adoração da eternidade de outrora.

Henry Ford ficou famoso por declarar que "a história é uma trapaça" e que "nós não queremos tradição". "Queremos viver no presente, e a única história que vale a pena é a história que fazemos hoje."[4] O mesmo Henry Ford um dia duplicou os salários de seus trabalhadores, explicando que desejava que eles comprassem seus carros. Essa foi, é claro, uma explicação com ar de deboche: os carros comprados pelos operários de Ford eram uma fração mínima do total de vendas, e dobrar o salário aumentou bastante os custos produtivos de Ford. A verdadeira razão para essa medida pouco ortodoxa foi o desejo de eliminar a irritantemente alta mobilidade da força de trabalho. Ele queria atar seus empregados às empresas Ford de uma vez por todas e fazer render o dinheiro investido no treinamento – e fazê-lo render outra vez, com a duração da vida de trabalho de seus trabalhadores. E para atingir tal efeito, Ford precisava imobilizar sua equipe. Precisava fazê-los tão dependentes do emprego em sua fábrica como ele mesmo dependia, para sua riqueza e poder, de empregá-los.

Ford disse alto o que outros apenas sussurravam; ou melhor, expressou o que outros, em situação similar, sentiam mas eram incapazes de expressar. O uso do nome de Ford como modelo universal das intenções e práticas típicas da "modernidade pesada" ou do "capitalismo ortodoxo" tem boas razões. O modelo de Henry Ford de uma nova ordem racional estabeleceu o horizonte para a tendência universal de seu tempo, um ideal que todos os demais empreendedores da época lutavam para atingir. O ideal era ligar o capital e o trabalho em uma união que, como aquele casamento feito no céu, nenhum poder humano poderia desfazer.

A "modernidade pesada" era o tempo do compromisso entre capital e trabalho, fortificado pela mutualidade de sua dependência. Os trabalhadores dependiam de empregos para terem o sustento; o capital dependia de empregá-los para sua reprodução e crescimento. Esse encontro tinha um endereço fixo; nenhum dos dois poderia se mover para outra parte com facilidade – as paredes maciças da fábrica mantinham ambos os sócios em uma prisão compartilhada. O capital e os trabalhadores estavam unidos, poderíamos dizer, na riqueza e na pobreza, na saúde e na doença, até que a morte os separasse. A fábrica era a residência comum deles – o campo de batalha para a guerra de trincheiras e o lar natural de esperanças e sonhos.

Para que ambos – capital e trabalho – pudessem se manter vivos, cada um precisava ser mantido como mercadoria: os donos do capital tinham de ser capazes de continuar comprando trabalho, e os donos deste precisavam estar alerta, saudáveis, fortes e de certo modo atraentes para não afastar os possíveis compradores. Cada lado possuía "capital investido" para manter o outro na devida condição. Não é de admirar que a "remercantilização" do capital e do trabalho tenha se tornado a principal função e preocupação dos políticos e do Estado: os desempregados eram de fato um "exército de reserva de trabalho" que deveria ser mantido sempre em estado de prontidão, para o caso de ser chamado de volta ao serviço ativo. O Estado de bem-estar social, um Estado inclinado a fazer apenas isso, estava por essa razão genuinamente "além da esquerda e da direita": um apoio sem o qual nem o capital nem o trabalho poderiam sobreviver, muito menos mover-se e atuar.

Algumas pessoas viram o Estado de bem-estar social como uma medida temporária, que se retiraria do negócio no momento em que a segurança coletiva contra o infortúnio deixasse os assegurados confiantes e engenhosos o bastante para desenvolverem ao máximo seus potenciais. Observadores mais céticos viram-no como uma operação de limpeza e cura financiada e gerenciada coletivamente, a ser mantida enquanto a empresa capitalista continuasse gerando um desperdício social que ela não tivesse a intenção de reciclar, ou recursos suficientes para tanto – ou seja, por um longo tempo. Havia um acordo geral, no entanto, de que o Estado de bem-estar social era um mecanismo pensado para lidar com as anomalias, prevenir o afastamento das normas e tornar difusas as conseqüências de quebrá-las se isto ocorresse assim mesmo; a norma, dificilmente colocada em questão, era o compromisso mútuo direto, face a face, do capital e do trabalho, assim como a solução de todas as questões sociais importantes e vexatórias dentro da estrutura de tal compromisso.

Qualquer um que conseguisse seu primeiro emprego como jovem aprendiz na Ford poderia estar certo de terminar sua vida de trabalho no mesmo lugar. Os horizontes de tempo da "modernidade pesada" eram de longo prazo. Para os trabalhadores, os horizontes eram marcados pela possibilidade de um emprego vitalício dentro de uma companhia, que poderia não ser imortal, mas cujo período de vida se estendia muito além da expectativa de vida de seus trabalhadores. Para os capitalistas, a "fortuna da família", pensada para durar além da expectativa de vida de qualquer membro isolado, era idêntica às fábricas que eles herdavam, construíam ou pensavam agregar ao patrimônio da família.

Em resumo: a mentalidade de "longo prazo" se devia a uma expectativa nascida da experiência e amplamente corroborada pela experiência de que os respectivos destinos das pessoas que compram o trabalho e das pessoas que o vendem estarão entrelaçados de maneira próxima e inseparável por um longo tempo – em termos práticos, para sempre. E que, portanto, conseguir uma forma suportável de coabitação é do "interesse de todos", assim como a negociação das regras de boa convivência da vizinhança seria entre os donos de casas construídas na mesma proprieda-de. Como Richard Sennett descobriu,[5] até mesmo as impessoais fichas de horário, ardentemente odiadas pelos artesãos livres de ontem, arrebanhados pelas fábricas capitalistas e tão vividamente descritos por E.P. Thompson, assim como suas "novas e melhoradas" últimas versões, na forma das infames medições de tempo de Frederick Taylor – esses atos de "repressão e dominação praticados pela gerência em prol do crescimento das organizações industriais gigantes tinham se transformado numa arena em que os trabalhadores podiam fazer suas próprias exigências, uma arena de delegação de poder". Sennett conclui: "A rotina pode rebaixar, mas também pode proteger; pode decompor o trabalho, mas também pode compor uma vida." À medida que se assumia que ficar na companhia um do outro iria durar, as regras desse estar juntos eram foco de intensas negociações, algumas vezes de confrontações e demonstrações, outras vezes de trégua e acordo. Os sindicatos refundiram a impotência dos trabalhadores individuais em um poder de barganha coletivo e lutaram para remodelar as regulamentações incapacitantes em direitos trabalhistas e transformá-las em restrições à liberdade de manobra dos empregadores.

Essa situação mudou e o ingrediente crucial da mudança é a nova mentalidade de "curto prazo" que veio substituir a de "longo prazo". Casamentos "até que a morte nos separe" passaram a ser uma raridade: os sócios não esperam mais ficar muito tempo na companhia uns dos outros. De acordo com os últimos cálculos, um jovem norte-americano com um nível moderado de educação espera mudar de emprego pelo menos onze vezes durante sua vida – e essa expectativa de "mudança de emprego" certamente continuará crescendo antes que a vida laboral da atual geração termine. "Flexibilidade" é o slogan do dia, e quando aplicado ao mercado de trabalho significa fim do emprego "como o conhecemos", trabalhar com contratos de curto prazo, contratos precários ou sem contratos, cargos sem estabilidade e com cláusula de "até novo aviso".

Relatando os resultados de uma ampla pesquisa conduzida na Holanda sobre o cambiante significado do trabalho, Geert van der Laan observa que o trabalho tornou-se um esporte de "classe alta" ou de "alta realização", que está além da capacidade e do alcance prático da maioria dos que procuram emprego; e o esporte, como todos sabem, agora tende a se tornar menos um passatempo popular e mais uma atividade bastante competitiva, elitista, com muito dinheiro envolvido. "A pequena parte da população que trabalha, o faz de forma dura e eficiente, enquanto a outra parte fica de lado porque não pode acompanhar o alto ritmo da produção"[6] – e também, é preciso acrescentar, porque o modo como o trabalho é conduzido dá pouco, e cada vez menos, espaço para suas habilidades. A vida laboral está saturada de incerteza.

Podemos dizer, é claro, que não há nada de particularmente novo nessa situação, a vida laboral tem sido cheia de incertezas desde tempos imemoriais; mas a incerteza de hoje é de um tipo surpreendentemente novo. Os temidos desastres que podem devastar o sustento das pessoas e suas perspectivas não são do tipo que podem ser protelados ou pelo menos enfrentados e abrandados por forças que se unam, mantendo uma posição única, debatendo, concordando e aplicando medidas em conjunto. Os mais terríveis desastres agora atacam de modo aleatório, escolhendo suas vítimas com uma lógica, quando existe alguma, bizarra, espalhando seus golpes de maneira caprichosa, de forma que não há como antecipar quem será condenado e quem será salvo. A incerteza de hoje é uma poderosa força individualizante. Ela divide em vez de unir, e como não existe jeito de dizer quem sobreviverá a essa divisão, a idéia de "interesses comuns" fica ainda mais nebulosa e por fim se torna incompreensível. Medos, ansiedades e tristezas são feitos de tal modo que devem ser sofridos sozinhos. Eles não se somam, não se acumulam em uma "causa comum", não têm um "endereço natural". Isso priva a postura solidária de seu status passado de tática racional e sugere uma estratégia de vida bem diferente daquela que levou ao estabelecimento das organizações militantes da classe trabalhadora.

Quando o emprego do trabalho se tornou de curto prazo, tendo sido despojado das perspectivas firmes e portanto tornado episódico, e quando virtualmente todas as regras que dizem respeito ao jogo de promoções e demissões são sucateadas ou tendem a ser alteradas bem antes que o jogo termine, existem poucas chances de que a lealdade e o compromisso mútuos surjam e criem raízes. De maneira distinta dos tempos da dependência mútua de longo prazo, dificilmente existe qualquer estímulo para se ter um interesse sério, que dirá crítico, pela sabedoria de um arranjo que tende a ser transitório. Mais do que um domicílio compartilhado onde estamos inclinados a nos dar ao trabalho de elaborar regras aceitáveis de interação, o local de trabalho parece um acampamento que se visita por algumas noites e que se pode deixar a qualquer momento se os confortos oferecidos não são entregues ou se forem considerados ruins. Mark Granovetter sugeriu que o nosso é um tempo de "laços fracos", enquanto Sennett propõe que "formas de associação efêmeras são mais úteis para as pessoas do que conexões de longo prazo".[7]

A versão atual da modernidade, "liquefeita", "fluente", dispersa, espalhada e desregulada não pressagia o divórcio ou uma quebra final na comunicação, mas vaticina um rompimento entre capital e trabalho. Podemos dizer que tal separação replica a passagem do matrimônio para o "viver juntos", com todos os seus corolários, entre os quais a suposição da transitoriedade e o direito de quebrar a associação quando a necessidade ou o desejo se esvaem aparecem mais do que os outros. Se encontrar-se e ficar juntos era uma matéria de dependência recíproca, o rompimento foi unilateral: um lado da configuração adquiriu uma autonomia que nunca tinha vislumbrado. Em uma extensão nunca alcançada pelos "senhorios ausentes" de outrora, o capital cortou sua dependência do trabalho por meio de uma nova liberdade de movimentos jamais sonhada. Sua reprodução e seu crescimento se tornaram, de modo geral, independentes da duração de qualquer união local particular com o trabalho.

A independência não é, evidentemente, completa e o capital ainda não é tão volátil como desejaria e tenta ser. Fatores locais e territoriais ainda precisam ser considerados na maioria dos cálculos e o "poder inconveniente" dos governos locais ainda pode colocar restrições vexatórias sobre a liberdade de movimentos do capital. Mas este se tornou extraterritorial, leve, desembaraçado e desencaixado, numa extensão sem precedentes. E o nível de mobilidade espacial que ele adquiriu é mais do que suficiente para chantagear as agências políticas, limitadas pelo território, para que se submetam às demandas dele. A ameaça (mesmo não enunciada) de cortar os laços locais e ir para outro lugar é algo que qualquer governo responsável deve tratar com toda a seriedade, tentando estabelecer suas próprias ações de acordo com ela. A política se transformou num cabo-de-guerra entre a velocidade com que o capital pode se mover e a capacidade "de frenagem" dos poderes locais. E são as instituições locais que se sentem como se estivessem travando uma batalha que não podem vencer.

Um governo dedicado ao bem-estar de seus eleitores tem pouca escolha além de implorar e adular, mais do que forçar, o capital a voar para o país e construir escritórios em arranha-céus, em vez de alugar quartos de hotel. Isso pode ser feito, ou ao menos tentado, "criando melhores condições para a livre-iniciativa", isto é, ajustando o jogo político às "regras da livre-iniciativa"; usando todo o poder de regulação à disposição do governo para tornar claro e crível que os poderes regulatórios não serão usados para conter as liberdades do capital; evitando qualquer coisa que possa criar a impressão de que o território politicamente administrado pelo governo não é hospitaleiro às preferências, usos e expectativas do capital globalmente pensante e globalmente atuante, ou menos hospitaleiro para eles do que as terras administradas pelos vizinhos ao lado. Na prática, isso significa impostos baixos, poucas ou nenhuma regra, e acima de tudo um "mercado de trabalho flexível". Em geral isso significa uma população dócil, sem desejar e sem ser capaz de oferecer uma resistência organizada a quaisquer decisões que o capital possa tomar. Paradoxalmente, os governos podem esperar manter o capital em seu lugar apenas convencendo-o de que ele está livre para ir para qualquer lado – com um breve aviso ou mesmo sem aviso.

Tendo deixado o lastro formado por máquinas pesadas e grandes equipes nas fábricas, o capital viaja leve, apenas com bagagem de mão – uma pasta, um laptop e um telefone celular. Essa nova característica de volatilidade tornou o compromisso ao mesmo tempo redundante e pouco sábio: se ocorrer, restringirá o movimento e assim se tornará um empecilho para a competitividade e limitará as chances de uma maior produtividade. Bolsas de ações e conselhos de direção em todo o mundo estão prontos para recompensar todos os passos "na direção certa" do rompimento, como "achatamento", "redimensionamento" e "desassociação", e para punir prontamente qualquer notícia de aumento de emprego ou de que alguma companhia está ficando "atolada" em custosos projetos de longo prazo. A habilidade de fazer truques de desaparecimento parecidos com os de Houdini, a estratégia de exclusão e evitação, e a rapidez e capacidade para escapar se necessário, que é o ponto central da nova política de rompimento e não-compromisso, é hoje sinal de sabedoria e sucesso gerencial.

Como observou Michel Crozier há muito tempo, estar livre de laços desajeitados, compromissos e dependências incômodos que impedem o movimento foi sempre uma arma de dominação muito requisitada e efetiva; mas os suprimentos dessa arma e a capacidade para usá-la hoje em dia estão distribuídos da forma menos eqüitativa da história moderna. A velocidade do movimento se tornou um fator crucial, talvez até supremo, na estratificação social e na hierarquia de dominação.

As fontes principais dos lucros – dos grandes lucros em particular, e assim também do capital de amanhã – tendem a ser cada vez mais as *idéias,* e não *objetos materiais.* Uma idéia é produzida apenas uma vez e depois se mantém trazendo as riquezas, dependendo do número de pessoas comprometidas como compradores/clientes/consumidores, e não do número de pessoas comprometidas em replicar o protótipo. Quando se trata de tornar as idéias lucrativas, os objetos de concorrência são os consumidores, não os produtores. Não é de admirar que hoje a ligação do capital seja, acima de tudo, com os consumidores. Só nessa esfera podemos falar com seriedade de "dependência mútua". O capital é dependente, para sua competitividade, efetividade e rentabilidade, dos consumidores – e seus itinerários são guiados pela presença ou ausência de consumidores ou pelas chances de "produzir consumidores" – de gerar e alimentar a demanda com idéias em oferta. Ao planejar as viagens do capital e impulsionar seus deslocamentos, a presença da força de trabalho é, na melhor das hipóteses, uma consideração secundária. Por conseguinte, o "poder de controle" da força de trabalho local sobre o capital e sobre as condições de emprego e disponibilidade de trabalho diminuiu consideravelmente.

Robert Reich sugere que as pessoas hoje empenhadas em atividades econômicas podem ser grosseiramente divididas em quatro grandes categorias.[8] "Manipuladores de símbolos", pessoas que inventam idéias e formas de fazê-las desejáveis e vendáveis, formam a primeira categoria. Aqueles empenhados na reprodução do trabalho (educadores ou vários funcionários do Estado de bem-estar social) pertencem à segunda categoria. A terceira cobre pessoas empregadas em "serviços pessoais" (o tipo de ocupação que John O'Neill classificou como "negócios de pele"), requerendo encontros face a face com os receptores do serviço; os vendedores de produtos e os produtores do desejo pelos produtos formam o corpo dessa categoria. E por fim a quarta, à qual pertencem as pessoas que durante os últimos 150 anos formaram o "substrato social" do movimento trabalhista. Eles são, nas palavras de Reich, "trabalhadores da rotina", presos à linha de montagem ou, em fábricas mais avançadas, à rede de computação e mecanismos eletrônicos automatizados, como os pontos de controle. São as partes mais sacrificadas, descartáveis e intercambiáveis do sistema econômico. Nenhuma habilidade particular, nem a arte da interação social com clientes, faz parte dos requerimentos do trabalho deles – e assim são os mais fáceis de se substituir, possuindo apenas um poder de barganha residual e negligenciável. Eles sabem que são descartáveis. Portanto, não vêem muita razão para desenvolverem apego a seus empregos ou para entrar em associações duradouras com colegas de trabalho. Eles tendem a ser cautelosos com qualquer lealdade ao local de trabalho, assim como resistem a inscrever seus próprios objetivos de vida em seu futuro projetado.

Alain Peyrefitte, em seu estudo retrospectivo de nossa sociedade moderna/capitalista de "desenvolvimento compulsivo e obsessivo",[9] chega à conclusão de que a principal característica, que na verdade é constitutiva de nossa sociedade, é a confiança: confiança em si mesmo, nos outros e nas instituições. Todos os três alvos dessa confiança costumavam ser indispensáveis, condicionavam uns aos outros – se um saísse os outros iriam sucumbir. Podemos descrever o alvoroço moderno de fazer a ordem como um esforço contínuo para estabelecer os fundamentos institucionais da confiança: oferecendo uma estrutura estável para o investimento de confiança, tornando digna de crédito a crença de que os valores afagados hoje continuarão sendo afagados e desejados, que as regras da busca e do alcance desses valores continuarão sendo observadas, permanecendo intransgredíveis e imunes ao passar do tempo.

Peyrefitte distingue a empresa que oferece empregos como o lugar mais importante para semear e cultivar a confiança. O fato de a empresa capitalista ter sido também o canteiro de conflitos e confrontos não deve nos enganar: não existe *défiance* sem *confiance*, não existe contestação sem confiança. Se os empregados lutaram por seus direitos, foi porque eles estavam confiantes no "poder de controle" da estrutura na qual, como eles esperavam e desejavam, seus direitos seriam inscritos; confiavam na empresa como o lugar certo para depositar seus direitos e resguardá-los. Mas este não é mais o caso, ou pelo menos está rapidamente deixando de ser. Nenhuma pessoa racional esperaria passar toda sua vida, ou mesmo grande parte dela, em uma única empresa. A maioria dos cidadãos racionais preferiria confiar as economias de sua vida aos fundos de investimento que jogam na bolsa de ações e às companhias de seguros, notoriamente livres de risco, a contar com a aposentadoria que a companhia na qual estão trabalhando possa fornecer. Como Nigel Thrift resumiu há pouco tempo, "é muito difícil ter confiança em organizações que estão sendo 'desniveladas', 'diminuídas' e 'reorganizadas' ao mesmo tempo".[10]

Pierre Bourdieu faz uma ligação entre o colapso da confiança e a enfraquecida vontade de comprometimento político e ação coletiva:[11] a capacidade de fazer projeções futuras, ele sugere, é a condição *sine qua non* de todo pensamento "transformador" e de todo esforço para reexaminar e reformar o presente estado das coisas – contudo, projetar-se no futuro não é algo provável de ocorrer com pessoas que não tenham um controle de seu presente. A quarta categoria de Reich é a que mais claramente não tem esse controle. Atados como estão ao solo, impedidos de avançar ou, se avançam, presos na alfândega mais próxima, eles estão a priori em uma posição inferior ao capital, que se move livremente. O capital é cada vez mais global; eles, no entanto, permanecem locais. Por essa razão, estão expostos, desarmados, aos inescrutáveis caprichos de "investidores" e "acionistas" misteriosos, assim como às ainda mais desnorteantes "forças do mercado", aos "acordos de comércio" e às "demandas da concorrência". O que ganham hoje pode lhes ser tomado amanhã sem nenhum aviso. Eles não podem vencer. Nem querem assumir, sendo as pessoas racionais que são ou lutam para ser, o risco de lutar. Não é provável que forjem outra vez suas amarguras em uma questão política e que se dirijam aos poderes políticos para serem compensados. Como previu Jacques Attali há alguns anos, "amanhã o poder residirá na capacidade de bloquear ou facilitar o movimento ao longo de certas rotas. O Estado não exercerá seus poderes de outra forma a não ser por meio do controle da rede. E assim a impossibilidade de exercer o controle sobre a rede irá enfraquecer as instituições políticas de forma irreversível".[12]

A passagem da modernidade "pesada" ou "sólida" para a "leve" ou "liquefeita" constitui a estrutura na qual a história do movimento trabalhista foi inscrita. Ela também percorreu um longo caminho na direção de estabelecer um sentido para as notórias convoluções daquela história. Não seria razoável, nem particularmente esclarecedor, explicar as tremendas dificuldades em que o movimento trabalhista se viu imerso em todos os locais "avançados" (no sentido de "modernizados") do mundo pela mudança de ânimo público (seja devido ao impacto debilitante da mídia de massa, seja devido à conspiração dos anunciantes), pelo empurrão sedutor da sociedade de consumo ou pelos efeitos soporíferos da sociedade do espetáculo e do entretenimento.

Colocar a culpa nos "políticos trabalhistas" de duas caras ou que dizem asneiras também não ajudará. Os fenômenos evocados em tais explicações não são de nenhuma forma imaginários. Mas não servirão de explicação a não ser pelo fato de que o contexto da vida, o cenário social no qual as pessoas (raras vezes por escolha própria) realizam os negócios de suas vidas, mudou radicalmente desde os tempos em que os trabalhadores, apinhados em fábricas de produção intensiva, uniram-se para exigir termos mais humanos e compensadores para vender seu trabalho e os teóricos e praticantes do movimento trabalhista sentiram nessa solidariedade dos trabalhadores a incipiente mas inata sede por uma "sociedade boa", que implementaria os princípios universais de justiça.

· 2 ·

Ordens locais, caos global

As coisas são ordenadas se elas se comportam como você espera, ou seja, você pode não levá-las em conta quando planeja suas ações. Essa é a principal atração da ordem: segurança que vem da capacidade de prever, com pequeno ou nenhum erro, quais serão os resultados de suas ações. Você pode perseguir seja lá o que for, concentrando-se no que você mesmo precisa fazer, sem temer nenhuma surpresa: nenhum obstáculo que você não tenha sido capaz de, com um esforço módico, antecipar e assim incluir em seus cálculos. Em resumo: as coisas estão em ordem se você não precisa se preocupar com a ordem das coisas; as coisas estão em ordem se você não pensar, ou não sentir a necessidade de pensar, na ordem como um problema, muito menos como uma tarefa. E uma vez que você começa a pensar na ordem, isso é sinal de que algo em algum lugar está fora de ordem, de que as coisas estão escapando de suas mãos, e por isso você deve tomar alguma atitude para colocá-las outra vez na linha.

Quando você começa a pensar na ordem, descobre que está sentindo falta de uma distribuição de probabilidades clara e legível. Haveria ordem se não fosse possível que tudo acontecesse, ou pelo menos que tudo pudesse acontecer com igual probabilidade; se alguns eventos tivessem que acontecer, alguns outros seriam prováveis e ainda haveria aqueles muito improváveis, e todo o resto estaria completamente fora de questão. Como este não é o caso, e em vez disso – pelo que podemos dizer – existe uma chance de 50% de que qualquer evento aconteça, é possível afirmar que o caos está presente. Se a possibilidade de prever, e assim de controlar, os resultados de suas ações é a principal atração da ordem, é a aparente falta de qualquer vínculo entre o que você faz e o que acontece com você, entre o "fazer" e o "sofrer", que torna o caos odioso, repugnante e aterrador.

Quanto menos iguais forem as chances de respostas para suas ações, menos aleatórios serão os efeitos de suas ações – haverá, poderíamos dizer, mais ordem no mundo. Qualquer tentativa de "colocar as coisas em ordem" fica reduzida a *manipular as probabilidades dos eventos*. Isso é o que qualquer cultura faz, ou pelo menos se supõe que deveria fazer. Pierre Boulez disse que a arte transforma o improvável em inevitável. Isso se aplica a todos os setores da cultura. Em condições "naturais", não processadas culturalmente, seria um evento muito raro, e assim improvável, quase um milagre, os ovos se encontrarem com o bacon; na Inglaterra, nos "bons e velhos tempos", quando as coisas ficavam em seu lugar e todos conheciam seus lugares entre elas, o encontro dos ovos com o bacon no prato do café-da-manhã costumava ser inevitável, e apenas os tolos apostariam que o encontro não se realizaria.

A manipulação das probabilidades, e assim a conjuração da ordem a partir do caos, é o milagre realizado todos os dias pela cultura. Para ser mais preciso, é à realização rotineira desse milagre que chamamos cultura. Falamos de uma "crise cultural" se a rotina chega a ser desafiada e é rompida com demasiada freqüência para ser vista como confiável, que dirá normal.

A cultura manipula as probabilidades dos eventos por meio da atividade da diferenciação. Todos se lembram da afirmação de

Claude Lévi-Strauss de que o primeiro "ato cultural" da história foi a divisão da população de mulheres, sem importar quão uniformes elas poderiam ser em seu potencial reprodutivo, entre aquelas que eram e as que não eram elegíveis para o ato sexual. A cultura é a atividade de fazer distinções, de classificar, segregar, marcar fronteiras – divide as pessoas em categorias unidas internamente pela similaridade e separadas externamente pela diferença; e de diferenciar os alcances de conduta atribuídos aos humanos alocados nas diferentes categorias. Como observou Frederick Barth, o que a cultura define como diferença, uma diferença suficientemente significante para justificar a separação das categorias, é o *produto* da demarcação de fronteiras, não sua *causa*.

A falta de clareza acerca do alcance da conduta a ser antecipada de maneira legítima é, sugiro, a substância daquele "perigo" que Mary Douglas descobriu na mistura de categorias; o perigo que as pessoas de todos os tempos e lugares tendem a associar com os humanos e as coisas "do outro lado da barricada", com os seres portando traços que não deveriam aparecer juntos se as classificações mantivessem seu valor previsto e tão reconfortante. O hábito vexatório deles de cair entre as categorias, em vez de ajustar-se a elas, revela a convencionalidade, e portanto a fragilidade, onde se supunha que residisse "a realidade objetiva", e assim a estabilidade. A mera visão daquilo que Mary Douglas, seguindo Jean-Paul Sartre, apelidou de seres "viscosos", aqueles teimosos "intermediários" que devastam a ordenação do mundo e contaminam a pureza das divisões, é um olhar através da fechadura para o caos subjacente a cada ordem e que ameaça engolfá-la. A descoberta do caos aumenta o zelo pela ordem e pelas paixões que rodeiam a prática da construção, reparação e proteção da ordem. Os trabalhos da cultura, diferenciadores e segregadores, teriam trazido pouco ganho ao sentimento de segurança, para a compreensão definida por Ludwig Wittgenstein como o "conhecimento de como prosseguir", se não tivessem sido complementados pela supressão da "viscosidade", isto é, de todas as coisas de origem incerta, status misturado e denominação pouco clara – da ambivalência.

Assim como nenhuma tentativa de acomodar a complexidade do mundo em divisões definidas e compreensivas parece ter chance de sucesso, também não parece provável que a ambivalência seja vencida e deixe de assombrar os que buscam por segurança. Pelo contrário, quanto mais intenso é o desejo por ordem e mais frenéticos são os esforços para instaurá-la, maior será o volume de restos ambivalentes e mais profunda a ansiedade que eles irão gerar. Existe pouca chance de que a construção da ordem chegue algum dia ao fim, sendo uma preocupação auto-impulsionada e auto-intensificadora que ricocheteia em uma atividade autodestrutiva.

Por causa de suas conexões insípidas, porém íntimas, com o estado da incerteza, a "impureza" das classificações, a nebulosidade e a porosidade das fronteiras são fontes constantes de medo e agressividade inseparáveis dos esforços de criar e manter a ordem. Não é, contudo, a única fonte de conflito. Michel Crozier revelou outra em seu estudo elucidativo do "fenômeno burocrático": esta outra fonte é o *uso da ausência de ordem, do caos, como a principal arma do poder em sua aposta pela dominação*. A estratégia na luta pelo poder é fazer de si mesmo a variável desconhecida nos cálculos das outras pessoas, ao mesmo tempo que se nega um papel similar a esses outros em seus próprios cálculos. Em palavras mais simples, isso significa que a dominação é conseguida ao remover as regras que impediam nossa própria liberdade de escolha, enquanto se impõe o máximo de restrições possível sobre a conduta de todos os demais. Quanto maior a minha margem de manobra, maior o meu poder. Quanto menos liberdade de escolha tenho, mais fracas são minhas chances na luta pelo poder.

A "ordem" emerge dessa análise como um conceito agonista e "essencialmente contestado". Dentro do mesmo cenário social, os conceitos de ordem se diferenciam de forma aguda. O que é a "ordem" para pessoas no poder parece estranhamente com o caos para as pessoas que elas comandam. Na luta pelo poder, queremos sempre que o outro lado seja mais "ordeiro", mais previsível; são sempre os passos dados pelo outro lado que desejamos tornar rotineiros e despidos de todos os elementos de contingência e surpresa, enquanto deixamos para nós o direito de não observar a rotina e de nos movermos erraticamente. Na luta pelo poder, a construção da ordem deve ser um processo guiado pelo conflito.

A descoberta de Crozier, feita no contexto do que poderíamos chamar de "sistemas fechados" de instituições burocráticas, revela sua total importância (e, à época desse estudo, não antecipada) nas condições em geral descritas sob a rubrica de "globalização". Deixem-me lembrar que o conceito de "globalização" foi cunhado para substituir o há muito estabelecido conceito de "universalização", quando se tornou aparente que a emergência de vínculos e redes globais não tinha nada da natureza intencional e controlada implícita no velho conceito. A "globalização" indica os processos vistos como auto-impulsionados, espontâneos e erráticos, sem ninguém sentado à mesa de controle ou planejando, muito menos se encarregando dos resultados finais. Podemos dizer, sem muito exagero, que o termo "globalização" se refere à natureza desordenada dos processos que ocorrem acima do território "principalmente coordenado" e administrado pelo "mais alto nível" do poder institucionalizado, isto é, Estados soberanos.

Nesse estudo perspicaz sobre a "nova desordem mundial", Ken Jowitt observou a morte do "discurso de Josué", que aberta ou tacitamente assumiu um Universo obediente às leis e essencialmente determinado e preordenado, e sua substituição pelo "discurso do Gênesis", que em vez disso molda o mundo como um lugar de instabilidade, mudanças desprovidas de direção consistente, espontaneidade e experimentação perpétua com resultados incertos e imprevisíveis; em resumo, como o próprio oposto da imagem da ordem.

"A nova desordem mundial", apelidada de "globalização", tem, no entanto, um efeito realmente revolucionário: *a desvalorização da ordem*. Uma eventualidade assim pode ser entrevista na análise de Crozier, ou mesmo antecipada em vista da tendência notoriamente autodestrutiva de toda construção da ordem – mas só agora ela pode ser observada em todas as suas muitas ramificações. No mundo que se globaliza, a ordem se transforma no índice de falta de poder e subordinação. A nova estrutura de poder global é operada pelas oposições entre mobilidade e sedentarismo, contingência e rotina, rarefação e densidade de imposições. É como se o longo trecho da história que começou com o triunfo dos sedentários sobre os nômades estivesse chegando ao final. A globalização pode ser definida de muitas formas, e essa da "vingança dos nômades" é tão boa quanto as outras, se não melhor.

A estratégia da luta pelo poder registrada por Michel Crozier, assim como o modelo panóptico de controle social de Jeremy Bentham, assumiu um comprometimento mútuo entre governantes e governados. A imposição de normas e a execução de regulamentos normativos ataram os controladores e os controlados uns aos outros e os fizeram inseparáveis. Ambos os lados estavam, por assim dizer, presos ao solo: a reprodução da hierarquia de poder requeria presença e confrontação constantes. É essa dependência recíproca, esse compromisso mútuo e perpétuo, que as novas técnicas de poder que apareceram na era da globalização tornaram redundantes. A nova hierarquia de poder está marcada, no topo, pela capacidade de se mover com rapidez e sem aviso, e na base, pela incapacidade de diminuir a velocidade desses movimentos, que dirá pará-los, associada à sua própria imobilidade. Fuga e evasão, leveza e volatilidade, estas características substituíram a presença pesada e ameaçadora como técnica principal de dominação.

Esse "regulamento normativo" não é mais necessário para assegurar a dominação. Aqueles que aspiram governar podem suspirar aliviados: o regulamento normativo é uma técnica incômoda, confusa e cara, primitiva e economicamente irracional, além de, pelos padrões contemporâneos, estar em ruínas. Sua redundância é sentida como emancipação e é vivida pela elite global como o comando da razão, um sinal de progresso. A falta de restrições, a desregulamentação e a flexibilidade parecem um gigantesco salto adiante, quando comparadas com os métodos custosos e trabalhosos dos exercícios disciplinares praticados nos panópticos modernos.

Graças às novas técnicas de ruptura, falta de compromisso, evasão e fuga agora à disposição das elites, os demais podem ser mantidos em xeque, incapacitados, e assim privados de seu poder limitante devido à vulnerabilidade e precariedade de sua situação. Não há mais a necessidade de "regular normativamente" a conduta deles. Os empregados de uma fábrica do tipo da Ford podiam exercer seu poder "inconveniente" e forçar os gerentes a negociarem um *modus vivendi* suportável e a fazer acordos, desde que todos os lados reunidos à mesa de negociações soubessem que eles, os subalternos, assim como suas contrapartes, não tinham outro lugar para onde ir e precisavam chegar a um acordo. Os donos e os acionistas dependiam da boa vontade dos trabalhadores para garantir suas rendas, como da mesma forma os trabalhadores dependiam dos empregos oferecidos para se sustentarem.

Hoje isso não é mais assim; um lado (mas não o outro) está dolorosamente consciente de que seus sócios de negociação podem deixar a mesa a qualquer momento; um empurrão a mais e os sócios móveis podem simplesmente levar seus pertences para outro lugar e não restará ninguém com quem negociar. Para aqueles na posição mais fraca, o único método de manter os gerentes móveis e os acionistas voláteis no lugar (e assim assegurar seus próprios empregos por mais algum tempo) é atraí-los (por meio de uma comprovação convincente de sua própria fraqueza e falta de resistência) para vir e ficar. A incerteza em que a nova mobilidade da elite global lançou a multidão dependente da vontade de investir da elite tem uma capacidade autoperpetuadora e auto-realçante. As estratégias racionais inspiradas por esse tipo de incerteza aprofundam a insegurança ao invés de mitigá-la, e aceleram a desintegração da ordem normativamente regulada.

"Précarité est aujourd'hui partout",* concluiu Pierre Bourdieu. Isso resulta, em parte, de uma política deliberada de "precarização" iniciada pelo capital supranacional e cada vez mais extraterritorial, levada a cabo de maneira dócil pelos governos de Estados territoriais deixados com pouca escolha; e em parte é o sedimento da nova lógica de ofertas de poder e autodefesa. A precariedade é hoje o principal bloco construtivo da hierarquia de poder global e a principal técnica de controle social. Como Bourdieu enfatizou, não é provável que sejam feitas reivindicações sobre o futuro, a não ser que os reclamantes tenham um firme controle sobre o presente; e é justo o controle sobre o presente que falta à maioria dos habitantes do mundo globalizado. Eles não têm um controle sobre o presente porque o mais importante dos fatores que decidem sobre o seu sustento e sua posição social não está em suas mãos; e existe pouco ou nada que possam fazer, a sós ou em grupo, para trazer esses fatores de volta ao controle deles. As localidades habitadas por eles e por outras pessoas na mesma situação não são nada mais do que aeroportos sobre os quais máquinas voadoras magníficas da frota global aterrissam e decolam de acordo com seus próprios horários de vôo e itinerários, desconhecidos e inescrutáveis; e é nesse tráfego aéreo caprichoso que eles têm de confiar para sobreviverem. E não é apenas a sobrevivência que está em jogo, mas o modo como eles vivem e como pensam sobre suas vidas.

A autonomia da comunidade local, na descrição canônica de Ferdinand Tonnies, estava baseada na densidade de comunicação realçada, acompanhada por uma intensidade das relações diárias. Quando a informação não podia viajar sem seus portadores e o transporte de ambos era lento, a proximidade oferecia vantagens sobre a distância e os bens e as notícias originados na vizinhança próxima tinham uma vantagem diferente sobre os

---

*A precariedade hoje está em todo lugar. (N.T.)

bens e as notícias que vinham de muito longe. As fronteiras da comunidade local eram desenhadas com clareza pelo volume e velocidade da mobilidade, determinados pelos meios de transporte disponíveis. Em poucas palavras, o espaço tinha importância. Agora tem menos. Paul Virilio, ao anunciar o "fim da geografia", sugeriu que o espaço não tem importância alguma: seu significado passado como um obstáculo, ou até mesmo um limite, para a comunicação foi eliminado.

As notícias que circulam na estrutura da interação diária face a face não têm uma chance maior de se reforçarem por meio da repetição do que a informação transmitida e disseminada eletronicamente; pelo contrário, estão numa posição inferior quando se trata de chamar a atenção. Mesmo que tenha sucesso, a maior possibilidade é a de que ela seja diminuída, abafada e despojada de seu interesse e autoridade pela informação globalmente produzida e transmitida, que a vence em termos de espetacularidade, autoridade de números e poder de convicção. Mesmo a interpretação de assuntos "locais" tende a vir principalmente das mesmas fontes extraterritoriais. Quanto às revisões nascidas e fomentadas localmente, para que sejam niveladas com a informação eletrônica, tratadas com seriedade, confiadas e gravadas na mente, precisam primeiro ser gravadas eletronicamente e "vistas na TV", para assim entregar ou ter confiscada sua qualidade de vínculo comunitário distinto. As chances de se formar uma "opinião comunitária" autônoma, feita em casa, colocando os recursos sob controle comunitário autônomo, são obscuras ou nulas.

A transmissão eletrônica de informação agora é instantânea e só precisa de uma tomada; o intercâmbio comunal que tentasse ignorar a mídia eletrônica teria de se basear, como sempre fez, na mídia ortodoxa, com reuniões e conversações cuja velocidade tem "limites naturais" e cujos custos são altos e – ao menos em termos comparativos – crescentes. O resultado é a *desvalorização do lugar*. O espaço físico, não cibernético, onde as comunicações não-virtuais ocorrem, é apenas um lugar para entrega, absorção e reciclagem da informação do ciberespaço, essencialmente extraterritorial. Cobrar o acesso ao ciberespaço pela tarifa de chamadas locais talvez tenha anunciado o fim da autonomia comunal; ao menos foi seu enterro simbólico. O telefone celular, que oferecia independência até mesmo das redes telefônicas e das tomadas, desferiu o golpe final na reivindicação da proximidade física sobre o "estar juntos" espiritual.

A crescente "outra direção" da localidade pressagia tempos difíceis para a fórmula ortodoxa de comunidade, aquela forma enrolada em volta do núcleo de uma densa rede de interações freqüentes e duradouras, a base do investimento de confiança a longo prazo. Como ressaltou Richard Sennett em seu livro *A corrosão do caráter*, "'Não há longo prazo' é um princípio que corrói a confiança, a lealdade, e o compromisso mútuo", mas hoje "um lugar salta para a vida com o acenar da varinha de condão daqueles que promovem o desenvolvimento, floresce e começa a decair no intervalo de uma mesma geração. Tais comunidades não estão vazias de sociabilidade ou vizinhança, mas ninguém nelas se transforma numa testemunha a longo prazo da vida de outra pessoa"; sob tais condições, as "formas de associação fugazes são mais úteis para as pessoas do que as conexões de longo prazo".[1]

A degradação da localidade esfrega na cara dos "locais" – pessoas que não são livres para se mover e trocar de lugar por falta dos recursos necessários – a circunstância que faz toda a diferença entre os bem-vindos turistas em busca de prazer ou os executivos em viagem à procura de oportunidades de negócios e os ressentidos "migrantes econômicos" em busca do sustento. O grau de imobilização é hoje a principal medida de privação social e a principal dimensão da falta de liberdade, um fato simbolicamente refletido na crescente popularidade do confinamento prisional como forma de lidar com os indesejáveis.

Por outro lado, a velocidade de mobilidade, a capacidade de atuar de maneira efetiva sem importar a distância e a liberdade de movimento oferecida pela ausência ou fácil revogabilidade de compromissos localizados são hoje os mais importantes fatores de estratificação em escala global e local. A hierarquia de poder emergente está mais ligada aos comportamentos das sociedades de nômades do que das sedentárias; o sedentarismo, em particular o sedentarismo sem escolha, está rapidamente deixando de ser uma vantagem para se transformar num risco.

Não faz tanto tempo que Michael Thompson publicou um estudo da respectiva significação social da transitoriedade e da durabilidade, demonstrando a tendência universal e permanente das classes privilegiadas de se rodear de possessões duráveis e de tornar suas possessões duráveis, e uma tendência similar para associar a fraqueza e a privação sociais a coisas de vida curta e transitória. Essa correlação, que se mantém para muitas, talvez para todas, das sociedades conhecidas do passado, está em processo de ser revertida. É um sinal de privilégio viajar levemente e evitar um apego duradouro a possessões; é um sinal de privação estar carregado de coisas que sobreviveram ao seu uso previsto e ser incapaz de separar-se delas.

O bilhete de entrada para a nova elite global é a "confiança de viver na desordem" e a capacidade de "florescer em meio ao deslocamento"; o cartão de sócio é a capacidade de "se posicionar numa rede de possibilidades, mais do que ficar paralisado num emprego em particular"; e o cartão de visitas é "a vontade de destruir o que se construiu", "de abandonar ou dar". Todas essas características foram compiladas no mesmo livro por Richard Sennett em seu estudo de personagem sobre Bill Gates, o emblema e figura-modelo da nova elite da era cibernética. O que faz dessas características o principal fator de estratificação – na verdade, o metafator, o fator que as dota de significado e coloca em movimento todas as outras parafernálias da posição social – é que elas exercem efeitos bem opostos sobre a vida, dependendo das circunstâncias de seus portadores. Os traços de caráter que geram a espontaneidade alegre e exuberante no topo se transformam em características "destrutivas para aqueles que trabalham bem abaixo, no regime flexível".

Na verdade, as novas liberdades da reencarnação contemporânea dos senhorios ausentes fazem o regime de vida "daqueles mais abaixo" ficar mais flexível a cada dia (e assim mais incerto, inseguro e perigoso); se não de maneira proposital, então pelos efeitos não pretendidos, mas mesmo assim inevitáveis. Como observou Roger Friedland, aqueles no topo "celebram o que os outros sofrem". A leveza de ser, encantadora e adotada de bom grado, transforma-se na maldição de um destino cruel, embora indômito, após descer a escada social.

O caos deixou de ser o inimigo número um da racionalidade, da civilização, da civilização racional e da racionalidade civilizada; não é mais o epítome dos poderes da escuridão e da falta de razão que a modernidade jurou que era e fez o possível para aniquilar. Na verdade, os governos dos Estados-nação e suas cortes de escribas continuam rendendo homenagem ao governo da ordem, mas suas práticas diárias consistem no gradual, mas incessante, desmantelamento dos últimos obstáculos para a "desordem criativa" ansiosamente buscada por alguns e placidamente aceita por outros como um veredicto do destino. O "governo da ordem", na linguagem política de nossos tempos, significa pouco menos do que a remoção do desperdício social, dos desocupados, com a chegada da nova "flexibilidade" do sustento e da própria vida. Quanto ao resto, o que está reservado é mais flexibilidade, mais precariedade e mais vulnerabilidade, o oposto do governo da ordem.

Quando o poder flui, e flui globalmente, as instituições políticas compartilham a privação daqueles que estão "atados ao solo". O "território", agora desarmado e autocontido, perdeu valor e poder de atração para aqueles que podem se mover livremente; transformou-se num alvo ainda mais vago, um sonho, mais do que realidade, para aqueles que, eles mesmos imobilizados, desejariam diminuir a velocidade ou parar os movimentos dos mestres requintadamente móveis da arte de desaparecer. Para aqueles dotados de mobilidade, as tarefas de gerenciamento e administração territoriais parecem cada vez mais um trabalho sujo, que deve ser evitado a todo custo e cedido para aqueles bem abaixo na hierarquia, demasiadamente fracos e vulneráveis para recusar as tarefas, mesmo que soubessem quão ineficazes e vãos seus esforços estão destinados a ser. E como todo compromisso com um lugar e toda relação com seus habitantes é vista como um risco, mais do que como uma vantagem, poucas companhias "multinacionais" concordariam em investir na localidade, a não ser que subornadas – "compensadas" e "asseguradas contra riscos" – pelas autoridades eleitas.

O tempo e o espaço têm sido alocados de maneira distinta nos degraus da escada do poder global. Aqueles que podem se dar ao luxo vivem apenas no tempo. Os que não podem, vivem no espaço. Para os primeiros, o espaço não importa. O segundo grupo luta para fazer com que o espaço importe.

· 3 ·

Liberdade e segurança: a história inacabada de uma união tempestuosa

Setenta anos atrás, Sigmund Freud observou em *O mal-estar na cultura*: "O homem civilizado trocou uma parcela de suas possibilidades de felicidade por uma porção de segurança." A felicidade, observou Freud, "vem da ... satisfação das necessidades que foram represadas em um nível mais profundo". A felicidade, portanto, significa liberdade: liberdade para agir conforme os impulsos, para seguir seus próprios instintos e desejos. Esse é o tipo de liberdade que tende a ser eliminada, ou pelo menos severamente restringida, pelo bem de "uma porção de segurança". A segurança, por outro lado, significa proteção contra três tipos de sofrimento que ameaçam os seres humanos: os que vêm "do nosso próprio corpo", os "do mundo externo" e os "de nossas relações com os outros homens". A segurança só pode ser oferecida se a vazão caprichosa, clamorosa e errática (com freqüência explosiva) dos desejos for substituída pela *ordem* – "uma espécie de compulsão por repetir que, quando um regulamento foi estabelecido de uma vez por todas, ele decide quando, onde e como algo deve ser feito; dessa forma, em toda circunstância similar somos poupados da hesitação e da indecisão".

A indecisão não é um estado de espírito agradável, e assim a imposição da ordem tem seus benefícios tangíveis. Além disso, por ser compulsiva e restringir a liberdade humana, a ordem só pode ser esbofeteada e ameaçada pela rebelião das "necessidades represadas". A "ânsia por liberdade" é "dirigida contra formas e demandas particulares da civilização ou contra a própria civilização",[1] isto é, contra trocar uma parte de nossa liberdade por mais segurança, ou contra o próprio princípio de trocar liberdade por segurança. Essa ordem que chamamos civilização é vulnerável, precária e destinada a permanecer assim.

Observem que a troca entre liberdade e segurança não é uma escolha entre bem e mal. Se alguma coisa na descrição de Freud aparece como claramente repulsiva e inumana, é a própria troca. Os valores entre os quais a escolha é feita são ambos desejáveis; em toda troca, portanto, os ganhos estão misturados com as perdas. Cada ato é ambivalente em seus motivos, assim como em suas conseqüências. A liberdade sem segurança não tende a causar menos infelicidade do que a segurança sem liberdade. O compromisso entre elas, porém, já que implica inevitavelmente um sacrifício parcial, também não é garantia de felicidade. Os humanos necessitam tanto da liberdade como da segurança – e o sacrifício de qualquer um deles causa sofrimento. Mas o sacrifício não pode ser evitado, e assim a ânsia por felicidade está destinada a ser frustrada.

A felicidade, insiste Freud, "só é possível, por sua natureza, como um fenômeno episódico, ... somos feitos de tal forma que podemos obter uma alegria intensa apenas por meio de um contraste, e muito pouco a partir de um estado de coisas".[2] Mas isso significa que o objetivo que a civilização estabeleceu nunca será alcançado. Haverá descontentamento em qualquer civilização, e são precisamente esses descontentamentos endêmicos à vida civilizada que mantêm a civilização dinâmica, para sempre em mudança, e impedem o congelamento de qualquer de suas formas concebidas. O perfeito equilíbrio entre liberdade e segurança talvez seja uma incongruência lógica e uma impossibilidade

Entre o demônio e o mar azul

prática, mas isso, por si mesmo, é a mais poderosa razão para procurar formas ainda melhores para a troca.

Entre o demônio e o mar azul

Na visão de Freud, a aflição mais típica da vida civilizada se origina na supressão da liberdade individual, concedida de modo relutante e com um enorme custo psíquico. A tensão entre liberdade e segurança tende a se internalizar e depois a confrontar o indivíduo "por dentro" – na forma da luta entre o superego (aquela "guarnição em uma cidade conquistada"[3]) e o "id" (o depósito dos desejos suprimidos), levada a cabo no campo de batalha do "ego". A enfermidade característica da pessoa civilizada reside, portanto, dentro da psique humana. É lá que é preciso descobri-la, diagnosticá-la e curá-la. Na verdade, a civilização "é amplamente responsável por nossa miséria", e uma pessoa "se torna neurótica porque não pode tolerar a quantidade de frustrações que a sociedade impõe a serviço de suas idéias culturais".[4] E o poder esmagador da sociedade (das restrições impostas em nome da segurança) sobre os indivíduos é tão inquestionável quanto o "princípio do prazer", que impulsiona o indivíduo a embarcar na viagem rumo à felicidade. As coisas estão destinadas a ficar desta maneira; os sofrimentos que perseguem a "pessoa civilizada" continuarão sendo criados, e a única forma de a infelicidade resultante ser mitigada é a pessoa chegar a um acordo com as pressões que não podem ser afastadas e que não sairão de comum acordo.

Alain Ehrenberg, infatigável explorador das mutações contemporâneas do individualismo moderno, lembra seus leitores, em seu livro mais recente,[5] do diagnóstico alternativo dos problemas psíquicos de hoje, uma vez adiantados por Janet em sua malsucedida competição com o diagnóstico de Freud. Na visão de Janet, os sofrimentos característicos dos indivíduos derivam de "um déficit do ego" – uma incapacidade de lidar com a realidade, de absorvê-la e de encontrar um caminho próprio através dela. Em vez de impor a eles as "idéias culturais" de Freud, diretas, sem ambigüidade, circunlóquios ou perguntas, Janet vê a realidade social como caindo aos pedaços nas mãos dos indivíduos e escapando à compreensão destes; isso parece incoerente, fluido, pobremente marcado e esquivo.

O diagnóstico de Janet, na visão de Ehrenberg, agora apareceu como adequado e deveria receber, com atraso, seu merecido reconhecimento. Não é a esmagadora pressão de um ideal, com o qual não podem viver de acordo, que atormenta os homens e mulheres contemporâneos, mas a *falta* de ideais: a ausência das necessárias receitas *eindeutig** para uma vida decente, dos pontos de orientação firmemente fixados e estáveis, do destino previsível para o itinerário da vida. A depressão – o sentimento da própria impotência, da incapacidade de atuar e particularmente da incapacidade de atuar de *maneira racional*, para ser adequado às tarefas da vida – torna-se a *malaise* emblemática de nossos tempos modernos tardios ou pós-modernos.

Impotência, inadequação: esses são os nomes da doença da modernidade tardia, da pós-modernidade – *o mal-estar da pós-modernidade*. Não o temor da não-conformidade, mas a impossibilidade de se conformar. Não o horror da transgressão, mas o terror do infinito. Não demandas que transcendem nosso poder de atuar, mas atos esporádicos numa busca vã por um itinerário estável e contínuo.

Tendemos a chamar de liberdade a ausência de restrições e limites obstrusivos e insidiosos. A maioria de nós, residentes do mundo moderno tardio ou pós-moderno, é, nesse sentido, livre de uma maneira que nossos ancestrais só podiam sonhar. E eles sonhavam; o desaparecimento milagroso de normas e limites era uma visão sedutora quando a vida era vivida com um temor diário de transgressão. Os pesadelos de nossos ancestrais de 50 a 100 anos atrás eram poderes sobre-humanos com suas deman-

---

*Claras, inequívocas, explícitas. (N.T.)

das sobre-humanas. A figura do horror e do ódio era o Grande Irmão, observando cada movimento, dia e noite, punindo sem demora quem saísse da linha; e os demônios eram os joões, com quem tínhamos de nos manter a par. Livrar-se de tudo significava emancipação, a vitória da liberdade, e não havia sonho mais doce que tal vitória.

Hoje, no entanto, os poderes constituídos voltaram seus olhos para o outro lado ou saíram de cena; a linha da qual podíamos sair não é mais tão visível, e assim o Grande Irmão, se ainda desejasse nos repreender ou punir, teria problemas para decidir por onde começar; e quanto aos joões, existem tantos deles, diferentes e seguindo seus próprios caminhos – e eles não poderiam se preocupar menos com nossa luta para encontrar nossos "verdadeiros e autênticos" *selves*.

Nossos ancestrais, não por qualquer falha da parte deles, pensavam a liberdade como um estado em que não nos dizem o que fazer e não somos forçados a fazer o que preferiríamos não fazer; com essa definição eles provavelmente descreveriam a situação em que a maioria de nós está hoje quando a liberdade se encarna. O que não previram, e nem podiam, era que o reino da liberdade que eles imaginaram viria com uma etiqueta de preço, e que este seria alto.

O preço em questão é a insegurança (ou melhor, *Unsicherheit*: um desconforto muito mais complexo, que inclui a incerteza, a falta de proteção e a insegurança); um preço alto, na verdade, ao se considerar o número de escolhas com que uma pessoa deve se confrontar todos os dias. Tais escolhas devem ser feitas sem a convicção de que os movimentos trarão os resultados antecipados, que os investimentos de hoje trarão ganhos amanhã ou que se afastar das opções que parecem ruins hoje não transformarão o amanhã em uma perda dolorosa. Não está claro em quem e no que confiar, já que ninguém parece estar no controle de como as coisas estão indo – ninguém pode dar uma garantia confiável de que elas de fato irão na direção imaginada. Viver sob condições de insegurança é uma *Risikoleben*,* é a pessoa ativa que está destinada a pagar os custos dos riscos assumidos.

Individualmente, nós resistimos; individualmente, eu caio

O título dado por Norbert Elias para seu último estudo, publicado postumamente, *A sociedade dos indivíduos*,[6] alcança o âmago do problema que tem perseguido a teoria social desde seu começo. Rompendo com a tradição estabelecida por Hobbes e reforjada por John Stuart Mill, Herbert Spencer e a ortodoxia liberal na *doxa* – o marco não examinado para toda cognição posterior – de nosso século, Elias substituiu o "e" e o "versus" pelo "de"; e ao fazer isso ele deslocou o discurso do *imaginário* de duas forças presas em uma batalha mortal, mas interminável, entre a liberdade e a dominação, para aquele de uma "concepção recíproca": a sociedade moldando a individualidade de seus membros e os indivíduos formando a sociedade a partir de suas ações, enquanto perseguem estratégias plausíveis e exeqüíveis dentro da rede socialmente tecida de suas dependências.

Dispor os membros como indivíduos é a marca registrada da sociedade moderna. Essa atribuição, porém, não foi um ato único como a Criação divina; é uma atividade reencenada todos os dias. A sociedade moderna existe em sua atividade de "individualizar", assim como as atividades dos indivíduos consistem na remodelação e renegociação, dia a dia, da rede de seus emaranhados mútuos chamada "sociedade". Nenhum dos dois sócios fica parado por muito tempo. E assim o significado da "individualização" continua mudando e sempre assume novas formas – do mesmo modo que os resultados acumulados de sua história passada estabelecem sempre novas regras e fabricam

---

*Vida de risco. (N.T.)

novas apostas para o jogo. A "individualização" agora significa algo muito diferente do que significou 100 anos atrás e do que transmitia nos primeiros tempos da era moderna – os tempos da louvada "emancipação" dos humanos da rede fortemente costurada de dependência, vigilância e imposição comunais.

O livro de Ulrich Beck, *Jenseits von Klasse und Stand?*, seguido alguns anos mais tarde por seu *Risk Society: Towards a New Modernity*,[7] abriu um novo capítulo em nossa compreensão do "processo de individualização". Os dois trabalhos apresentam esse processo como histórias em marcha e inacabadas, com os respectivos estágios – sem um *télos* ou um destino preordenado, mas com uma lógica errática de mudanças e voltas acentuadas. Podemos dizer que, assim como Elias "historicizou" a teoria de Sigmund Freud do "indivíduo civilizado" ao explorar a civilização como um evento na história (moderna), Beck historicizou o relato de Elias do nascimento do indivíduo reapresentando aquele nascimento como um aspecto da *modernização* contínua e "continuadora", compulsiva e obsessiva. Beck também despiu o retrato da individualização de seus limites de tempo que agora encobrem a compreensão mais do que tornam o retrato claro (antes e acima de tudo, da visão do desenvolvimento linear, um "progresso" planejado ao longo dos eixos de emancipação, autonomia crescente e liberdade de auto-afirmação), abrindo assim a variedade de tendências históricas de individualização e seus produtos ao escrutínio e permitindo uma melhor compreensão das características distintivas de seu estágio atual.

Podemos dizer, em retrospecto, que a divisão de classes (ou a divisão de gêneros) foi um subproduto do acesso desigual aos recursos requeridos para tornar efetiva a auto-afirmação. As classes se diferenciam no alcance de identidades disponíveis e na facilidade de escolha entre elas. As pessoas com menos recursos, e portanto com menos escolhas, tiveram que compensar suas fraquezas individuais com o "poder dos números" – juntando-se a filas e se empenhando em ações coletivas. Como observou

Claus Offe, a ação coletiva, orientada pela classe, chegou até aqueles bem abaixo na escada social de maneira tão "natural" e "verdadeira" como a busca individual dos objetivos de vida chegou a seus empregadores.

As privações "se somaram", por assim dizer, e se congelaram em "interesses comuns" – e foram vistas como tratáveis apenas por um remédio coletivo: "o coletivismo" foi uma estratégia atraente para aqueles que estavam do lado receptor da individualização, mas que se viam incapazes de se auto-afirmar como indivíduos por meio de seus próprios e escassos recursos. A orientação de classe dos que estavam em melhor situação, por outro lado, era parcial e, em certo sentido, derivativa; ela apareceu principalmente quando a distribuição desigual de recursos foi desafiada e contestada. Pode-se dizer, no entanto, que de modo geral os indivíduos "desencaixados" da era da modernidade "clássica" empregavam suas novas autorizações e as habilitações de agência autônoma numa busca frenética para serem "reencaixados".

Não nos enganemos: agora, como antes, a individualização é um destino, não uma escolha: na terra da liberdade individual de escolha, a opção de escapar à individualização e de se negar a participar no jogo individualizante não faz parte, de maneira alguma, da agenda. O fato de homens e mulheres não terem ninguém para culpar por suas frustrações e problemas não significa, agora não mais do que no passado, que eles possam se proteger contra a frustração usando suas próprias utilidades domésticas, ou furtar-se dos problemas, como o barão de Munchhausen, puxando-se pelas alças das botas.

Se ficam doentes, é porque não foram resolutos e engenhosos o bastante ao seguirem o regime de saúde. Se ficam desempregados, é porque falharam ao aprender as habilidades para se saírem bem numa entrevista, porque não tentaram com afinco ou porque estão, pura e simplesmente, envergonhados de trabalhar. Se não estão seguros a respeito de suas carreiras futuras e se angustiam quanto ao futuro, é porque não são bons o suficiente em fazer amigos e influenciar pessoas, e porque falharam em aprender como deveriam as artes da auto-expressão e de impressionar os outros. É isso que lhes é dito, e o que eles chegaram a acreditar, de modo que se comportam "como se" essa fosse de fato a verdade sobre a questão. Como Beck coloca de maneira perspicaz e pungente, "a forma como se vive se torna *uma solução biográfica para as contradições sistêmicas*". Os riscos e as contradições continuam sendo produzidos socialmente; são apenas o dever e a necessidade de lidar com eles que estão sendo individualizados.

Em resumo: existe uma lacuna crescente entre a individualidade como destino e a individualidade como capacidade prática para a auto-afirmação ("individuação" foi palavra escolhida por Beck para distinguir o indivíduo auto-sustentado e auto-impulsionado de um simples indivíduo "individualizado", isto é, um ser humano que não tem outra escolha a não ser atuar como se a individuação tivesse sido atingida); e saltar esta lacuna não é parte daquela capacidade.

Pode haver política na sociedade individualizada?

A capacidade de auto-afirmação de homens e mulheres individualizados fica aquém do que a autoconstituição genuína requereria. Como observou Leo Strauss, a outra face da liberdade sem complicações é a insignificância da escolha – e uma condiciona a outra. Por que se incomodar em proibir o que tem conseqüências pequenas? Um observador cínico diria que a liberdade chega quando já não importa mais. Existe uma desagradável circunstância de impotência no doce ungüento do tipo de liberdade que tem sido modelado por meio das pressões de individualização; essa impotência é sentida como odiosa e perturbadora em vista da habilitação que tal liberdade deveria entregar e garantir.

Quem sabe se, como no passado, ficar ombro a ombro e marchar não poderia oferecer algum alívio? Ou se os poderes individuais, não importa quão pálidos e escassos, fossem condensados em uma posição e uma ação coletivas, as coisas pudessem ser feitas em conjunto, de forma tal que ninguém sonhasse em realizá-las sozinho. O empecilho é, porém, que atualmente os problemas mais comuns dos indivíduos são *não cumulativos*. Simplesmente não se somam em uma "causa comum". Estão modelados, desde o princípio, de modo que lhes faltam as arestas ou "interfaces" que lhes permitam ser encaixados nos problemas de outras pessoas. Os problemas podem ser semelhantes (e os cada vez mais populares talk shows saem de seu caminho para demonstrar sua similaridade e martelar nos lares a mensagem de que a sua mais importante similaridade está no fato de que os personagens são manejados, cada sofredor, por si mesmos), mas à diferença do interesse comum de outrora, não formam uma "totalidade maior do que a soma de suas partes" e não adquirem nenhuma qualidade nova, mais fácil de se lidar, por serem enfrentadas e confrontadas em conjunto.

A única vantagem que a companhia de outros sofredores pode trazer é reassegurar a cada um que combater os problemas sozinhos é o que todos os outros fazem diariamente, de maneira que revigorar as bandeiras significa lutar por conta própria. Uma pessoa talvez possa aprender com a experiência alheia a como sobreviver à próxima rodada de "redimensionamento das empresas", a como lidar com crianças que pensam que são adolescentes e adolescentes que se recusam a se tornar adultos, a como fazer com que a gordura e outros "corpos estranhos" não bem-vindos saiam do "nosso próprio sistema", a como se livrar de vícios que não mais são satisfatórios ou de amigos que não mais são agradáveis. Mas a primeira coisa aprendida na companhia dos outros é que o único serviço que esta companhia pode prestar é aconselhar a como sobreviver em nossa própria solidão irreparável, e que a vida de cada um está repleta de riscos que precisam ser enfrentados e combatidos por si mesmo.

Mas existe um outro empecilho: como Tocqueville suspeitava há muito tempo, libertar as pessoas pode torná-las *indife-*

rentes. O indivíduo é o pior inimigo do cidadão, sugeriu Tocqueville. Ele tende a ser indiferente, cético ou desconfiado em relação ao "bem comum", à "sociedade boa ou justa". Qual é o sentido de interesses *comuns* a não ser que eles deixem que cada indivíduo satisfaça seu *próprio* interesse? Qualquer outra coisa que os indivíduos possam fazer quando se juntam pressagia restrições à liberdade de perseguir o que consideram adequado para si e não ajudará em nada nessa busca. As duas únicas coisas úteis que se pode esperar e desejar do "poder público" é que defenda os "direitos humanos", ou seja, deixar que todos sigam seu próprio caminho e permitir que todos façam isso em paz – resguardando a segurança do corpo e dos bens de uma pessoa, trancafiando os criminosos em prisões e mantendo as ruas livres de ladrões, pervertidos, mendigos e intrusos maldosos e detestáveis.

Com sua graça usual e inimitável, Woody Allen apreende com clareza as modas passageiras e as fraquezas dos indivíduos na modernidade tardia numa cena em que passa os olhos pelos folhetos imaginários de "cursos de verão para adultos" que os norte-americanos estariam ansiosos para freqüentar: o curso de teoria econômica inclui o item "inflação e depressão – como vestir-se para cada situação"; o curso de ética inclui "o imperativo categórico e seis maneiras de fazê-lo trabalhar para você"; e o prospecto de astronomia traz a informação de que "o Sol, que é feito de gás, pode explodir a qualquer momento, enviando nosso sistema solar inteiro para a destruição; os alunos serão aconselhadas sobre o que o cidadão médio pode fazer em cada caso".

Em poucas palavras: o outro lado da individualização parece ser a corrosão e a lenta desintegração da cidadania. Joël Roman, co-editor da *Esprit*, observa em seu livro *La Démocratie des individus*[8] que "a vigilância é degradada à vigília dos deuses, enquanto o interesse geral não é nada mais do que um sindicato de egoísmos, envolvendo as emoções coletivas e o medo do vizinho" – incitando as pessoas a procurar a "renovada capacidade de decidir juntos" –, agora notório principalmente por sua ausência.

Se o indivíduo é hoje o pior inimigo do cidadão, e se a individualização significa problema para a cidadania e para as políticas baseadas na cidadania, é porque são as preocupações e os interesses dos indivíduos *qua* indivíduos preenchem o espaço público, pretendendo ser seus únicos ocupantes legítimos e expulsando todo o resto do discurso público. O "público" é colonizado pelo "privado"; "o interesse público" é reduzido à curiosidade a respeito das vidas privadas das figuras públicas, limitando a arte da vida pública à exposição pública dos casos privados e das confissões públicas de sentimentos privados (quanto mais íntimos melhor). As "questões públicas" que resistem a tal redução se tornam incompreensíveis.

As perspectivas de os atores individualizados serem "reencaixados" no corpo republicano da cidadania são sombrias. O que os leva a se aventurar no palco público não é tanto a busca por causas comuns e maneiras de negociar o significado do bem comum e dos princípios da vida em comum, como a desesperada necessidade de "participar de redes": compartilhar intimidades, como observa Richard Sennett, tende a ser o método preferido, talvez o único que resta para a "construção de comunidades". Essa técnica de construção cria "comunidades" que são tão frágeis e de vida tão curta quanto as emoções espalhadas que vagam por aí, mudando erraticamente de um alvo para outro e perambulando para sempre numa busca inconclusa por um abrigo seguro; comunidades de preocupações, ansiedades e ódios compartilhados – mas sempre comunidades "de ocasião": uma reunião momentânea em volta de um prego sobre o qual muitos indivíduos solitários penduram seus medos individuais.

Como Ulrich Beck afirma no ensaio "On the mortality of industrial society", "o que emerge das normas sociais que desaparecem de modo gradual é um ego desnudo, atemorizado, agressivo, à procura de amor e ajuda. Na busca de si mesmo e de uma sociabilidade afetuosa, ele se perde com facilidade na selva do *self*. Alguém que esteja se movendo devagar na neblina de seu próprio *self* deixa de ser capaz de notar que esse isolamento, esse 'confinamento solitário do ego' é uma sentença da massa".[9]

Estar juntos, estilo individual

A individualização veio para ficar; todos os que pensam sobre os meios de lidar com seu impacto sobre a forma como conduzimos nossas vidas devem começar entendendo este fato. A individualização traz, para um número sempre crescente de homens e mulheres, uma liberdade sem precedentes para experimentar – mas (*timeo Danaos et dona ferentes...*)* também traz uma tarefa sem precedentes de lidar com suas conseqüências. A lacuna entre o direito à auto-afirmação e à capacidade de controlar os cenários sociais que tornam tal auto-afirmação exeqüível ou irrealista parece ser a principal contradição da "segunda modernidade"; uma contradição que precisaremos aprender a dominar coletivamente por meio de tentativas e erros, de reflexão crítica e experimentações corajosas.

Em *Das Zeitalter der Nebenfolgen und die Politiesierung der Industriegesellschaft*, Ulrich Beck sugere que nada menos do que "outra Reforma" é necessária, exigindo a "radicalização da modernidade". Ele propõe que "isso presume invenções sociais e coragem coletiva nos experimentos políticos" – apenas para acrescentar logo depois que o que se presume são "inclinações e qualidades que não são encontradas com freqüência, talvez não mais capazes de reunir uma maioria". No entanto, aqui estamos – não temos outras condições nas quais atuar e atuaremos nessas condições, gostemos ou não – agüentando as conseqüências de nossas ações e/ou nosso fracasso em atuar.

Ser levado de um risco a outro é uma experiência que deixa os nervos à flor da pele, gerando muita ansiedade e medo sem

---

*Temo os gregos mesmo quando oferecem presentes... *Eneida*, de Virgílio. (N.T.)

moderação ou mitigação e não permitindo descanso à vigilância; é de fato uma enorme mosca na sopa da liberdade. E os danos não param por aí.

Pierre Bourdieu nos lembrou de uma velha regra universal de produção de vínculos:

> A capacidade de fazer projeções do futuro é a condição de todos os comportamentos considerados racionais ... Para conceber um projeto revolucionário, isto é, para ter uma intenção bem pensada de transformar o presente em referência a um futuro projetado, é necessária uma pequena quantidade de controle sobre o presente.[10]

O grande problema é que, por causa da endêmica *Unsicherheit*,* um "controle sobre o presente" é algo que claramente não existe na condição dos homens e mulheres contemporâneos. Nenhuma das mais importantes alavancas e salvaguardas da situação atual em que se encontram fica sob a jurisdição deles, muito menos o controle, praticado por uma pessoa ou por várias. Muitas pessoas já foram atingidas pelas misteriosas forças variadamente apelidadas de "competitividade", "recessão", "racionalização", "queda na demanda do mercado" ou "redimensionamento"; cada um de nós pode nomear com facilidade vários conhecidos que de repente perderam o chão sobre o qual estavam.

Mas os golpes reverberaram muito além de seus alvos diretos, e não são apenas aqueles que foram, da noite para o dia, rebaixados, degradados, privados de sua dignidade e/ou de seu sustento que foram atingidos. Cada golpe leva uma mensagem para todos aqueles que foram (por algum tempo) poupados, e os leva a estimar seu próprio futuro pela severidade da provável sentença, não pela duração (desconhecida) de sua suspensão temporária. A mensagem é simples: todos são potencialmente redundantes ou substituíveis, portanto todos são vulneráveis, e qualquer posição social é, com o decorrer do tempo, não impor-

---

*Incerteza. (N.T.)

ta quão elevada e poderosa possa parecer agora, precária; até os privilégios são frágeis e estão ameaçados.

Os golpes podem ter alvos, ao contrário da devastação política e psicológica que causam. O medo que geram é difuso e ambiente. Como disse Bourdieu, esse medo "assombra a consciência e o subconsciente". Para escalar as montanhas, deve-se ter os próprios pés firmes no solo. Mas é o próprio solo que está cada vez mais instável, trêmulo, inseguro, sem nenhuma rocha sólida. A confiança, aquela condição indispensável para todo planejamento racional e toda ação confiável, está flutuando, procurando em vão um terreno firme o bastante para lançar uma âncora. O estado de precariedade, observa Bourdieu,

> transforma todo o futuro em incerto, e assim proíbe qualquer antecipação racional – e em particular não permite aquele mínimo de esperança no futuro que é necessário para se rebelar, ainda mais para se rebelar coletivamente, mesmo contra o menos tolerável dos presentes.

É comum e está na moda deplorar o crescente niilismo e o cinismo dos homens e mulheres contemporâneos, a falta de visão, a indiferença para os projetos de vida de longo prazo, a mundaneidade e o egoísmo de seus desejos, a inclinação para dividir a vida em episódios, cada um deles devendo ser espremido até a última gota, sem nenhuma preocupação com as conseqüências. Todas essas acusações têm diversas evidências para apoiá-las. O que a maioria dos pregadores morais, em seus ataques fulminantes contra a decadência moral, não menciona, porém, é que a tendência repreensível que eles condenam tira sua força de ser uma resposta *racional* a este mundo em que somos compelidos a tratar o futuro como uma ameaça, não como um abrigo ou uma Terra Prometida. O que a maioria dos críticos também ignora é que este mundo foi feito pelos humanos; longe de ser um produto das leis da natureza, inescrutáveis e invencíveis, ou da natureza humana, pecadora e irredimível, ele é, em grande parte, produto do que pode ser chamado de *economia política da incerteza*.[11]

O principal veículo desta economia política particular de nossos tempos é a perda de poder da política; uma saída para a qual as instituições tradicionais de controle político fizeram vista grossa, principalmente os governos dos Estados, muitas vezes ajudadas ativamente e favorecidas por eles graças às políticas de desregulamentação e privatização. O resultado geral desse processo é, como observa Manuel Castells,[12] um mundo no qual o poder flutua, enquanto as políticas continuam atadas em seu lugar; o poder é crescentemente global e extraterritorial, mas as instituições políticas permanecem territoriais e acham difícil, se não impossível, subir além do nível local.

Após dois séculos de esforço moderno para domar e domesticar as forças da natureza, cegas e erráticas, e substituí-las pela ordem humana, previsível e gerenciável, racionalmente projetada, agora são os resultados das atividades humanas que confrontam os atores como excêntricos e caprichosos, obstinados e impenetráveis, mas acima de tudo forças "naturais", sem rédeas e incontroláveis. As sociedades que um dia lutaram para que seu mundo se tornasse transparente, à prova de perigos e livre de surpresas, agora encontram suas capacidades de atuação atadas aos ânimos mutáveis e imprevisíveis de forças misteriosas, como as finanças mundiais e as bolsas de valores, ou observam de maneira impotente, sem serem capazes de fazer muito, o contínuo encolhimento do mercado de trabalho, a crescente pobreza, a irrefreável erosão da terra arável, o desaparecimento das florestas, os crescentes volumes de dióxido de carbono no ar e o aquecimento do planeta. As coisas – sobretudo as mais importantes de todas – estão "escapando ao nosso controle". Assim como cresce a capacidade humana de lidar com problemas prestes a acontecer, crescem também os riscos e os novos perigos que cada novo movimento traz, ou pode trazer, em sua esteira.

A esmagadora sensação de "perder o controle do presente" é o resultado disso, que leva a um definhamento da vontade política, a uma descrença de que algo considerável possa ser feito coletivamente ou que a ação solidária possa proporcionar uma mudança radical no estado das relações humanas. Essa condição é vista cada vez mais como um "dever" – uma necessidade suprema que só pode sofrer interferência dos humanos sob sua conta e risco. Ouvimos de vez em quando que o único remédio para os mórbidos efeitos colaterais da competitividade desregulamentada é mais desregulamentação, flexibilidade e uma recusa ainda maior de interferir. E no caso de permanecermos não convencidos, o argumento final contra a resistência é a ausência de uma agência poderosa o bastante para levar a cabo quaisquer decisões que possam ser tomadas por deliberações e acordos comuns. Mesmo aqueles que pensam saber o que se deve fazer jogam a toalha no ringue quando é hora de decidir quem – que tipo de instituição efetiva – vai fazê-lo.

Por isso, como observou Cornelius Castoriadis, nossa sociedade "parou de se questionar". Este, afirma Castoriadis, é nosso problema principal. Quando as pessoas aceitam a impotência para controlar as condições de suas próprias vidas, se elas se entregam ao que consideram ser necessário e inevitável, a sociedade deixa de ser autônoma, isto é, autodefinida e autogerenciada; para ser mais exato, as pessoas não acreditam que ela seja autônoma e assim perdem a coragem e a vontade para se autodefinir e se autogerenciar. A sociedade então se torna *heterônoma*, dirigida por outros, mais empurrada do que guiada. Aqueles a bordo do navio aceitam placidamente sua sorte e abandonam qualquer esperança de determinar o itinerário do barco. No final da aventura moderna num mundo humano autogovernado e autônomo, entramos na "época da conformidade universalizada".[13]

Tornando a sociedade individualizada
segura para a democracia

Muitos historiadores e filósofos políticos, com boa razão para tanto, datam a origem da democracia moderna na recusa de se pagar impostos que não tenham o consentimento dos taxados. Mais do que o cuidado com o próprio bolso, um princípio estava em jogo (embora apenas obliquamente e de forma incipiente): a idéia do sujeito como um *cidadão*, e deste como um membro do corpo político e possuidor de uma opinião, com outros membros, acerca das questões que dizem respeito a seus direitos e deveres, habilitações e obrigações. É essa idéia, lançada na fundação da democracia moderna e da visão da república – *res publica* – como um corpo político cujos membros deliberam coletivamente sobre como moldar as condições de sua coabitação, cooperação e solidariedade.

Tal modelo de democracia moderna nunca foi completamente implementado. Existem razões para acreditar que nunca o será, que sua verdadeira força está precisamente em sua permanente e incurável "incompletude". Como sugere Jacques Rancière,[14] a democracia não é uma *instituição*, mas uma *força antiinstitucional*, uma "ruptura" na de outra forma implacável tendência dos poderes constituídos para prender a mudança, para silenciar e eliminar do processo político todos aqueles que não "nasceram" no poder ou para fazer uma oferta pelo direito de, por causa de sua alegada perícia única, governar com exclusividade. Enquanto os poderes constituídos promovem o governo de poucos, a democracia é uma constante alegação em nome de todos; uma oferta pelo poder sobre as bases da cidadania, isto é, de uma qualidade pertencente a todos em igual medida. A democracia se expressa em uma contínua e incansável crítica das instituições; é um elemento anárquico, de ruptura, dentro do sistema político; uma força de dissensão e mudança. Podemos reconhecer melhor uma sociedade democrática por suas constantes queixas de que não é democrática o bastante.

A força exercida pela pressão democrática sobre um sistema político, o sucesso ou fracasso de seu impulso em direção ao ideal de uma sociedade autônoma, depende do equilíbrio entre liberdade e segurança. A pressão da visão democrática, se não na teoria, na prática, desvanece e se encolhe quando a balança é inclinada em favor de qualquer uma das duas condições essenciais da participação política e da cidadania responsável: quando a liberdade ou a segurança estão escassas. A história política da modernidade pode ser interpretada como uma busca incessante pelo equilíbrio adequado entre duas condições – por um "ponto de reconciliação" postulado e para sempre ainda-não-encontrado entre a liberdade e a segurança, dois aspectos da condição humana que são simultaneamente contraditórios e complementares. A busca tem sido até agora inconclusiva. Mas certamente permanece inacabada. Mas prossegue. Sua continuação é a condição *sine qua non* da luta da sociedade moderna por autonomia.

Durante a maior parte da história moderna, o principal perigo para a democracia foi corretamente visto nas restrições impostas sobre a liberdade humana pelos poderes de polícia das instituições a cargo da "segurança assegurada coletivamente". Parece que hoje a democracia está ameaçada principalmente pelo lado oposto: é a segurança garantida de forma coletiva que deixa muito a desejar – sendo abandonada de maneira gradual como um objetivo válido de política pública e desacreditado como um valor que vale a pena defender. O déficit de liberdade resulta numa incapacidade para a auto-afirmação, para resistir, para "ficar de pé e ser contado". O déficit de segurança resulta numa dissipação da coragem para imaginar uma causa plausível para a resistência e para se reorganizar em nome de uma sociedade mais hospitaleira para as necessidades e os desejos humanos. Em ambos os casos, o resultado é muito similar: o enfraquecimento das pressões democráticas, a crescente incapacidade para atuar politicamente, um maciço afastamento da política e da cidadania responsável.

Temos boas razões para suspeitar que a reconciliação e a coexistência pacífica completa e livre de conflitos entre a liberdade e a segurança é um objetivo inalcançável. Mas existem razões igualmente fortes para supor que o principal perigo, tanto para a liberdade como para a segurança, está em abandonar a busca por tal coexistência ou mesmo em diminuir a energia com que tal busca é conduzida. Do modo como estão as coisas neste momento, é preciso dedicar mais atenção à segurança dessa união desejada. Já que uma sociedade autônoma é inconcebível sem cidadãos autônomos, e uma vez que a autonomia dos cidadãos é impensável em qualquer lugar fora de uma sociedade autônoma, os esforços, para que tenham chance de sucesso, precisam ser aplicados ao mesmo tempo nos níveis "macro" e "micro". Algo deve ser feito para ressaltar a capacidade de autogoverno do corpo político existente, ou para estender o alcance do corpo político e trazer o poder de volta para o controle político do qual escapou recentemente. E alguma coisa deve ser feita para aumentar o "controle dos indivíduos sobre o presente", para que eles possam recuperar a coragem perdida e reassumir as obrigações da cidadania responsável.

O que deve ser feito é uma questão a ser decidida pelo processo político. Mas parece mais provável que no nível "macro" a busca seja centrada sobre as formas de elevar as instituições políticas ao nível da globalidade no qual os poderes que de fato contam agora "fluem" – numa abertura para a ação política de um espaço que está, no momento, politicamente vago. No nível "micro", sob as presentes condições de "redundância estrutural", o risco para o qual a busca por fim conduzirá é o que Claus Offe e seus colegas[15] chamaram de "renda básica" ou "a separação do emprego e das habilitações de renda", o que deixa os fundamentos do sustento individual independentes das oscilações do mercado e assegurados quanto aos meandros infestados de riscos oriundos das mudanças lideradas pela tecnologia.

A segunda questão, que paralisa a mente mais do que a primeira, é quem deve fazer o que deve ser feito. O caminho para uma agência capaz de realizar tal tarefa parece, o que é suspeito, um círculo vicioso – ou, para usar uma metáfora mais em voga, o ardil 22.* Uma força política de capacidade realmente global

---

* *Ardil 22*, livro de Joseph Heller. O ardil 22 diz: "Se você estiver louco, pode pedir dispensa do serviço militar. Mas se pedir, você não está louco..." (N.T.)

é necessária para verificar e restringir os poderes globais hoje incontroláveis – mas é o fato de os poderes globais permanecerem incontroláveis que impede o aparecimento de instituições políticas efetivas para o nível global...

Da nossa capacidade de desfazer ou cortar este nó górdio dependerá a sorte da república, da cidadania, da democracia e da autonomia humana em um futuro próximo.

· 4 ·

Modernidade e clareza: a história de um romance fracassado

Ambivalência, ambigüidade, equivocidade... Essas palavras transmitem um sentimento de mistério e enigma; também sinalizam um problema cujo nome é incerteza, e um estado mental desolador chamado indecisão ou hesitação. Quando dizemos que coisas ou situações são ambivalentes, o que desejamos dizer é que não podemos estar certos do que vai acontecer nem saber como nos comportar, tampouco prever qual será o resultado de nossas ações. Instintivamente ou por hábito adquirido, não gostamos e tememos a ambivalência, aquela inimiga da segurança e da autoconfiança. Estamos inclinados a acreditar que nos sentiríamos muito mais seguros e confortáveis se as situações não fossem ambíguas – se o que fazer fosse claro e o que viria a acontecer se o fizéssemos fosse sempre previsível.

No fenômeno da ambivalência, as dúvidas da razão e a indecisão da vontade, as respectivas enfermidades dos dois ingredientes que integram a mente humana, encontram-se e se misturam. O mundo – o domínio da razão – aparece pouco claro (isto é, emite sinais obscuros, até mesmo contraditórios) quando a vontade não está segura do que escolher; a falta de clareza do mundo, relatada pela razão, e a incerteza, sofrida pela vontade, crescem juntas e retrocedem juntas. O mundo é sólido como uma rocha e não inspira dúvidas quando se trata de ações habituais, rotineiras. Consideramos o mundo turvo quando começamos a hesitar – quando as ações rotineiras falham e não podemos mais nos apoiar no corrimão do hábito. A indecisão da vontade é então projetada sobre o mundo "lá fora" e ricocheteia como uma percepção de falta de clareza. A razão, ao trazer a mensagem da "subdeterminação" ou da natureza duvidosa do mundo, em última instância nos fala sobre a falta de autoconfiança da vontade humana.

A outra maneira de dizer tudo isso é assinalar uma conexão íntima entre a percepção do mundo como trêmulo e questionável e o alcance da liberdade humana. Quanto menos posso fazer e quanto menos posso querer (ou seja, quanto mais limitadas são as minhas escolhas), mais diretos são "os fatos da vida". Quanto mais cresce o reino das minhas escolhas – o mundo imaginário de futuras possibilidades –, menos óbvios e forçados parecem os sinais vindos do mundo real aqui e agora.

Porém, esta é apenas uma primeira aproximação. Um olhar mais de perto revela que a experiência da liberdade não foi esculpida a partir de um único bloco (assim como a própria vontade, dividida entre a prática e a imaginação); está dividida entre a premonição do "que eu posso chegar a fazer" e o sentido do "que eu quero que seja feito". A capacidade e o desejo podem coincidir e se misturar em uma firme resolução de atuar. Mas muitas vezes não se superpõem. A ambivalência é o primeiro sinal da falta de ajuste entre eles. Se o volume de possibilidades excede a capacidade da vontade, a ambivalência emerge na forma de inquietação e ansiedade; se o oposto acontece e os estados que podemos querer alcançar não são compatíveis com a capacidade de alcançá-los, a ambivalência se manifesta em divergências, recolhimento ou numa desesperada ânsia de escapar.

Tendo derretido tudo que era sólido e profanado tudo que era sagrado, a modernidade introduziu a era da permanente desarmonia entre as necessidades e as capacidades. Pela mesma razão, essa foi a era da ambivalência em ambas as suas manifestações. E, é claro, a era da liberdade. E daquele tipo de crítica especificamente moderna e cética que está enraizada numa desgastada suspeita de que as coisas não são como parecem ser e de que o mundo que por acaso é nosso não tem fundamentos sólidos o bastante para torná-lo necessário e inevitável. O surgimento sincronizado da ambivalência, da liberdade e do ceticismo não foi uma "mera coincidência". Podemos nos perguntar se a presença de qualquer um dos elementos dessa trindade é impensável sem os outros dois.

O ceticismo não foi, é claro, uma invenção moderna. Quando ele eclodiu por toda a Europa, com a erosão das velhas certezas da civilização cristã da Idade Média, alcançando seu ápice no limiar da Era Moderna, no século XVII, ele relia, remisturava e recondicionava os antigos argumentos, antecipados muito antes por Sexto Empírico; até lhe foi dado o nome de "crise pirrônica" para homenagear o codificador helênico do argumento cético básico. No entanto, havia uma diferença profunda e significativa entre o pensamento cético da Antiguidade e sua reencarnação moderna. Para Sexto Empírico, a dúvida universal deveria e poderia resultar em uma boa saúde mental; para Montaigne e aqueles que o seguiram, levaria à loucura. Os antigos pirrônicos, afirma o requintado historiador Richard H. Popkin, "simplesmente atingiam a *ataraxia*,* a paz de espírito e a imperturbabilidade".[1]

Quanto aos primeiros céticos modernos, dos séculos XVI e XVII, no entanto, acostumados à "importância cósmica" dos *usos* e *costumes* pelos quais eles e seus contemporâneos viviam, "a dúvida não levava à paz de espírito, mas a pesadelos – que não existe realidade, que somos sempre enganados, que Deus é um enganador, que não possuímos nenhuma verdade ou certeza".[2] O ceticismo antigo era um gesto aristocrático. Os céticos volun-

---

*Termo grego que significa quietude absoluta da alma. (N.T.)

tários da Grécia clássica esperavam que uma vez que se tornasse conhecido que nada é bom ou mau em si mesmo e que não existe forma de provar se as coisas de fato têm o valor que acreditamos que carreguem, os tormentos do desejo se evaporariam, com a agonia da esperança não satisfeita e do horror da perda; e assim davam as boas-vindas aos prazeres da tranqüilidade que se seguiriam. Não havia nada de voluntário ou aristocrático na "crise pirrônica". Era o mundo *hoi polloi*** que estava sendo abalado até em suas fundações.

Os céticos do início da era moderna estavam horrorizados com o caos que se tornava mais visível por meio do cada vez mais surrado tecido da ordem tradicional; estavam estarrecidos, amedrontados e fora de si. Juraram não descansar até que as fundações sólidas do conhecimento claro e sem ambigüidades do mundo fossem encontradas ou construídas. Leibniz, por exemplo, interpretou "a suspensão do juízo (*epoché*) como 'dúvida', sendo este um estado involuntário de ignorância que nos deixa à mercê de impulsos originados nas paixões. Obviamente, o homem que é presa de uma paixão está perturbado; e pareceria absurdo tentar adquirir a imperturbabilidade por meio de perturbações".[3]

Para os céticos antigos, enfrentar a incognoscibilidade definitiva do mundo e se recusar a seguir as rotinas diárias (infundadas, meramente habituais) era um emblema de distinção – um sinal da elevação e serenidade dos filósofos, que escapavam da controvérsia mundana dos *hoi polloi* graças a seu próprio esforço mental e atingiam um mundo platônico de contemplação e reflexão. Mas os filósofos do começo da modernidade viram (ou tiveram que ver) seus papéis e seus deveres de forma diferente. Precisaram participar do grande projeto moderno de construção da ordem num mundo que sofria entre as ruínas do Antigo Regime. Essa nova ordem deveria ser o trabalho da razão, a única arma digna de confiança de seus construtores huma-

---

*Os muitos, os pobres, as pessoas comuns, as massas. (N.T.)

nos, e a tradução do "isto é" da razão para o "você deve" da ação humana foi a vocação dos filósofos. Os filósofos modernos foram assombrados desde o início pela ânsia de construir as pontes para a vida mundana, não de queimá-las. Os pressentimentos céticos foram, portanto, perniciosos, os argumentos céticos, um incômodo, a falta de clareza do mundo, uma irritação, a hesitação, um sinal de ignorância clamando para ser substituído pela certeza baseada no conhecimento.

Havia uma *Wahlverwandtschaft** – um tipo de parentesco facultativo entre a assumida vocação dos filósofos modernos e as preocupações dos poderes modernos, ante a impressionante tarefa de um "novo começo" – erigindo uma ordem artificial entre as ruínas da atemporal, auto-reprodutora e autoprotetora, porém não mais viável, ordem "natural". O vínculo entre as duas tarefas foi oferecido pela razão; governada pela lei da não-contradição, a razão tornou-se a inimiga jurada, e esperançosamente invencível, da ambivalência e da indecisão. E os filósofos, pela natureza de suas habilidades e ocupações, eram porta-vozes da razão.

Os "ideólogos", os cultos membros do L'Institut National, estabelecido em 1795 com um mandato para explorar as maneiras de formar o tipo certo de homens-cidadãos e regular seus desejos ("as boas e as más tendências de nossa vontade", explicava a *Mémoire* de seu fundador, Destutt de Tracy, "são sempre diretamente proporcionais à extensão e à exatidão do nosso conhecimento"; "É tarefa do ideólogo criar uma ordem ideológica consciente e racional"), buscavam desenvolver ciências morais e políticas que iriam gozar de "tanta certeza quanto as ciências matemáticas".[4] Uns dos mais ilustres membros do Instituto, Condorcet, argumentou que as sociedades humanas são representadas como grandes construções geométricas, nas quais tudo está determinado por "causas fixas e constantes"; "É possível, portanto, criar uma matemática social para calcular geometri-

---

*Afinidades eletivas. Era primitivamente uma expressão química que designava as afinidades que destroem um composto em proveito de novas combinações. (N.T.)

camente todos os futuros movimentos das sociedades humanas, ... da mesma forma como calculamos os eclipses solares ou o regresso dos cometas."[5]

O Iluminismo era um programa seletivo, e pavimentar o caminho para o governo da razão requeria medidas duplicadas e uma estratégia de duas partes. Uma delas era voltada para os donos e guardiães do verdadeiro conhecimento. Para Spinoza, por exemplo, como indica Popkin,

> não existe um problema cético possível porque ou sabemos, e sabemos que sabemos, ou estamos na ignorância. Ao cético que deseja debater Spinoza vai ser pedido que reflita se sabe ou compreende algo perfeitamente (o que significa conhecimento claro e certo). Se o cético duvida de ter tal conhecimento, ele é considerado um ignorante que não sabe o que é essencial para o debate.[6]

Além disso, a oposição de Spinoza indicava não só uma divisão filosófica, mas uma rachadura social. "Saber perfeitamente" não era uma opção disponível, ou oferecida, para qualquer um; de fato, era atingida apenas por alguns poucos escolhidos. Mercenne, Gassendi e até Descartes observaram repetidas vezes que aquilo que cria dúvidas na mente de um filósofo pode ser certo para mortais comuns. Estes últimos podem perfeitamente andar por aí armados com suas certezas diárias, mais dignas de confiança e inabaláveis porque não se pensava sobre elas. A estratégia racional neste caso não pediria tanto pela indução dos *hoi polloi* a pensar criticamente e refletir sobre a evidência aparentemente não ambígua da experiência deles como pela modelagem da experiência de tal modo que a fizesse de fato inequívoca, e por esse motivo transformando toda reflexão em redundante. Para Helvetius, por exemplo, como os homens e mulheres ordinários (ignorantes) não possuem a faculdade crítica, a tarefa de separar o bem do mal está nas mãos dos legisladores, capazes de seguir o conselho da razão e dar ao ambiente humano uma forma que promova o bem e desencoraje o mal. Para Eric Voegelin,

A função de regeneração é transformada, para o analista, no papel do legislador que organiza, que irá criar externamente a situação social, que por sua vez induzirá o conformismo externo em relação a padrões morais por meio de um jogo de mecanismos psicológicos com homens desordenados...

O que acontece, em resumo, é que o analista-legislador se arroga a possessão da substância do bem na sociedade, enquanto a nega para o resto da humanidade. A humanidade está dividida entre a massa de mecanismos de prazer-dor e o Aquele que irá manipular os mecanismos pelo bem da sociedade. A natureza do homem, por uma espécie de divisão do trabalho, é distribuída entre massas e líderes de forma que só a sociedade como um todo é o homem integral.[7]

"Não deveríamos nos queixar da maldade dos homens, mas sim da ignorância dos legisladores", resume Helvetius. E Cabanis ressaltou que "a medicina e a moralidade, ramos da mesma ciência, a ciência do homem, descansam na mesma base". A estrutura do ambiente determina e modifica a "sensibilidade física", e por meio dela "idéias, sentimentos, paixões, virtudes e vícios". "É por intermédio do estudo das relações constantes entre estados morais e físicos que podemos guiar os humanos em direção à felicidade, instituir um hábito com o sentido comum e a necessidade da moralidade."[8] Destutt de Tracy apreciava Pinel, um dos pioneiros da psiquiatria e da educação modernas, por "provar que a arte de curar homens dementes não é diferente da arte de lidar com as paixões e dirigir as opiniões de pessoas comuns; ambas consistem na formação de hábitos"; e declarava, como prova do que dizia, que a educação moral das massas deve descansar sobre a observação de selvagens, camponeses que habitem aldeias remotas, crianças e animais.[9]

Mesmo Kant, apoiando-se em sua esperança pela reforma moral da humanidade por meio das faculdades racionais do homem comum, lamentou a postura desconfiada dos governantes a respeito dos "iluministas", observando que estes "não se expressam em termos familiares às *pessoas* (que prestam pouca atenção a eles e a seus escritos), mas em termos *respeitosos* ao Estado"; era tarefa do Estado, insistia Kant, criar condições para que o julgamento moral guiado pela razão pudesse prosperar e governar de modo supremo; o progresso só poderia seguir a rota "de cima para baixo".[10]

A harmonia entre filósofos e governantes modernos nunca foi completa; a dissonância, uma ou outra vez ocasionando um conflito aberto, foi tão preeminente quanto o consenso entre a busca filosófica da verdade inequívoca e a busca política da ordem não ambígua. Kant, talvez o mais perceptivo entre os iluministas e o mais dedicado advogado do conceito do homem como "agente livre", considerou esse aspecto e alertou que "nós" (os filósofos) podemos *ditar* de antemão para o povo o que ele *deve fazer*, mas não podemos prever o que ele *fará*. Os governantes, naturalmente, queriam mais; para eles, o que importava eram os resultados, não os princípios que levavam a obtê-los. Daí as acusações de abstração, inexeqüibilidade, de viver no mundo da fantasia, levantadas contra os "sonhadores" intelectuais, independentemente de suas próprias simpatias políticas ou estilos. E mesmo assim havia uma unidade de propósito que, apesar de todo o rancor recíproco, fez os esforços dos porta-vozes modernos da razão legislativa e dos praticantes políticos da legislação mutuamente ressonantes e complementares. Essa foi a guerra declarada contra os perigos gêmeos da ambigüidade de pensamento e da contingência da ação. Em resumo, a guerra contra a ambivalência.

Enfrentar o pouco claro, o impenetrável, o inesperado, não era de nenhuma maneira uma novidade moderna. Porém, uma coisa era nova: a não-disponibilidade dos já testados meios antigos e medievais de evitar, mais do que confrontar, as terríveis conseqüências psicológicas e pragmáticas da resultante incerteza do destino e das perspectivas humanas. A modernidade rejeitou a solução antiga tanto na sua versão radical, cética/cínica/estóica de altiva resignação, como em sua versão moderada, aristotélica, do compromisso baseado na *phronesis*;* também rejeitou a solução cristã da confiança não qualificada em Deus e da resignação ao definitivo mistério da Providência. A primeira solução era inaceitável, já que, de modo distinto da Antiguidade clássica, a modernidade tinha um trabalho a fazer: criar uma ordem que de outra maneira não apareceria, moldar o futuro para que este não assumisse uma forma inaceitável.

Para tanto, era necessário um conhecimento exato das conexões e da seqüência de causas e efeitos com um grau de precisão parecido com o de um arquiteto ou de um médico. A segunda solução, cristã, também não funcionaria num mundo moderno, no qual talvez nem tudo estivesse em poder dos humanos. Só aquilo que estivesse ou pudesse ser submetido ao controle humano era proclamado merecedor de pensamento e preocupação. A modernidade não negou o mistério definitivo da existência – ao menos não nessas palavras; ela simplesmente a tirou da agenda racional e a colocou aos cuidados de pessoas admitidamente não-práticas, os poetas, tendo declarado que não era merecedora do tempo devotado à sua solução e concentrando-se, em vez disso, em esclarecer e corrigir as provas confusas sobre o estado de coisas ao alcance e dentro de suas ambições controladoras.

Mas a instauração e a manutenção da ordem – a *estruturação* da condição humana – eram agora, depois do colapso da rotina auto-reprodutiva pré-moderna, uma dessas questões que clamavam pelo controle humano. A idéia de "estrutura" se refere à manipulação de probabilidades; um cenário é "estruturado" se determinados eventos são mais prováveis do que outros, se alguns outros são muito improváveis e se a hierarquia de probabilidades permanece relativamente constante. Por fim, manter a ordem nas questões humanas se reduz a aumentar a probabilidade de um tipo de comportamento e diminuir ou eliminar a probabilidade de outros tipos de comportamento. Se esse esforço é

---

*Sabedoria prática, segundo Aristóteles. (N.T.)

bem-sucedido, o decorrer dos eventos pode se tornar previsível, e as conseqüências das ações, calculáveis; pode se tornar possível, em outras palavras, moldar o futuro de antemão.

O início da modernidade é famoso pela profusão de literatura utópica publicada, lida e debatida. As utopias modernas não eram nada mais do que vôos da imaginação ou produtos do desperdício da imaginação crescendo ao acaso. Eram projetos do mundo que viria, controlado pelos humanos, uma declaração de intenção da vontade de forçar este mundo a vir, com os cálculos dos meios necessários para fazê-lo. Serviram como tubos de ensaio nos quais os ingredientes básicos do pensamento moderno foram misturados e o corpo das ambições modernas foi sedimentado e ganhou forma.

Uma notável característica das utopias modernas era a atenção dedicada ao planejamento meticuloso dos cenários da vida cotidiana – o planejamento e o desenho do espaço da cidade, onde a grande maioria dos habitantes dos mundos futuros deveria viver. E esperava-se que a clareza e a uniformidade do cenário externo assegurassem uma clareza e uma uniformidade do comportamento humano, sem deixar espaço para a hesitação, a incerteza ou a ambivalência.

As preocupações dos escritores e leitores das utopias do começo da modernidade foram exploradas há pouco tempo e documentadas com meticulosidade por Bronislaw Baczko.[11] Tendo coletado dezenas de tratados utópicos da época, ele descobriu que, "no decorrer do século, tudo que eles faziam era reinventar a mesma cidade seguidas vezes". As invenções utópicas eram muito similares entre si, trazendo um vívido testemunho da obsessão compartilhada que deu origem a todas elas: a da transparência e inequivocabilidade do cenário, capaz de curar ou evitar a agonia da escolha arriscada. "Não há nada caótico nessa cidade: em todos os lados reina uma ordem perfeita e surpreendente..."; "É fácil encontrar nossas idéias nelas."; "Tudo na cidade é funcional..."; "Uma regularidade perfeita prevalece ali. As ruas são largas e tão retas que temos a impressão de que foram feitas com uma régua."; "Quase todos os elementos da cidade são intercambiáveis."; "As cidades se parecem tanto umas com as outras que, depois de ter visitado uma delas, ficamos com a sensação de já ter visto todas."; "Um estrangeiro não tem necessidade de pedir informações, ... a arquitetura fala com ele numa linguagem universal."

Outra questão importante era que os projetos utópicos transmitiam a idéia de um *começo absoluto*, que iria se tornar a premissa rotineira da ação moderna. Nenhuma ordem perfeita pode emergir das inerentemente ambíguas e caóticas convoluções dos acidentes históricos. Por isso "o planejamento da cidade é imaginado e pensado como uma negação de toda a história". As cidades que os pioneiros utópicos do espírito moderno desejaram e pressionaram para que fossem construídas "não tinham nenhum vestígio do passado"; davam corpo a uma "feroz interdição de qualquer traço de história".

A mais preocupada das civilizações humanas declarou guerra à história; afinal de contas, é a isso que a luta contra a ambivalência leva. O contexto da vida humana não pode mais ser abandonado ao acaso, ser o resultado de um jogo dirigido por forças discordantes e não coordenadas. O cenário em que os humanos tomam suas decisões precisa ser desenhado com cuidado e claramente marcado com sinais legíveis e inequívocos. Tanto a falta como o excesso de significado, a escassez e a abundância de possíveis *Auslegungen*,* são desordens que a organização racional do mundo humano não pode tolerar a longo prazo, tratando-as como irritações temporárias.

A modernidade estava em busca de um ajuste perfeito, umpara-um, de nomes e coisas, palavras e significados; um conjunto de regras livre de espaços em branco e de pastas repletas de instruções; uma taxonomia em que havia um arquivo para cada fenômeno, mas não mais de um; uma divisão de tarefas na qual havia um agente para cada parte da ação, mas não mais de um;

---

*Predisposições. (N.T.)

em resumo, em busca de um mundo em que existe uma receita não ambígua (algorítmica, mais do que meramente heurística) para cada situação e nenhuma situação sem uma receita pregada nela. Mas para criar um mundo que preenchesse requisitos tão exigentes seria necessário primeiro limpar o canteiro de obras, removendo todos os sedimentos de ações passadas que ficaram aquém do ideal. A modernidade foi, portanto, a era da *destruição criativa*, da perpétua desmontagem e demolição; o "começo absoluto" foi outra face da obsolescência instantânea de todos os estados sucessivos, e portanto das tentativas nunca terminadas de se livrar da história de ontem.

Em outras palavras, a mente moderna alimentou o projeto de substituir a história pela *legislação*; de substituir normas legais logicamente coesas pelas incontroladas e talvez incontroláveis "leis da história" (a mente moderna podia conceber a história apenas como uma imagem espelhada de suas próprias práticas: como uma *agência de estabelecimento de leis* – mas talvez uma agência imperfeita, fustigada pelas ondas cruzadas da paixão e do preconceito). A mente moderna é razão legislativa, e a prática moderna é a prática da legislação.

Se voltarmos agora para a antinomia inerente da vontade humana,[12] parecerá plausível sugerir que a essência dos esforços legislativos modernos (ou os esforços para combater a ambivalência com normas legais inequívocas) era a intenção de assegurar a harmonia entre os potencialmente discordantes aspectos da vontade: "Eu posso" e "eu quero". Na velha mas não ultrapassada articulação de Freud, "a ordem é uma espécie de compulsão de repetir que um regulamento, quando é estabelecido para sempre, decide quando, onde e como algo deve ser feito, de modo que em circunstâncias similares somos poupados da hesitação e da indecisão".[13] E o modo pelo qual a civilização moderna busca tal ordem foi transformar o "princípio de prazer", "sob a influência do mundo externo", "no mais modesto princípio de realidade"; "O princípio de realidade", em termos simples, significa podar o "eu quero" até ficar do tamanho do "eu posso".

Como se seguisse a injunção de Hegel, a modernidade definiu a liberdade como formada pelas necessidades conhecidas e compreendidas. Durkheim apontou as restrições sociais, a pressão constante de uma *consciência coletiva* e as sanções punitivas que ameaçam o comportamento idiossincrático, que desafia as normas, como as condições necessárias para a "verdadeira liberdade"; a alternativa, insistia Durkheim, não era uma liberdade maior, mas a escravidão – o indivíduo, sem coerção social, só poderia ser uma vítima infeliz de instintos e desejos erráticos. O segredo da libertação individual está no poder coercitivo da lei estabelecida societariamente. Ser livre significa querer o que se pode, desejar fazer o que se deve e nunca desejar o que não se pode obter. Um indivíduo adequadamente "socializado" (também descrito como um "indivíduo feliz" e "genuinamente livre") é aquele que não experimenta a discrepância nem o conflito entre desejos e capacidades, sem querer fazer o que não pode fazer mas querendo fazer o que deve fazer. Só um indivíduo assim não viveria a realidade como uma rede de restrições obstrusivas e vexatórias, sentindo-se, portanto, verdadeiramente livre e feliz.

Podemos dizer que a forma moderna de trazer à tona a ambivalência inerente do conjunto identitário dos "desencaixados", com a morte do cenário auto-reprodutor pré-moderno, era ajustar os desejos individuais para que o cenário social legalmente enquadrado se tornasse "realístico". Para essa estratégia, também podemos reconstituir vestígios das raízes da tendência totalitária da modernidade, oculta porém notória. Dentro da estrutura dessa estratégia, a harmonia entre os desejos e as capacidades poderia ser de fato alcançada, mas apenas com poder legislativo concentrado, regulamentações normativas ubíquas e compreensivas, e delegação e desabilitação (e por fim eliminação) de todas as autoridades (coletivas, assim como aquelas arraigadas nas profundezas incompreensíveis da não completamente domada individualidade) que exerçam má influência.

Em nosso tempo, duas coisas vêm se tornando mais claras: essa estratégia fracassou em alcançar seu objetivo e foi, de modo geral, abandonada – talvez até revertida. Foi abandonada, deixem-me acrescentar, não por causa de seu fracasso; o abandono veio antes, e só depois, em retrospecto, a inevitabilidade de seu fracasso pode ser vista completa e claramente.

A estratégia moderna de combater a ambivalência fracassou principalmente por causa de seu impacto conservador e restritivo, que colidiu com outros aspectos inerentemente dinâmicos da modernidade – os contínuos "novos começos" e "destruições criativas" como modo de vida. O "Estado firme", o "Estado ponderado", o "Estado de equilíbrio", o Estado da completa satisfação da (em teoria invariável) soma total das necessidades humanas, este Estado, estabelecido pelos primeiros economistas modernos como a condição final da humanidade, para o qual a "mão invisível" do mercado estava nos guiando, mostrou-se um horizonte que recua constantemente, empurrado pelo poder incansável das necessidades que surgem com maior rapidez do que a capacidade de satisfazê-las. A estratégia moderna de combater a ambivalência só poderia ser aplicada com alguma chance de sucesso se as necessidades/carências/desejos tivessem papel secundário na "possibilidade objetiva" de satisfazê-las.

Essa estratégia ainda é aplicada hoje – mas unicamente para as "classes baixas", os "novos-pobres", "os receptores do bem-estar" – às pessoas que de comum acordo são incapazes de controlar o conflito endêmico entre suas carências e suas capacidades; apenas a respeito do caso deles o argumento "não temos recursos" lembra algo receptivo. Para o resto – a maioria, o corpo principal, a parte da sociedade que estabelece os padrões –, são as carências, às quais atribuíram uma prioridade desqualificada e deram o papel de força iniciante e impulsionadora até para o que diz respeito às potencialidades da sociedade. Medimos o "crescimento econômico" e a "saúde" total da economia por uma demanda crescente de mercadorias, e o sucesso econômico por um crescente "poder para gastar". Em tempos de recessão e produção em baixa, escutamos falar "da recuperação guiada pelo consumidor". Como Pierre Bourdieu observou em *Distinction*, seu esclarecedor estudo da cultura contemporânea, hoje a criação de necessidades está tomando o lugar da regulamentação normativa, a propaganda substitui a doutrinação ideológica e a sedução ocupa o lugar do policiamento e da coerção. Podemos dizer que a maior parte da população está integrada à sociedade contemporânea em seu papel de consumidora, não de produtora; e uma integração desse tipo só pode se manter enquanto as carências excederem o nível de suas satisfações atuais.

Por isso é que a estratégia moderna de combater a ambivalência foi abandonada (exceto, repito, ao lidar com as margens da sociedade – cuja marginalidade consiste precisamente em sua incapacidade de lidar com a ambivalência nascida da brecha entre carências e capacidades). A permanente desarmonia entre o "eu quero" e o "eu posso", e mais exatamente o excesso de carências para satisfazê-las, está se transformando no princípio guia do estabelecimento social de todos os seus três "níveis analíticos" – formação identitária, integração social e reprodução sistêmica. Mas essa desarmonia significa ambivalência e mais ambivalência; podemos dizer que a sociedade pós-moderna consumista e desregulamentada tem um papel poderoso na manutenção de um alto nível de ambivalência na vida individual. A ambigüidade do contexto de vida, se me permitem utilizar essa noção espalhafatosamente modernista, é "funcional" para a condição pós-moderna.

Existe outra razão pela qual a estratégia moderna estava condenada a fracassar. Por não conseguir acompanhar sua tendência totalitária inata até o fim (felizmente, um caso raro na história da modernidade), as sociedades modernas puderam aplicar suas estratégias apenas em nível local: "um problema de cada vez", "quando o problema surgir" – mais ao estilo de gerenciamento de crise do que de um plano geral e abrangente. Cada esforço para clarear e aparar as arestas de uma confusão particularmente vexatória produziu novas "áreas cinzentas", terras de ninguém e situações sem definições não ambíguas em lugares onde ordens locais precárias e não coordenadas se enfrentavam ou, pior ainda, se sobrepunham.

Como Ulrich Beck mostrou de maneira admirável em sua descrição da *sociedade de risco*, esse caráter de "arquipélago" da(s) ordem(ns) social(is) moderna(s) e a relativa autonomia de ordem de cada ilha criaram a confusão feita pelo homem que, de modo geral, agora substituiu a "confusão natural" que a modernidade estabeleceu para substituir a claridade e a transparência da ordem cuidadosamente legislada. Falamos de "riscos" sempre que é impossível prever com precisão o resultado de ações que pretendemos empreender, e assim cada decisão é ambígua, e cada desejo de atuar é ambivalente; em outras palavras, o "risco" significa a incurável falta de clareza da situação.

A falta de clareza de hoje é um produto da ânsia de tornar as coisas mais claras; a maior parte da ambivalência sentida se origina nos esforços difusos e disparatados para eliminar a equivocabilidade de localidades selecionadas, separadas e sempre confinadas. Mas, como Beck argumenta de forma convincente, a ambivalência contínua, confiável e expansiva que governa a *sociedade de risco* tem seus usos. Ela lubrifica as rodas da ciência e da tecnologia, os dois principais veículos do desenvolvimento contemporâneo. Ela própria se tornou, para utilizar outro conceito modernista desacreditado, um formidável agente do *progresso*.

Podemos concluir que a ambivalência está perdendo seu ferrão societário/sistêmico; está deixando de ser uma "inimiga pública". O que não significa, no entanto, que cesse ou tenda a deixar de ser uma "inimiga privada"; uma adversária, talvez a mais assustadora entre muitas, do indivíduo humano em seu esforço irrefreável para construir uma identidade. Como tantos outros aspectos da sociedade contemporânea, os perigos da ambivalência sofreram um processo de desregulamentação, e a tarefa de lidar com os resultados (embora não necessariamente com os recursos que a tarefa requer) foram privatizados. A ambivalência pode ser, assim como antes, um fenômeno social, mas cada um de nós o enfrenta sozinho, como um *problema pessoal* (e, como muitos consultores em nossa era do "boom da consultoria" com certeza sugeririam, como nossa falha ou aflição pessoal).

Somos – a maioria de nós – livres para aproveitar nossa liberdade, mas não para evitar as conseqüências desse desfrute. Para conter as conseqüências, tendemos a nos voltar para o próprio mercado de bens, serviços e idéias "comodificados" (e também de conselhos e terapias), que é a principal fábrica produtora de ambivalência. O mercado mantém a ambivalência viva, que mantém o mercado vivo. Não há saída para esse círculo vicioso. Mas, desde os tempos do nó górdio, cada círculo vicioso cria a tentação de cortar e a demanda por facas afiadas...

Daí resultam os sentimentos neotribais e fundamentalistas que inevitavelmente acompanham a atual privatização da ambivalência. Sua postura é a promessa de pôr um fim à agonia da escolha individual ao abolir a própria escolha; de curar a dor da incerteza e da hesitação individuais terminando com a cacofonia de vozes que nos deixa inseguros da sabedoria de nossas decisões. Sua sedução é a da *Eindeutigkeit** há muito perdida – de um mundo outra vez não ambíguo, que envia sinais inequívocos; de uma identidade não mais multidimensionada, com muitas camadas, e "até-novo-aviso". Como tudo o mais no mundo desregulamentado do consumidor solitário, esses sentimentos (para usar uma metáfora de Iuri Lotman, grande filósofo russo) não se juntam numa corrente poderosa, seguindo impetuosamente numa direção e dissolvendo e carregando todos os obstáculos em seu caminho. Entram em erupção subitamente, em lugares espalhados e difíceis de prever, como bombas num vasto campo minado.

O romance moderno certamente não terminou – apenas mudou de forma. A grande guerra moderna de 300 anos contra a ambivalência não é mais conduzida por exércitos regulares de conscritos, mas por unidades de guerrilha que se juntam e desaparecem outra vez nos becos escuros que cruzam as avenidas iluminadas das disneylândias pós-modernas de consumidores livres.

---

*Clareza, definição, falta de ambigüidade, explicitação. Uma palavra que define a clareza com muitas características filosóficas, dando exatidão ao conceito. (N.T.)

· 5 ·

Sou por acaso o guardião do meu irmão?

O professor Van der Laan gentilmente me enviou vários estudos sérios e perspicazes que tratam, como ele ressaltou, de "importantes questões sobre o serviço social nos Países Baixos". Estou grato – aprendi muito com ele a respeito dos problemas que ocupam a atenção dos assistentes sociais em seu país. Mas fiquei particularmente grato pela tranqüilidade que obtive com minhas leituras: as preocupações dos assistentes sociais holandeses não são diferentes do que sentem as pessoas dedicadas ao serviço social em outros países europeus. Em seu próprio artigo, o professor Van der Laan apreendeu muito bem o já difundido sentimento de desconforto ao indicar que o Estado de bem-estar social está sob ataque, acusado de fornecer redes de dormir a seus tutelados, ao passo que redes de segurança genuínas deveriam atuar como um trampolim. Em outras palavras, o Estado de bem-estar social é acusado de não preparar sua própria demissão.

A tarefa do serviço social deveria ser, dizem, livrar-se dos desempregados, incapacitados, inválidos e outras pessoas indolentes que, por uma razão ou outra, não podem ganhar seu próprio sustento e assim dependem da ajuda e do cuidado sociais para sobreviverem; e isso evidentemente não está acontecendo. Como o serviço social, dizem, deve ser avaliado como qualquer outra ação humana, ou seja, por sua planilha de custo-benefício, ele não tem, em sua presente forma, "um sentido econômico". Ele só iria justificar sua existência continuada se tornasse independentes as pessoas dependentes e fizesse as pessoas mancas andar com seus próprios pés. A suposição tácita, raras vezes enunciada, é que as pessoas não-independentes, pessoas que não participam do jogo de comprar e vender, não têm lugar na sociedade de jogadores. "Dependência" tornou-se um palavrão: refere-se a algo de que as pessoas decentes deveriam se envergonhar.

Quando Deus perguntou a Caim onde estava Abel, Caim replicou, zangado, com outra pergunta: "Sou por acaso o guardião do meu irmão?" O maior filósofo ético do nosso século, Emmanuel Levinas, comentou que dessa pergunta zangada de Caim começou toda a imoralidade. É claro que sou o guardião do meu irmão; e sou e permaneço uma pessoa moral enquanto não pergunto por uma razão especial para sê-lo. Quer eu admita, quer, não, sou o guardião do meu irmão porque o bem-estar do meu irmão *depende* do que eu faço ou do que me abstenho de fazer. E sou uma pessoa moral porque reconheço essa dependência e aceito a responsabilidade que ela implica. No momento em que questiono essa dependência, e peço, como fez Caim, que me dêem razões para que eu me preocupe, renuncio à minha responsabilidade e deixo de ser um ser moral. A dependência de meu irmão é o que me faz um ser ético. A dependência e a ética estão juntas, e juntas elas caem.

Pensando bem, o abrupto veredicto de Levinas não é novidade. Simplesmente reitera, em termos de algum modo diferentes, o que foi, por milênios, o núcleo dos ensinamentos judaico-cristãos, nutrindo e fazendo avançar nossa compreensão comum da humanidade e do ser civilizado. O que Levinas disse transformou a necessidade do outro, assim como a responsabilidade de satisfazer essa necessidade, na pedra fundamental da moralidade – e a aceitação dessa responsabilidade se tornou o ato de nascimento da pessoa moral. Mas se o veredicto de Levinas não é novidade, então o escárnio e o desprezo pela dependência e o estigma associados a ela são; talvez até a mais profunda e radical das novidades com que a civilização judaico-cristã já se confrontou em sua longa história. Vale a pena pensar um pouco sobre essa novidade e suas causas, pois hoje, 100 anos depois, celebramos o aniversário da ousada iniciativa que vem sendo pressionada a se desculpar por seus resultados.

Se a pergunta de Caim é feita hoje, em várias formas renovadas, por toda a Europa, e se o Estado de bem-estar social está sob ataque de todos os lados, é porque desmoronou a combinação única de fatores que levaram ao seu estabelecimento e o fizeram se parecer e sentir como o Estado natural da sociedade moderna. Podemos dizer que, em seu nascimento, o Estado de bem-estar social era "sobredeterminado". Hoje, porém, o ressentimento em relação às instituições dele e o gradual desmantelamento destas é que são "sobredeterminados".

Algumas pessoas disseram que o aparecimento do Estado de bem-estar social foi um triunfo das intenções éticas, recolocando-as entre os princípios constitutivos da sociedade moderna civilizada. Outros disseram que sua introdução foi resultado da prolongada luta travada pelos sindicatos e partidos trabalhistas ao exigir seguros coletivos do Estado para garantir o sustento, ameaçado pelo curso desigual e errático do desenvolvimento capitalista. Outros analistas ainda enfatizaram o desejo do sistema político de desarmar a dissensão e evitar a possível rebelião contra tal ameaça. Todas essas explicações têm um tom de credibilidade, mas cada uma delas apreende apenas parte da verdade. Nenhum dos fatores mencionados seria capaz de carregar sozinho o peso do Estado de bem-estar social por conta própria; na verdade, foi a comunhão deles que pavimentou o caminho para sua criação e assegurou um apoio quase universal para suas provisões, além de uma disponibilidade similarmente universal para dividir seus custos.

Mas até essa combinação de fatores teria sido insuficiente se não fosse pelo empenho que os manteve unidos: a necessidade de manter tanto o capital como o trabalho em um estado de "prontos para o mercado", e a responsabilidade por isso caiu nos ombros do Estado. Para que a economia capitalista funcione, o capital deve ser capaz de comprar trabalho, que por sua vez deve ter uma condição atrativa o bastante para aparecer aos olhos de seus possíveis compradores como uma mercadoria desejada. Sob tais circunstâncias, a principal tarefa do Estado e a chave para o cumprimento adequado de todas suas outras funções foi a "mercantilização das relações capital-trabalho"; fez com que a transação de comprar e vender trabalho pudesse continuar sem impedimentos.

Nesse estágio do desenvolvimento capitalista (hoje, de um modo geral, terminado), a taxa de crescimento e lucro era proporcional ao volume de trabalho empenhado no processo produtivo. O funcionamento do mercado capitalista era notório por seus altos e baixos, por períodos de expansão seguidos de depressões proteladas; assim, nem todos os recursos laborais potencialmente disponíveis puderam ser empregados o tempo todo. Mas aqueles que estavam ociosos eram a força de trabalho ativa de amanhã: naquele momento, mas apenas de maneira temporária, estavam desempregados; pessoas em uma condição anormal, mas transitória e retificável. Eram o "exército de reserva de trabalhadores" – o status deles era definido não pelo que eram no momento, mas por aquilo em que estavam dispostos a se transformar quando o tempo chegasse. Como qualquer general diria, cuidar da força militar da nação requer que os reservistas estejam bem nutridos e mantidos em boa saúde, a fim de que estejam prontos para enfrentar as tensões da vida no Exército quando forem chamados para o serviço ativo.

E como essa foi a era do trabalho em massa e dos exércitos de conscritos em massa, a nação só poderia estar segura de sua força se todos – se a ocasião exigisse – pudessem ser levados às fileiras do trabalho industrial ou do Exército. A capacidade de trabalhar e lutar de seus cidadãos era a condição *sine qua non* da soberania do Estado e do bem-estar de seus súditos. Considerada um dever da sociedade como um todo e um interesse bem compreendido da nação como um todo, a tarefa de manter os pobres e os incapacitados, os empobrecidos e os indolentes prontos para voltar às fileiras a qualquer momento foi de fato uma questão "além da esquerda e da direita". Ninguém precisou ser convencido de que o dinheiro gasto em provisões de bem-estar social fora bem empregado.

Os tempos da indústria de empregos em massa terminaram, ao menos em nossa parte do mundo, e o Exército de conscritos em massa também pertence ao passado. As armas modernas precisam de poucos soldados profissionais, e o progresso tecnológico na produção de bens consiste, hoje em dia, em cortar a necessidade de empregos; os investimentos significam menos, e não mais, empregos, e as bolsas de valores de todo o mundo recompensam de imediato as empresas que empreendem o "achatamento" ou o "redimensionamento" e reagem com nervosismo diante de notícias de uma taxa de desemprego decrescente.

Sejamos claros quanto a isso: as pessoas tradicionalmente chamadas de "desempregadas" não são mais um "exército de reserva do trabalho", assim como um homem adulto na Holanda ou na Inglaterra já não é mais um reservista do Exército prestes a ser chamado para se unir às tropas em caso de necessidade militar. Estaremos nos enganando se esperarmos que a indústria volte a chamar as pessoas que ela tornou redundantes. Tal eventualidade iria de encontro a tudo que é relevante para a prosperidade econômica atual: os princípios de flexibilidade, concorrência e produtividade, medidos pelos custos laborais decrescentes. E encaremos a verdade: mesmo que as novas regras do jogo do mercado prometam um aumento na riqueza total da nação, também tornam virtualmente inevitável a crescente lacuna entre aqueles que permanecem no jogo e os que são deixados de fora.

Contudo, esse não é o final da história. As pessoas que ficam de fora do jogo também são deixadas sem uma função que possa ser vista como "útil", muito menos indispensável, para o suave e lucrativo funcionamento da economia. Não são necessários como os supostos produtores; mas numa sociedade em que os consumidores, e não os produtores, são considerados a força propulsora da prosperidade econômica (esperamos que a recuperação "guiada pelo consumidor" nos tire dos problemas econômicos), os pobres também são inúteis como consumidores: não serão seduzidos por lisonjas do mercado, não possuem cartões de crédito, não podem contar com cheque especial nos bancos e as mercadorias que mais precisam trazem pouco ou nenhum lucro para os comerciantes. Não é de admirar que eles estejam sendo reclassificados como "subclasse": não mais uma anormalidade temporária esperando ser retificada e posta outra vez na linha, mas uma classe fora das classes, uma categoria colocada permanentemente fora dos limites do "sistema social", uma categoria a que o resto de nós prefere não pertencer. E todos estariam mais confortáveis se ela não existisse.

O perspicaz sociólogo alemão Ulrich Beck publicou recentemente um livro cujo título é *Schöne neue Arbeitswelt*.* A tese principal deste estudo é que em cerca de dez anos apenas um de cada dois europeus capacitados a trabalhar estará se vangloriando de um emprego regular em tempo integral, e mesmo essa metade dificilmente desfrutará o grau de segurança a longo prazo oferecido pelos empregos protegidos pelos sindicatos há um quarto de século (como observou Daniel Cohen, famoso economista da Sorbonne, qualquer um que tivesse ingressado nas fábricas da Ford ou da Renault poderia contar em ficar ali até o fim de sua vida de trabalho, enquanto as pessoas que conseguem um emprego lucrativo nas empresas de Bill Gates não têm a menor idéia de onde estarão no ano que vem).

O restante de nós ganhará a vida ao "estilo brasileiro": por meio de um trabalho ocasional de curto prazo, informal, sem

---

*Admirável mundo novo do trabalho. (N.T.)

garantias contratuais e sem pensão ou direitos compensatórios, mas com a possibilidade de ser interrompido de uma hora para outra segundo a vontade do empregador. Se Ulrich Beck está certo (e suas predições estão amplamente sustentadas por fatos e opiniões apreendidas), então os recentes esquemas populares de "bem-estar para os que trabalham", destinados a tornar o Estado de bem-estar social redundante, não são medidas que visam melhorar a situação dos pobres e não-privilegiados, mas sim um exercício estatístico feito para removê-los do registro de problemas sociais, e na verdade éticos, por meio de um simples truque de reclassificação.

Os pregadores da assim chamada "terceira via" podem estar certos quando proclamam o *desmantelamento* do "Estado de bem-estar social como o conhecemos", afirmando ser uma questão "além da esquerda e da direita", como um dia foi.[1] Na verdade, governos de esquerda e de direita dificilmente podem bajular o eleitorado de outra maneira senão adulando o capital financeiro global, extraterritorial e livremente flutuante para vir e ficar. Do ponto de vista desse último, manter os pobres locais em condições humanas decentes, o principal objetivo do Estado de bem-estar social, é inteiramente desprovido de "sentido econômico".

Não por acaso o Estado de bem-estar social não é bem visto pela imprensa. Dificilmente lemos ou ouvimos, hoje em dia, sobre as centenas de milhares de seres humanos salvos do extremo desespero ou do colapso por zelosos trabalhadores sociais; ou daqueles milhões para os quais as provisões do bem-estar fazem toda a diferença entre a terrível pobreza e uma vida decente; ou para as dezenas de milhões para os quais a consciência de que a ajuda viria quando necessária significava que podiam enfrentar os riscos da vida com a coragem e a determinação sem as quais a vida bem-sucedida, ou pelo menos digna, é impensável. Mas lemos e ouvimos falar muito sobre as centenas de milhares que trapaceiam, abusam da paciência e da benevolência e que vivem à custa das autoridades públicas; e das centenas de milhares, ou talvez milhões, cuja "vida de pensão governamental" as transformou em desocupados ineptos e preguiçosos, incapazes e sem vontade de pegar um trabalho quando este aparece no caminho deles, preferindo viver às expensas do contribuinte que trabalha duro.

Nas definições populares norte-americanas dos membros das "classes baixas", pessoas atingidas pela pobreza, mães solteiras, jovens expulsos das escolas, viciados em drogas e criminosos em liberdade condicional estão lado a lado. O que os une e justifica empilhá-los juntos é que todos, por alguma razão, são uma "carga para a sociedade". Ficaríamos melhor e mais felizes se eles milagrosamente desaparecessem.

Existe outra razão poderosa pela qual os pobres contemporâneos – os "clientes dos serviços sociais" – podem se transformar de objetos de piedade e compaixão em objetos de ressentimento e ódio. Todos nós, em maior ou menor grau, entendemos o mundo em que habitamos como cheio de riscos, incerto e inseguro. Nossa posição social, nossos empregos, o valor de mercado de nossas habilidades, nossas parcerias, vizinhanças e redes de amigos em que podemos nos apoiar são todas instáveis e vulneráveis – portos inseguros para ancorar nossa confiança. A vida de constante escolha do consumidor também não é tranqüila: o que dizer da ansiedade perpétua no que diz respeito à sensatez das escolhas que temos de fazer todos os dias; e da identidade que todos buscamos desesperadamente, com seu detestável hábito de sair de moda bem antes que a descubramos?

Na verdade, a vida está repleta de ansiedades e medos, e poucas pessoas diriam que não mudariam nada nela se tivessem chance. Nossa *sociedade de risco* enfrenta uma tarefa assustadora quando se trata de conciliar seus membros com os riscos e pavores da vida cotidiana. É essa tarefa que os pobres, apresentados como uma subclasse de proscritos, tornam um pouco mais fácil. Se seu tipo de vida é a única alternativa para "permanecer no jogo", então os riscos e os horrores de um mundo flexível e com uma incerteza perpétua parecem um pouco menos repulsivos e insuportáveis, isto é, eles se sentem melhor do que em qualquer outra opção possível. Poderíamos dizer, de maneira um pouco cínica, que nossa paz de espírito, nossa reconciliação com a vida, e qualquer felicidade que possamos obter da vida com a qual nos reconciliamos, tudo depende psicologicamente da desgraça e da miséria dos pobres párias. E quanto mais miserável e desgraçado o conjunto dos párias é, menos miseráveis nos sentimos.

Ao fazer o conjunto dos pobres ainda pior do que é, o destino do restante de nós parece melhor. Isso é uma notícia ruim para projetos de solidariedade envolvendo os pobres – aquela solidariedade que vinha fácil e naturalmente nos tempos em que a principal opressão sofrida pela maior parte da população era a rotina demolidora do trabalho diário e das tarefas implacáveis da luta cotidiana pela sobrevivência. Entre a situação difícil dos empregados e o drama dos desempregados havia uma afinidade próxima e íntima, e o testemunho da situação das pessoas desempregadas não apresentava nenhuma dificuldade para aquelas que estavam trabalhando. Se ambos os grupos eram miseráveis, isso se devia a razões essencialmente similares, e a diferença em seu sofrimento era uma questão de grau, não de tipo. Hoje, ao contrário, a empatia por pessoas que dependem do seguro-desemprego não é fácil para o restante de nós. Eles e nós podemos estar infelizes, mas obviamente por razões diferentes – nossas misérias têm formas distintas e não se traduzem com facilidade.

Os medos que assombram a maioria de nós diariamente surgem da segurança demasiado pequena do bem-estar; eles, os pobres, pelo contrário, estão muito seguros de sua miséria. Quando sofremos, é por causa da flexibilidade e instabilidade de nosso sustento; mas a instabilidade é a última coisa de que se queixariam as pessoas condenadas a uma vida de pobreza. Elas sofrem por causa da escassez de suas chances num mundo que se vangloria de oferecer oportunidades sem precedentes a qualquer um; nós, no entanto, tendemos a ver a falta de chances delas como uma liberdade em relação aos riscos que nos atormentam. A renda delas pode ser magra, mas ao menos é garantida; os cheques da previdência chegam com regularidade, aconteça o que acontecer, e assim essas pessoas não precisam se colocar à prova todos os dias para estarem seguras de seus amanhãs. Sem fazer nada, obtêm e aproveitam aquela certeza que nos esforçamos em vão para obter. Por isso que os programas "de bem-estar social para os que trabalham" podem contar com o sincero, ou pelo menos tácito, apoio da maioria dos "flexivelmente empregados": deixemos que eles, como nós, sejam fustigados pelas ondas variáveis do mercado de trabalho, deixemos que eles sejam assombrados pela mesma incerteza que nos atormenta...

Portanto, o fato de o Estado de bem-estar vir caindo em desgraça está sobredeterminado. Os ricos e poderosos o vêem como um investimento ruim, dinheiro jogado fora, enquanto os menos ricos e sem poder não sentem solidariedade pelos "clientes do bem-estar social" e não vêem mais no sofrimento deles uma imagem refletida de seus próprios problemas. O Estado de bem-estar social está na defensiva. Ele deve se desculpar e defender diariamente sua *raison d'être*. E ao defendê-la, dificilmente pode usar a linguagem mais popular de nosso tempo, a do interesse e do lucro. Podemos dizer mais: nenhum argumento racional pode ser levantado a favor da existência continuada do Estado de bem-estar social. O cuidado do bem-estar do "exército de reserva do trabalho" poderia ser apresentado como um passo racional a ser dado. Na verdade, como uma ordem da razão. Manter as "classes baixas" vivas e bem de saúde desafia toda racionalidade e não serve a nenhum objetivo visível.

Estamos de volta à estaca zero. Depois de cerca de um século de feliz coabitação marital da ética com a razão racional-instrumental, o segundo parceiro optou por deixar o matrimônio e a ética permaneceu sozinha para cuidar do lar, antes compartilhado. E quando está sozinha, a ética é vulnerável e não acha fácil manter sua posição.

A pergunta "Sou por acaso o guardião do meu irmão?", que há pouco tempo se pensava ter sido respondida de uma vez por todas, e assim raramente era escutada, volta a ser feita, e de maneira cada vez mais vociferada e beligerante. E as pessoas que desejam uma resposta afirmativa tentam desesperadamente, mas sem nenhum sucesso claro, fazê-la soar convincente na fria e comercial linguagem dos interesses. O que elas deveriam fazer em vez disso é reafirmar, de maneira audaz e explícita, a razão ética para o Estado de bem-estar social – a única razão necessária para que ele justifique sua presença numa sociedade humana e civilizada. Não existe nenhuma garantia de que o argumento ético fará muita diferença numa sociedade em que a competitividade, os cálculos de custo-benefício, a lucratividade e outros mandamentos do livre mercado reinam supremos e unem forças no que, de acordo com Pierre Bourdieu, vem rapidamente se tornando nosso *pensée unique*, a crença além de qualquer questionamento; mas a questão da garantia não está aqui nem ali, já que o argumento ético é a única linha de defesa que resta ao Estado de bem-estar social.

Mede-se a capacidade de carga de uma ponte pela força de seu pilar mais fraco. A qualidade humana da sociedade deveria ser medida pela qualidade de vida de seus membros mais fracos. E desde que a essência de toda moralidade é a responsabilidade que as pessoas assumem pela humanidade dos outros, esta é também a medida do padrão ético de uma sociedade. Esta é, proponho, a única medida que o Estado de bem-estar social pode proporcionar, mas também a única de que precisa. Essa medida pode se mostrar insuficiente para ganhar a estima de todos nós, de cujo apoio seu destino depende – mas é também a única medida que, de modo resoluto e sem ambigüidades, fala a seu favor.

O necessário retorno aos fundamentos éticos provavelmente encontrará outros obstáculos, além do óbvio empecilho que é a falta de ressonância com o discurso dominante da época. Esses outros obstáculos são *internos* ao serviço social; nascem da longa burocratização do trabalho social que pode prosseguir por muitos anos sem diminuir, exatamente porque a substância ética do trabalho de bem-estar social, tendo sido admitida, pode ser relegada ao raras vezes explorado cenário de suas práticas diárias. O professor Van der Laan apontou para a mais odiosa e vexatória de tais dificuldades auto-infligidas quando ressalta que na prática do bem-estar "a estima da magnitude moral foi substituída pela execução processual de regras". A propriedade do serviço social chegou a ser estimada pela conformidade às regras. Isso talvez fosse inevitável devido ao grande e sempre crescente número de casos com os quais os assistentes sociais precisavam lidar e à necessidade de fazer comparações e encontrar "denominadores comuns" para os sofrimentos humanos cuja raridade desafiava a comparação e a classificação exata. A tendência pode ter tido suas boas razões, mas seus resultados deixaram a prática diária do trabalhador social ainda mais distante de seu impulso ético inicial; os objetos de cuidado se transformaram em espécimes de categorias legais, e o processo de "apagar a face", endêmico a todas as burocracias, foi colocado em movimento.

Não é de admirar que os assistentes sociais, nos Países Baixos ou em outros locais, tenham sido treinados para acreditar que o segredo do sucesso e das derrotas em seu trabalho deveria ser procurado e poderia ser encontrado nas letras das regras de procedimentos e na adequada interpretação de seu espírito. Quando a "execução de procedimentos" ganha da "avaliação moral" como guia para o desempenho do trabalho, uma das conseqüências mais claras e seminais é a ânsia de tornar as regras mais precisas e menos ambíguas do que são, para assim diminuir o alcance de suas possíveis interpretações e tornar as decisões de cada caso totalmente determinadas e previsíveis "pelo regulamento". Com a expectativa de que tudo isso pode ser feito está a visão de que, do contrário, devemos culpar os trabalhadores sociais e seus chefes por seu desleixo, descaso e visão estreita. Tais crenças impulsionam os assistentes sociais a serem voltados para si mesmos e a procurarem a explicação da crescente maré de críticas contra o Estado de bem-estar social em suas próprias falhas. Chegam a acreditar que qualquer coisa que os críticos dizem estar errada no Estado de bem-estar social pode ser retificada se eles, os assistentes sociais, puderem planejar um inventário claro dos direitos dos clientes e um código *eindeutig* de nossa conduta...

Digo a vocês que as crenças e expectativas em questão são ilusões; e quanto elas são ilusórias fica evidente no momento em que lembramos que o serviço social, não importa o que mais possa ser, é também o gesto ético de assumir a responsabilidade, nossa inerradicável responsabilidade pelo destino e pelo bem-estar do Outro; e que, quanto mais fraco e menos capaz de exigir, litigar e processar for o Outro, maior é nossa responsabilidade. Somos todos guardiães de nossos irmãos; mas o que isso significa está longe de ser claro e dificilmente pode ser tornado transparente e *eindeutig*. A clareza e a falta de ambigüidade podem ser o ideal de um mundo em que a "execução processual" é a regra. Para o mundo ético, no entanto, a ambivalência e a incerteza são seu alimento diário e não podem ser apagadas sem destruir a substância moral da responsabilidade, o fundamento sobre o qual aquele mundo descansa.

A incerteza que assombra o serviço social não é nada mais, nada menos do que a incerteza endêmica à responsabilidade moral. Está aí para sempre; só pode ser neutralizada com a consciência ética. Como disse outro grande filósofo moral de nosso tempo, o teólogo Knud Løgstrup, de Aarhus, quando chegamos ao que ele chama de "comando não expresso", "o conflito é sempre possível". Estamos condenados a oscilar incomodamente entre dois extremos, cada um apresentando um perigo próprio. Por um lado, alerta Løgstrup, "a situação pode ser tal que sou desafiado a me opor à própria coisa que a outra pessoa espera e deseja que eu faça por ela, pois isto serviria a seu melhor interesse". Por outro lado, porém, "se fosse apenas uma questão de satisfazer as expectativas e os desejos da outra pessoa, nossa associação significaria nada menos que – de maneira irresponsável – fazer de nós a ferramenta de outra pessoa"; "tentar simplesmente agradar aos outros enquanto sempre se evita a questão" é uma distorção comum e tentadora do relacionamento moral; assim como ter "opiniões definidas sobre como fazer as coisas e como os outros deveriam ser", e desejar "que não sejamos distraídos pela compreensão excessiva daqueles que devem ser mudados".

Ambas as distorções são mórbidas e deveríamos fazer de tudo para evitá-las. A questão é, contudo, que a possibilidade de incorrer em uma ou outra das armadilhas sempre estará conosco: os perigos são endêmicos a todos os relacionamentos morais – nossa responsabilidade está firmemente colocada no marco fixado por esses dois riscos. Se a exigência pela responsabilidade e cuidado "pudesse ser traduzida em detalhes", como – cansados da perpétua incerteza – sonhamos com tanta freqüência, "a exigência seria puramente uma questão externa", "sem nenhuma responsabilidade de nossa parte, sem nenhum investimento de nossa própria humanidade, imaginação ou visão". "A certeza absoluta", conclui Løgstrup, "é o mesmo que a irresponsabilidade absoluta"; "Ninguém age de modo mais irrefletido do que aquele que faz questão de aplicar e realizar diretivas previamente emitidas."

Todas essas são notícias ruins para os que buscam a paz e a tranqüilidade. Ser o guardião de seu irmão é uma sentença perpétua de trabalho duro e ansiedade moral, e nenhuma tentativa será capaz de anular. Mas são notícias boas para a pessoa moral: são exatamente as situações em que os assistentes sociais se encontram todos os dias, situações de escolhas difíceis, sem garantia e sem a tranqüilidade confiável da propriedade, que a responsabilidade pelo Outro, aquele fundamento de toda moralidade, aparece por conta própria.

Deixem-me resumir a mensagem que, acredito, precisa ser ponderada quando celebramos os pioneiros do serviço social nos Países Baixos. O futuro do serviço social e, de forma mais geral, do Estado de bem-estar social não dependem hoje de afiar, reduzir e direcionar melhor as regras, classificações ou procedimentos; nem de reduzir a variedade e a complexidade das necessidades e dos problemas humanos. Depende, em vez disso, dos padrões éticos da sociedade na qual todos vivemos. São esses padrões éticos que, muito mais do que a racionalidade e a diligência dos assistentes sociais, estão hoje em crise e ameaçados.

O futuro do Estado de bem-estar social, um dos grandes avanços da humanidade, está na linha de frente da cruzada ética. Esta cruzada pode ser perdida, pois todas as guerras implicam o risco de derrota. Sem ela, no entanto, nenhum esforço tem qualquer chance de sucesso. Argumentos racionais não ajudarão; não existe, sejamos francos, nenhuma "boa razão" pela qual deveríamos ser os guardiães de nossos irmãos, pela qual deveríamos nos preocupar, pela qual deveríamos ser morais – e numa sociedade orientada pela utilidade, os pobres e indolentes, inúteis e sem função, não podem contar com provas racionais de seus direitos à felicidade. Sim, é necessário admitir, não há nada de "razoável" em assumir responsabilidades, preocupar-se e ser moral. A moralidade tem apenas a ela mesma para se apoiar: é *melhor* se preocupar do que lavar as próprias mãos, melhor ser solidário com a infelicidade do outro do que ser indiferente, é muito melhor ser moral, mesmo que isso não faça as pessoas mais ricas nem as companhias mais lucrativas.

É uma decisão de 100 anos de idade que celebramos hoje, a de assumir a responsabilidade por nossa responsabilidade, a decisão de medir a qualidade da sociedade pela qualidade de seus padrões éticos.

· 6 ·

Unidos na diferença

Muitos indícios característicos da vida contemporânea contribuem para um sentimento esmagador de *incerteza*, para uma visão do futuro do "mundo como tal" *e* do mundo privado, o "mundo que está próximo", como essencialmente indecidível, incontrolável e, portanto, *aterrorizante*, assim como para uma suspeita de que os atuais e já familiares marcos de ação não permanecerão constantes por tempo suficiente para permitir um cálculo correto dos efeitos de nossas ações... Vivemos hoje, para utilizar uma expressão cunhada por Marcus Doel e David Clarke, numa atmosfera de *medo ambiente*.

Permitam-me enumerar apenas alguns dos muitos fatores responsáveis por esse sentimento de incerteza.

(1) "A ordem é mais importante quando é perdida ou está em via de ser perdida." Assim James Der Derian nos relembra e depois explica *por que* a ordem importa tanto hoje. Para exemplificar, cita a declaração de George Bush, após o colapso do império soviético, de que o novo inimigo é *a incerteza, a imprevisibilidade e a instabilidade*. Podemos acrescentar que, em nossos tempos modernos, a ordem chegou a ser identificada, para todos os efeitos práticos, com *controle e administração*, que por sua vez

vieram a significar um código de prática estabelecido e a capacidade de impor obediência ao código. Em outras palavras, a idéia de ordem se relacionava não tanto com as próprias coisas, mas às formas de manejá-las; com a *capacidade de ordenar*, mais do que com qualquer qualidade imanente das coisas naquele momento. O que George Bush deve ter desejado dizer era menos sobre a dissipação da "ordem das coisas" do que acerca do desaparecimento dos meios e do conhecimento necessários para *colocar as coisas em ordem* e mantê-las assim.

Depois de meio século de divisões nítidas e objetivos claros, apareceu um mundo desprovido de estrutura visível e de qualquer – ainda que sinistra – lógica. A poderosa política de blocos, que dominava o mundo não faz muito tempo, era aterrorizante por causa das coisas horripilantes que as potências mundiais podiam fazer. Seja lá o que for que veio substituí-la, aterroriza por sua falta de consistência e direção, assim como por sua ainda mais óbvia incapacidade de fazer algo para mitigar a pobreza, impedir o genocídio e conter a violência. O alemão Hans Magnus Erzensberger teme o surgimento de uma era de guerras civis (ele contou cerca de 40 dessas guerras sendo travadas – da Bósnia ao Afeganistão, passando por Bougainville). Na França, Alain Minc escreve sobre a chegada da Nova Idade Média. Na Inglaterra, Norman Stone pergunta se não estamos de volta ao mundo medieval de mendigos, pragas, conflagrações e superstições. Permanece em aberto se isso será ou não uma tendência de nossos tempos – mas o que de fato importa agora é que augúrios como esses podem ser feitos publicamente nos lugares de maior prestígio da vida intelectual contemporânea.

Hoje, cerca de 20 países ricos, porém perturbados, preocupados e sem confiança, confrontam o resto do mundo, que não está mais disposto a seguir a definição deles de progresso e felicidade. No entanto, os demais ficam cada dia mais dependentes deles para preservar a felicidade ou a simples sobrevivência. O antigo centro civilizacional aparece com cada vez mais freqüência no papel de fornecedor de armas necessárias para conduzir guerras tribais nos inumeráveis Afeganistãos, Senegais, Ruandas e Serras Leoas desse mundo. Talvez o conceito de uma "barbarização secundária" resuma melhor o impacto geral das metrópoles de hoje na periferia do mundo.

(2) A desregulamentação universal – a desqualificada prioridade outorgada à irracionalidade e à cegueira moral da concorrência de mercado, a liberdade sem limites dada ao capital e às finanças à custa de todas as outras liberdades, o rasgar das redes de segurança mantidas societariamente e o descaso com todas as considerações fora as econômicas, tudo isso deu um novo impulso ao implacável processo de polarização, tanto dentro como entre sociedades. A desigualdade – intercontinental, interestadual e, mais seminalmente, intra-societária – está mais uma vez alcançando uma escala que o mundo de ontem, confiante em sua capacidade de se auto-regular e se autocorrigir, parecia ter deixado para trás de uma vez por todas. Por meio de cálculos cautelosos e conservadores, a Europa rica tem 3 milhões de desabrigados, 20 milhões de pessoas excluídas do mercado de trabalho e 30 milhões vivendo abaixo da linha da pobreza. O cada vez mais explícito abandono de seus deveres tradicionais de Estados-nação, deixando o projeto de comunidade nacional como a guardiã do direito universal a uma vida decente e digna e adotando, em vez disso, a promoção do mercado como garantia de uma chance universal para o auto-enriquecimento, aprofunda ainda mais o sofrimento dos novos-pobres. Adiciona insulto à injúria, envernizando a pobreza com a humilhação e com a negação da liberdade de consumo, agora identificada com a humanidade.

A riqueza atual dos 358 "bilionários globais" iguala a riqueza combinada dos 2,3 bilhões de pessoas mais pobres (45% da população do mundo). As finanças, o comércio e a indústria da informação globais dependem, para sua liberdade de movimento e para sua liberdade irrestrita de perseguir suas metas, da fragmentação política do cenário mundial. Poderíamos dizer que o capital global investiu em "Estados fracos" – isto é, em Estados que são *fracos* mas, mesmo assim, permanecem *Estados*. De maneira deliberada ou inconsciente, tais instituições interestaduais exercem pressões coordenadas sobre todos os membros ou Estados dependentes para sistematicamente destruir tudo que possa diminuir o livre movimento de capital e limitar a liberdade de mercado.

Derrubar os portões e abandonar qualquer pensamento de política econômica autônoma é a condição preliminar da elegibilidade para receber a assistência financeira dos bancos mundiais e fundos monetários. É de Estados fracos que a nova ordem mundial, que se parece suspeitosamente com a nova *desordem* mundial, precisa para se manter e se reproduzir. Os Estados fracos podem ser reduzidos com facilidade ao (útil) papel de delegacias locais, assegurando a módica ordem necessária para a condução dos negócios, mas sem que sejam temidas como um freio efetivo à liberdade das companhias globais.

Os efeitos psicológicos disso tudo vão muito além das imensas fileiras de pessoas já sem posses e redundantes. Poucas pessoas entre nós podem de fato estar seguras de que seus lares, não importando quão sólidos e prósperos pareçam hoje, não sejam assombrados pelo espectro da ruína amanhã. Nenhum emprego é garantido, nenhuma posição é segura, nenhuma habilidade tem utilidade duradoura; a experiência e o conhecimento transformam-se em compromissos assim que se tornam valiosos, ao passo que carreiras sedutoras com muita freqüência provam ser rotas de suicídio. Em sua presente forma, os direitos humanos não implicam necessariamente a aquisição do direito a um emprego ou – de maneira mais geral – o direito a cuidado e consideração por conta de méritos passados. O sustento, a posição social, o reconhecimento da utilidade e o direito à autodignidade podem todos desaparecer juntos da noite para o dia e sem aviso.

(3) As outras redes de segurança, do tipo autotecidas e automantidas – essa segunda linha de trincheiras um dia oferecida pela vizinhança ou pela família, onde podíamos nos retirar para curar as feridas deixadas pelas escaramuças do mercado –, caíram aos pedaços ou foram consideravelmente enfraquecidas. A pragmática variada das relações interpessoais (o novo estilo de "política de vida", como foi descrito com grande convicção por Anthony Giddens), agora permeada pelo espírito do consumismo e colocando o Outro como fonte potencial de experiências prazerosas, deve ser parcialmente culpada. Sem importar para o que a nova pragmática é boa, ela não pode gerar laços duradouros, o que dirá laços que *se presume* serem duradouros e *tratados* como tal. Os laços que ela gera contêm cláusulas de "até novo aviso" e retiradas à vontade" e não prometem a cessão nem a aquisição de direitos e obrigações.

A lenta mas implacável dissipação e o esquecimento das habilidades sociais são responsáveis por outra parte da culpa. O que se costumava colocar junto e assim ser mantido pelas próprias habilidades das pessoas e com a utilização de recursos próprios tende a ser mediado hoje por ferramentas produzidas tecnologicamente e disponíveis no mercado. Na ausência de tais ferramentas, os parceiros e grupos se desintegram, mesmo que tenham tido a chance de emergir. A satisfação das necessidades individuais e a presença e resiliência de equipes e coletividades tornam-se ainda mais dependentes do mercado, e assim refletem a volubilidade e a imprevisibilidade deste.

(4) Como observou David Bennett há pouco tempo, "a incerteza radical a respeito dos mundos material e social que habitamos e nossos modos de nos agenciarmos politicamente dentro deles... é o que a indústria da imagem nos oferecer ..." Na verdade, a mensagem transmitida com grande poder de persuasão pela mais efetiva mídia cultural, a mensagem lida com facilidade por seus receptores é a mensagem da indeterminância e maciez essenciais do mundo: tudo pode acontecer e tudo pode ser feito, mas nada pode ser feito apenas uma única vez e durar para sempre – e seja lá o que for que aconteça, chega sem se anunciar e vai embora sem avisar.

Neste mundo, os laços humanos são segmentados, as identidades, em máscaras usadas sucessivamente, a história de vida, em uma série de episódios que perduram apenas na igualmente efêmera memória. Nada pode ser conhecido com certeza, e o que é conhecido pode ser conhecido de diferentes formas – uma forma de conhecer podendo ser tão boa ou tão má (e certamente tão volátil e precária) como qualquer outra. Agora, apostar é a regra, onde um dia foi buscada a certeza, enquanto assumir riscos substitui a perseguição obstinada de objetivos. E assim, há pouco no mundo que possamos considerar sólido e confiável, nada que lembre um tecido rústico no qual possamos tecer nosso próprio itinerário de vida.

Como tudo o mais, as identidades humanas – suas autoimagens – se dividiram em coleções de instantâneos, cada uma tendo que evocar, carregar e expressar seu próprio significado, muitas vezes sem se referir a outros instantâneos. Em vez de construir nossa identidade de maneira gradual e paciente, como se constrói uma casa, lidamos com formas montadas instantaneamente, apesar de desmanteladas com facilidade, pintadas umas sobre as outras; é uma *identidade palimpséstica*. É o tipo de identidade que se adapta a um mundo em que a arte de esquecer é um bem mais importante do que a arte de memorizar; em que esquecer, mais do que aprender, é a condição de adequação contínua, segundo a qual novas coisas e pessoas entram e saem do campo de visão da câmera estacionária da atenção e onde a própria memória é como uma fita de vídeo, sempre pronta para ser apagada para poder gravar novas imagens.

Essas são algumas, apesar de certamente não serem todas, das dimensões da incerteza pós-moderna. Viver sob condições de grande incerteza, perpétua e autoperpetuante, é uma experiência desalentadora; temos calafrios diante das infindáveis possibilidades, assim como hesitamos quando enfrentamos uma escolha; trememos ao pensar que as razões que hoje parecem sensatas podem se provar grandes erros amanhã; não sabemos mais o que o futuro nos reserva, e menos ainda como forçá-lo a entregar o que desejamos que ele ofereça. Incerteza, hesitação, falta de controle – tudo resulta em ansiedade, que é o preço pago pelas novas liberdades individuais e pelas novas responsabilidades. Por mais agradáveis que tais liberdades possam ser em outros aspectos, muitas pessoas acham o preço muito alto para pagá-lo de bom grado. Prefeririam optar por um mundo menos complexo e assim menos assustador; por um mundo em que as escolhas são simples, em que recompensas pelas boas escolhas são asseguradas e os sinais de uma boa escolha são claros e inconfundíveis. Por um mundo em que sabemos o que fazer para estarmos sempre bem. Um mundo que não esconde mistérios e não nos pega de surpresa. Para muitas pessoas lançadas à liberdade sem qualquer consulta, a oferta de uma "grande simplificação" é tentadora e difícil de ser recusada.

Mas existe pouca chance de as coisas ficarem transparentes e simples para nós, os moradores das cidades modernas. Desde o princípio dos tempos modernos, as cidades têm sido reuniões de multidões anônimas, lugar de encontro de estrangeiros – genuínas "alteridades universais", como as chama Benjamin Nelson. Estrangeiros significam falta de clareza: não podemos estar certos do que farão, como responderão a nossos atos; não podemos dizer se são amigos ou inimigos – e assim não podemos deixar de olhá-los com suspeita. Se permanecerem no mesmo lugar por muito tempo, podemos estabelecer certas regras de coabitação que mitiguem o medo: os estrangeiros – os "forasteiros", as pessoas que "não são como nós" – podem ser confinados a seus próprios alojamentos, de modo que possamos contorná-los e assim evitá-los; podem ser designados para certos empregos e serviços, a serem usados apenas em tempos e lugares claramente definidos; e podem ser mantidos separados, a uma distância segura do fluxo da vida diária normal.

Essa "normalização" ou "ritualização" da presença estrangeira, praticada com algum sucesso em todas as cidades modernas, não ajudaria muito, no entanto, em nossa era de grandes migrações, de uma genuína *Völkerwanderung* (diáspora). Os estrangeiros chegam em tal número que dificilmente podemos designá-los para lugares e funções marginais; sua presença é demasiado recente para permitir qualquer grau de habituação ou ritualização; num mundo incrivelmente "desregulamentado", não podemos esperar confiná-los em qualquer lugar ou tarefa particulares, ou mantê-los a certa distância; nem mesmo podemos forçá-los a obedecer aos costumes locais, já que – de maneira distinta dos estrangeiros étnicos ou culturais do passado – eles têm orgulho de suas próprias tradições e costumes e não se ajoelham ante os hábitos, novidades e preconceitos de seus hospedeiros como se fossem, sem ambigüidade, superiores aos seus próprios. Não é de admirar que os medos e as ansiedades dos homens e das mulheres pós-modernos tendam a se concentrar nesses "novos estrangeiros". Parece razoável, não? Antes que as cidades fossem inundadas por essas pessoas estranhas, insubordinadas e insolentes, a vida costumava ser mais simples, e não uma questão de destroçar os nervos.

Esse é um quadro geral; mas a cidade hoje é tudo menos um espaço uniforme e homogêneo. Para ser mais exato, é um agregado de áreas qualitativamente diferentes cujas atrações são bastante seletivas, cada área sendo distinguida não apenas pelo tipo de moradores permanentes, mas pelo de estrangeiros incidentais que provavelmente a visitarão ou passarão por ela. As fronteiras entre as áreas algumas vezes são definidas e guardadas com clareza, mas com maior freqüência difusas e mal sinalizadas; elas são contestadas, em sua maioria, e precisam de um constante realinhamento por meio de escaramuças e ataques de reconhecimento. Sob essas condições, o ódio, o "poder nocivo", dos estrangeiros é uma questão de grau; é experimentado com intensidades variadas em diferentes bairros da cidade e por diversas categorias de residentes. Na cidade, o lar de uma pessoa é um terreno hostil para outra. Isso é assim porque a liberdade de movimento dentro da cidade se tornou o principal fator de *estratificação*. Uma posição na hierarquia social da cidade pode ser mais bem medida pelo grau em que se pode evitar (ou não) o confinamento a uma única área, e se as áreas "proibidas" podem ou não ser ignoradas ou ultrapassadas com segurança.

Em outras palavras, os habitantes da cidade estão estratificados de acordo com a possibilidade de *ignorar* a presença de estrangeiros e diminuir os perigos que essa presença pressagia. A questão é que os recursos necessários para fazer apenas isso estão distribuídos de modo desigual entre os habitantes da cidade. Muitos residentes das cidades contemporâneas são deixados sem uma "estratégia de evitação" exeqüível e várias vezes devem confinar seu mapa de espaço vivível (ou, na verdade, "público" – livremente acessível) a uma área "*guetizada*" estritamente circunscrita. Podem, na melhor das hipóteses, tentar manter o resto dos habitantes da cidade do lado de fora. As famosas "áreas proibidas" parecem diferentes, dependendo de que lado olhamos para elas: para aqueles com sorte suficiente para circular fora delas, são "áreas de entrada proibida", mas para os de dentro, "proibido" significa "proibido sair".

Os demais habitantes da cidade, que desfrutam a liberdade de ultrapassar áreas que não desejam visitar, podem, com um pouco de cuidado, eliminar os habitantes do gueto do inventário de estrangeiros que provavelmente encontrarão. A rede de estradas internas da cidade, as vias de circulação e avenidas, e, é claro, as seguras fortalezas dos carros privados, à prova de arrombamento, com vidros blindados e fechaduras anti-roubo, permitem que eles fiquem afastados dos espaços onde tais estrangeiros provavelmente se encontram. Grande parte da "confusão" da cidade infestada de estrangeiros é invisível para eles – e não há necessidade de levá-la em conta quando planejam suas próprias ações. Em resumo, a vida na cidade tem significados variados para as diferentes pessoas – e assim também a figura do estrangeiro e o conjunto de entidades aos quais se refere. Sempre que a experiência dos habitantes pós-modernos das cidades é interpretada, deveríamos ter em mente que a dupla liberdade de *mover-se para qualquer lugar* e *ignorar seletivamente* é sua condição básica.

Experiências distintas dão origem a diferentes visões de mundo e a estratégias de vida variadas. Enquanto a liberdade de mobilidade e o "poder de evitação" são mantidos, a presença de estrangeiros não restringe, irrita nem confunde, e as chances de experiências diversas e estimulantes que aquela presença oferece pode ser bem-vinda e aproveitada. Nessa condição, os doces frutos da liberdade de escolha podem ser colhidos e experimentados. A "transgressão de fronteiras" pode ser um tremendo prazer, desde que possamos fazê-lo quando queiramos e impedir os demais de fazer o mesmo... Como Jonathan Freedman sugeriu em sua profunda reavaliação das teorias de "hibridização cultural", "a mistura de culturas é um produto de identificações vindas de cima/fora das vidas daqueles cujas existências são assim ordenadas. E como esse fora/cima é uma posição social, a questão de classe se torna crucial para entender o que está acontecendo". Ele resume: "A lógica que se desenvolve em vizinhanças de classe baixa é provavelmente de natureza distinta daquela que se desenvolve entre os altamente educados viajantes do mundo das indústrias da cultura." A "hibridez" experimentada pela elite "é diametralmente oposta à balcanização e à tribalização experimentadas na base do sistema".

Deixem-me repetir: para alguns residentes da cidade moderna – seguros em suas casas à prova de roubo em subúrbios arborizados, em seus escritórios fortificados, nos altamente policiados centros de negócios, com carros cheios de engenhocas de segurança para levá-los de suas casas para seus escritórios – o "estranho" é tão atraente como as ondas da praia, e nada ameaçador. Os estrangeiros dirigem restaurantes que prometem experiências incomuns e estimulantes para os amigos da boa mesa, vendem objetos misteriosos e de aparência curiosa, adequados para serem os tópicos das conversas da próxima festa, oferecem serviços que outras pessoas não se rebaixariam ou não se dignariam a oferecer, acenando com pedaços de sabedoria refrescantemente diversos dos rotineiros e tediosos.

Os estrangeiros são pessoas que você paga pelos serviços que prestam e pelo direito de encerrar esses serviços assim que não produzirem mais prazer. Em nenhum instante os estrangeiros comprometem a liberdade do consumidor de seus serviços. Enquanto turista, patrão e cliente, o consumidor de serviços está sempre no comando: exige, estabelece as regras e, acima de tudo, decide quando o encontro começa e quando termina. Os estrangeiros são fornecedores de prazeres. A presença deles é uma quebra do tédio. Deveríamos agradecer a Deus que eles estejam aqui. Então por que todo esse alvoroço?

Não nos enganemos, o alvoroço vem de outras áreas da cidade, que os consumidores em busca de prazeres nunca visitam. Essas áreas são habitadas por pessoas incapazes de escolher quem elas encontrarão e por quanto tempo, impossibilitadas de pagar para ter suas escolhas respeitadas; por pessoas sem poder, que experimentam o mundo como uma armadilha e não como um parque de aventuras; que estão encarceradas num território no qual não existe saída para *eles*, mas onde os *outros* podem entrar e sair à vontade. O dinheiro, o único cacife para assegurar a liberdade de escolha, moeda legal na sociedade de consumo, está escasso ou é diretamente negado a eles.

Assim, precisam recorrer aos únicos recursos que possuem em quantidades grandes o bastante para causar impressão; defendem o território sitiado (para usar a vigorosa descrição de Dick Hebdidge) por meio de "rituais, vestindo-se de modo estranho, tomando atitudes bizarras, rompendo regras, quebrando garrafas, janelas, cabeças, lançando desafios retóricos à lei". Reagem de forma selvagem, raivosa, agitada e aturdida diante dos perigos que são ao mesmo tempo ubíquos e intangíveis. Seus inimigos – os intrusos estrangeiros – parecem tão potentes e poderosos graças à própria fraqueza incapacitante deles; a ostensiva engenhosidade e má vontade dos estrangeiros é reflexo da própria falta de poder, que se cristaliza em seus olhos como o impressionante poderio dos estrangeiros. O fraco encontra e confronta outro fraco; mas ambos se sentem como Davi lutando contra Golias.

Em seu estudo seminal sobre chauvinismo e racismo contemporâneos, Phil Cohen sugere que toda xenofobia, étnica ou racista, toda colocação do estrangeiro como um inimigo, como uma fronteira externa para a soberania individual ou coletiva, tem a concepção idealizada de *lar seguro* como metáfora que lhe dá sentido. A imagem de lar seguro transforma a rua, o "lado de fora do lar", num terreno repleto de perigos; os habitantes desse lado de fora se transformam nos portadores da ameaça – que precisam ser contidos, afugentados e mantidos longe: "o ambiente externo pode chegar a ser visto como uniformemente indesejável e perigoso, enquanto, por trás das simbólicas cortinas de renda, 'os padrões pessoais podem ser mantidos'. O significado de lar encolhe até designar o espaço onde algum sentido inerente de 'ordem e decência' pode ser imposto nessa pequena parte de um mundo caótico que o sujeito pode possuir e controlar diretamente." É esse sonho de um "espaço defensável", um lugar com fronteiras seguras e bem guardadas, um território demarcado e legível, um lugar livre de riscos, em particular de riscos incalculáveis que transformam os meramente "não familiares" em "elementos perigosos", ou até mesmo em inimigos inequívocos. E a vida na cidade, com todas as suas intricadas habilidades, esforços tributários e vigilância extenuante, mas também com os consideráveis recursos que exige, só torna esses sonhos referentes ao lar ainda mais intensos.

O "lar" desse sonho deriva seu significado das oposições entre risco e controle, perigo e segurança, combate e paz, episódio e perpetuidade, fragmentação e o todo. Esse lar, em outras palavras, é o remédio ansiado para as dores e a angústia da vida na cidade, essa vida de estrangeiros entre estrangeiros. O problema, porém, é que o remédio só pode ser imaginado e postulado; em sua forma desejada ele é inalcançável – assim como as características vexatórias da vida na cidade são inevitáveis. É a irrealidade do remédio postulado, é a distância escancarada entre o lar sonhado e cada edifício de tijolos e cimento, cada "vizinhança vigiada", que transforma a contínua guerra territorial na única modalidade de lar, e as escaramuças nas fronteiras nos únicos meios práticos de fazer as fronteiras e o próprio lar "reais". O estrangeiro está constantemente *ante portas* – no portão; mas é a presumida má vontade do estrangeiro, de um estrangeiro conspirando para entrar, irromper e invadir, que torna o portão tangível.

Sustento que *as formas especificamente pós-modernas de violência surgem da privatização, desregulamentação e descentralização dos problemas identitários.* O desmantelamento dos marcos coletivos de construção de identidade, institucionalizados e centralizados, que está ocorrendo no mundo pós-moderno, pode ter chegado por planejamento ou à revelia; pode ser bemvindo ou lamentado. Mas por certo tem este efeito: como Peter Wagner recentemente observou, o lugar a partir do qual uma intervenção em prol dos interesses comuns que excedem as animosidades localizadas "poderia ser empreendida, previamente mantida pelo Estado, é visto como não existente ou vazio". O que se necessita, diz Wagner, é de um "processo comunicativo acerca do que há em comum entre os vários grupos sociais sob práticas sociais correntes e descobrir se eles têm que regular os impactos dessas práticas".

Deixem-me observar, no entanto, que até agora essa necessidade está buscando se ancorar, mas em vão, devido ao "vazio do espaço político", para usar as palavras de Hannah Arendt. O que ela quis dizer é que em nosso tempo não existem mais lugares óbvios no *corpo político* a partir dos quais intervenções significativas e efetivas possam ser feitas a respeito da forma como nossa vida coletiva é vivida. Intervenções parciais, segmentadas, orientadas para tarefas, limitadas pelo tempo – sim, essas não nos faltam. Mas com muita freqüência elas não acrescentam nada a uma totalidade significativa: assim como tudo o mais, são fragmentárias e descontínuas, quase sempre colidindo umas com as outras – e ninguém pode afirmar, com algum grau de autoconfiança, que conhece de antemão os possíveis resultados de tais embates. Essas intervenções humanas, da maneira como são empreendidas, perdem-se nas complexidades da opaca e impenetrável "desordem global", apenas para renascer mais tarde em uma forma que remete mais às catástrofes naturais do que a ações humanas deliberadas.

Por outro lado, parece ser óbvio que – em razão da natureza das escolhas que enfrentamos hoje – as iniciativas privatizadas e a intervenção desregulada simplesmente não funcionarão; são parte do problema, e não a solução. Evidentemente, é imperativo algum tipo de ação coordenada e combinada. E o nome de tal ação é política; a promoção de uma nova e muito necessária ética para a nova era só pode ser encarada como uma questão *política*. O vazio deixado pelo Estado-nação que vem encolhendo está sendo preenchido pelas supostas comunidades neotribais, postuladas ou imaginadas. E se não for preenchido por elas, então permanece um vazio político densamente habitado por indivíduos perdidos na algazarra de ruídos conflitantes, com muitas oportunidades para a violência e pouca chance, talvez nenhuma, para a argumentação.

A humanidade contemporânea fala por meio de muitas vozes e sabemos que continuará a fazer isso por um longo tempo. A questão central é como reforjar essa polifonia em harmonia e impedir que se degenere em uma cacofonia. Harmonia não é uniformidade; é sempre uma ação recíproca de vários motivos diferentes, cada um mantendo sua identidade separada e sustentando a melodia resultante dessa identidade.

Hannah Arendt viu essa capacidade de ação recíproca como a qualidade da pólis – um lugar onde podemos nos encontrar como *iguais*, reconhecendo nossa diversidade e encarando a preservação dela como o próprio objetivo de nosso encontro... Como isso pode ser alcançado (como *nós* podemos alcançá-lo)? *Certificando-se de que as identidades separadas não querem exclusividade*, que não se recusem a coabitar com outras identidades; isso, por sua vez, requer abandonar a tendência a suprimir outras identidades em nome da auto-afirmação de uma em particular e aceitar que proteger as outras identidades é o que mantém a diversidade na qual nossa própria unicidade pode florescer.

Os cidadãos que se encontravam nos espaços públicos da pólis conseguiam, de modo geral, fazê-lo bastante bem. Mas eles se encontravam com a intenção manifesta de discutir questões públicas, pelas quais eles, e só eles, tinham responsabilidade: as coisas não seriam feitas se eles não as fizessem... Qualquer "consenso sobreposto" que houvesse seria fruto do esforço comum deles, não um presente recebido; construíam e reconstruíam esse consenso enquanto se reuniam, falavam e discutiam. Segundo Jeffrey Weeks, "a humanidade não é uma essência a ser realizada, mas uma construção pragmática, uma perspectiva a ser desenvolvida por meio da articulação da variedade de projetos individuais, das diferenças que constituem nossa humanidade no sentido mais amplo".

A "humanidade" não desfruta nenhum privilégio existencial com relação às tribos antagônicas e beligerantes. Assim como elas, a humanidade também é "postulada", só existe no tempo futuro e só tem a afeição e a dedicação humanas como tijolos e cimento. *E assim* como elas, precisa ter suas mãos cuidadosamente vigiadas, para que aqueles em volta da mesa não sejam enganados, como o foram tantas vezes, confundindo o interesse *ad hoc* do dono do banco com as regras universais que são buscadas. Também enfrenta a tarefa de encontrar *unidade na diversidade*. Uma tentativa conhecida por ter sido empreendida muitas vezes antes, mas sempre mais forte em sua declaração de intenções do que confiável em sua entrega. No passado, e ainda hoje, a unidade ou a diversidade tiveram de ceder. E não existe qualquer garantia de que a história não voltará a se repetir desta vez. Precisamos atuar sem ter a vitória assegurada de antemão. A propósito, sempre foi assim. Só agora sabemos que foi assim e que é assim.

Contudo, parece haver uma chance emancipatória genuína em nossa condição pós-moderna; a chance de abandonar as armas, suspender as batalhas nas fronteiras, levadas a cabo para manter os estrangeiros longe, e demolir os minimuros de Berlim erigidos diariamente e pensados para manter as pessoas a certa distância e separadas. Esta chance não está na celebração de uma etnicidade nascida outra vez ou na genuína ou inventada tradição tribal, mas sim em levar a cabo o trabalho de "desencaixe" da modernidade, concentrando-se *no direito de escolher a própria identidade como a única universalidade do cidadão/humano*, na definitiva e inalienável responsabilidade individual pela escolha e no desmascaramento e revelação dos complexos mecanismos controlados pelo Estado ou pela tribo, designados para privar o indivíduo de liberdade de escolha e responsabilidade. A chance de reconciliação humana depende dos direitos dos estrangeiros, não da questão de quem – o Estado ou a tribo apaziguada *ad hoc* – está habilitado a decidir quem são os estrangeiros.

Quando entrevistado por Robert Maggiori para o jornal *Libération* no dia 24 de novembro de 1994, Jacques Derrida pediu que se *repense*, em vez de *abandonar*, a idéia moderna de humanismo. O "direito humano", como começamos a ver hoje, mas acima de tudo como podemos e como devemos vê-lo, não é produto da legislação, muito pelo contrário: é o que estabelece o limite "para a força, para leis declaradas, discursos políticos" e para todos os direitos "fundamentados" (sem importar quem os fundamentou ou quem exigiu ou usurpou a prerrogativa de "fundamentá-los" autoritariamente). O "humano" da filosofia humanista tradicional, o que inclui o sujeito kantiano, ainda é, afirma Derrida, "demasiado 'fraternal', subliminarmente viril, familiar, étnico, nacional etc.".

Esse repensar é uma tarefa filosófica. Mas evitar a possibilidade de a emancipação ser natimorta também estabelece uma tarefa política. Notamos que o potencial ameaçador/atemorizador do estrangeiro avança quando a liberdade dos indivíduos, enfrentada com o dever da auto-afirmação, declina. Também notamos que o cenário pós-moderno não aumenta tanto assim o volume total de liberdade individual quanto o redistribui, de uma maneira cada vez mais polarizada. Intensifica-o entre os alegremente e de bom grado seduzidos, enquanto o diminui até quase além da existência entre os destituídos e os normativamente regulados.

Com essa polarização desenfreada, podemos esperar que a presente dualidade do status socialmente produzido dos estrangeiros continue inabalada. Em um pólo, a "estrangeiridade" (e a diferença em geral) continuará sendo construída como uma fonte de experiências prazerosas e de satisfação estética; por outro, os estrangeiros são encarados como uma encarnação aterrorizante da fragilidade e da incerteza da condição humana – como uma efígie natural para todas as futuras cremações rituais de seus horrores. E as políticas de poder irão oferecer sua usual porção de oportunidades para colocar em curto-circuito essa dualidade: para proteger sua própria emancipação-por-meio-da-sedução, aqueles que estão próximos do primeiro pólo procurarão a dominação-por-meio-do-medo sobre aqueles situados próximos do segundo pólo, e assim irão endossar e patrocinar sua empresa familiar de horrores.

O medo de estrangeiros, a militância tribal e a política de exclusão se originam na polarização da liberdade e da segurança. Isso ocorre porque, para vastos setores da população, essa polarização significa impotência e insegurança crescentes, que impedem na prática o que o novo individualismo saúda na teoria e promete entregar mas falha: a genuína e radical liberdade de autoconstituição e auto-afirmação. Não é só a renda e a riqueza, a expectativa de vida e as condições de vida, mas – e talvez mais seminalmente – o direito à individualidade que está sendo cada vez mais polarizado. E enquanto permanecer assim, existe pouca chance de se livrar dos estrangeiros e uma ampla oportunidade para a tribalização da política, a limpeza étnica e a balcanização da coexistência humana.

Como pensamos

.

· 7 ·

Crítica – privatizada e desarmada

O que está errado na sociedade em que vivemos, diz Cornelius Castoriadis, é que ela parou de se questionar. É um tipo de sociedade que não reconhece mais qualquer alternativa para si mesma e assim sente-se absolvida do dever de examinar, demonstrar, justificar (e muito menos provar) a validade de suas suposições francas e tácitas. Essa sociedade não suprimiu o pensamento crítico como tal nem fez com que seus membros tivessem medo de enunciá-lo. O caso é o oposto: ela fez da crítica da realidade, da desafeição pelo "que é", fez de ambos uma parte obrigatória e inevitável do negócio de vida de cada membro. Estamos todos engajados na "política da vida" – somos "seres reflexivos", que examinamos de perto cada movimento que fazemos e raras vezes estamos satisfeitos com os resultados.

De alguma forma, no entanto, essa reflexão não chega longe o bastante para abranger as condições que conectam nossos movimentos com seus resultados e suas conseqüências. Estamos predispostos a criticar, mas nossa crítica é, por assim dizer, "sem dentes", incapaz de afetar a agenda estabelecida para nossas escolhas de "políticas de vida". A liberdade sem precedentes que nossa sociedade oferece a seus membros chegou, como

Leo Strauss alertou há muito tempo, com uma impotência sem precedentes.

Algumas vezes ouvimos a opinião de que a sociedade contemporânea (sociedade moderna tardia ou pós-moderna, ou, como Ulrich Beck sugeriu, a sociedade da "segunda modernidade") não é hospitaleira à crítica. Essa opinião, porém, parece não entender, ao assumir que o significado da própria "hospitalidade" é invariável, a natureza da mudança em curso. A questão é, para ser mais exato, que a sociedade contemporânea deu um sentido inteiramente novo ao termo "hospitalidade à crítica" e inventou um meio de acomodar a ação e o pensamento críticos, permanecendo ela mesma imune às conseqüências dessa acomodação, emergindo ilesa e incólume dos testes e provações da política da casa aberta.

Podemos pensar o tipo de "hospitalidade à crítica" característico da sociedade moderna de hoje como tendo o padrão de um estacionamento de trailers. Está aberto a todos que tenham seu próprio trailer e dinheiro para pagar o aluguel. Os hóspedes vêm e vão, nenhum deles presta muita atenção à maneira como o lugar é dirigido, desde que tenham obtido um lugar grande o suficiente para estacionar o trailer, que as tomadas elétricas e torneiras de água estejam em boas condições e que os passageiros dos trailers ao lado não façam muito barulho e desliguem os alto-falantes de seus aparelhos de som portáteis e dos televisores depois das 22h. Os motoristas trazem suas próprias casas presas a seus carros, equipadas com tudo que necessitam para a breve estada. Cada motorista tem seu próprio plano e seu próprio horário, só querem que os gerentes do acampamento os deixem sozinhos e não interfiram em nada, prometendo em troca não romper as regras do estabelecimento e pagar o aluguel.

Eles pagam e exigem. Tendem a ser bastante inflexíveis ao defender seus direitos de seguir seus caminhos e de exigir que os serviços prometidos estejam todos disponíveis. Em algumas ocasiões, reclamam por um serviço melhor; se falarem sem rodeios e forem suficientemente vociferantes e resolutos, podem até obtê-lo. Se sentirem que estão recebendo troco de menos ou descobrirem que as promessas dos gerentes não serão mantidas, podem se queixar e reclamar o que lhes é devido – mas não lhes passará pela cabeça desafiar e renegociar a filosofia gerencial do acampamento. Poderão, no máximo, jurar nunca mais voltar ali e não recomendar o acampamento a seus amigos. Quando forem embora, seguindo seus itinerários, o lugar permanece como era antes – sem ser afetado por acampados anteriores e à espera dos próximos que virão –, embora, se determinadas queixas se repetirem, os serviços fornecidos possam ser modificados para prevenir contrariedades similares no futuro.

No que diz respeito à "hospitalidade à crítica", nossa sociedade segue o padrão do estacionamento de trailers. No tempo em que a "teoria crítica" estava sendo posta em ordem por Adorno e Horkheimer, o modelo era outro (uma casa compartida, com suas normas e regras, atribuição de funções e desempenho supervisionado), no qual, não sem razão, a idéia de crítica estava inscrita. Mesmo sendo hospitaleira à crítica no modo como o acampamento recebe os donos de trailers, nossa sociedade *não* é de fato hospitaleira à crítica na forma em que os fundadores da escola crítica pretenderam e para a qual dirigiram sua teoria. Em outras palavras, poderíamos dizer que a "crítica ao estilo do consumidor" chegou para substituir aquela voltada para o "estilo do produtor".

Essa mudança funesta não pode ser explicada apenas pela referência a uma mudança de ânimo público, uma diminuição do apetite pela reforma social, um interesse gradualmente diminuído pelo bem comum e pelas imagens de uma boa sociedade, uma queda na popularidade do engajamento político ou uma maré crescente de sentimentos hedonistas e de "eu primeiro"; embora todos esses fenômenos sejam na verdade sinais de nossos tempos. As causas da mudança são mais profundas; estão enraizadas em uma profunda transformação do espaço público e na forma em que a sociedade moderna trabalha e se autoperpetua.

O tipo de modernidade que era o alvo, mas também o marco cognitivo, da teoria crítica clássica parece, em retrospecto, "pesado", quando confrontado com a "leve" modernidade contemporânea; melhor ainda, "sólido", distinto de "líquido" ou "liquefeito"; condensado, quando confrontado com capilar; por fim, *sistêmico*, em oposição a *estilo de rede*.

Essa foi uma modernidade repleta de tendências totalitárias; uma sociedade totalitária de homogeneidade forçada e compulsória se avultava no horizonte como seu destino final, uma ameaça inerradicável ou um espectro nunca exorcizado por inteiro. Essa modernidade foi a inimiga amaldiçoada da contingência, da variedade, da ambigüidade, da obstinação e da idiossincrasia, e estava propensa a aniquilá-las; afinal de contas, esperava-se que a liberdade e a autonomia fossem as principais baixas da cruzada.

Os principais ícones daquela modernidade eram a *fábrica fordista*, que reduzia as atividades humanas a movimentos simples, rotineiros e de modo geral planejados, feitos para serem seguidos de forma mecânica e inquestionável, sem empenhar as faculdades mentais e mantendo afastadas toda espontaneidade e iniciativa individual; a *burocracia*, semelhante, ao menos em sua tendência inata, ao modelo ideal de Max Weber, em que as identidades e os laços sociais dos funcionários eram depositados nos guarda-volumes ao entrarem, com chapéus, guarda-chuvas e sobretudos, de modo que apenas o comando e o livro de estatutos poderiam guiar as ações dos internos enquanto estivessem lá dentro; o *panóptico*, com suas torres de vigilância e residentes que não podiam esperar nunca que seus supervisores tivessem um lapso momentâneo de vigilância; o *Grande Irmão* que nunca cochila, sempre rápido e diligente em recompensar os fiéis e punir os infiéis; e, por fim, o *campo de concentração* (ao qual mais tarde se uniria, no antipanteão dos demônios modernos, o *gulag*), o lugar onde os limites da maleabilidade humana são testados em condições de laboratório, enquanto todos aqueles que se presume que não sejam maleáveis o bastante são selecionados para as câmaras de gás e os fornos crematórios de Auschwitz.

Mais uma vez em retrospecto, podemos dizer que a teoria crítica buscava diminuir, neutralizar e, melhor ainda, desligar a tendência totalitária de uma sociedade que se acreditava estar contaminada por aquela tendência de maneira endêmica e permanente. Defender a autonomia humana e a liberdade de escolher e auto-afirmar-se era o principal alvo da teoria crítica. Os primeiros melodramas de Hollywood presumiam que o momento em que os amantes se encontravam outra vez e faziam votos de casamento era o fim do drama e o começo de um abençoado "viveram felizes para sempre". Da mesma forma, a teoria crítica, em seu começo, via o arrancar da liberdade individual do aperto – ou o ato de deixar o indivíduo sair da jaula de ferro – de uma sociedade afligida por apetites totalitários, homogeneizadores e uniformizadores que diziam ser a derradeira tarefa de emancipação e o final da miséria humana. A crítica deveria servir a esse objetivo; não precisava olhar além do momento de sua obtenção.

O livro *1984*, de George Orwell, foi em seu tempo o inventário canônico dos medos e das apreensões que assombravam os indivíduos da modernidade em seu estágio "pesado"; projetados sobre diagnósticos de problemas comuns e causas de sofrimentos comuns, esses medos estabeleceram os horizontes dos programas emancipatórios da era. Chegado o 1984 real, a visão de Orwell foi trazida de volta para o debate público, como era de esperar, e mais uma vez (talvez a última) recebeu uma difusão cuidadosa. A maioria dos escritores, outra vez como era de esperar, afiou suas penas para indicar as verdades e as mentiras na profecia de Orwell, testada no tempo que Orwell deu para que suas palavras ganhassem corpo. Em nossos tempos, quando até mesmo a imortalidade dos grandes monumentos da história cultural humana está sujeita a uma reciclagem contínua, quando do aparecem para a atenção pública em aniversários ou exposições retrospectivas, apenas para desaparecer outra vez das vistas e do pensamento quando a exposição termina, o tratamento dado ao "evento Orwell" não foi muito diferente daquele que foi dado, de modo intermitente, a Tutancâmon, Vermeer, Picasso ou Monet.

Mesmo assim, a brevidade da celebração de *1984*, a tepidez e o rápido resfriamento do interesse que levantou e a velocidade com que a obra-prima de Orwell afundou no esquecimento uma vez que o encanto da imprensa terminou – tudo isso nos faz parar e pensar; esse livro, depois de tudo, serviu por muitas décadas (e não há tanto tempo assim) como o mais autorizado catálogo dos temores públicos, pressentimentos e pesadelos; por que então só atraiu o interesse em seu breve flamejar? A única explicação razoável é que aqueles que discutiram o livro em 1984 se sentiram indiferentes em relação ao seu tema porque não reconheciam mais suas próprias tristezas e agonias na distopia de Orwell. O livro reapareceu de modo fugaz no debate público, tendo seu status marcado em algum lugar entre a *Historia naturalis* de Plínio o Velho e as profecias de Nostradamus.

Por muitos anos, a distopia de Orwell – assim como os sinistros potenciais do Iluminismo desvelados por Adorno e Horkheimer, pelo panóptico de Bentham/Foucault ou pelos sinais recorrentes da formação de uma maré totalitária – chegou a ser identificada com a idéia de "modernidade". Não é de admirar que, uma vez que novos temores, bem diferentes dos horrores de uma ameaçadora *Gleichschaltung*** e da perda de liberdade, entraram em cena e forçaram o caminho para o debate público, muitos observadores se apressaram em proclamar o "fim da modernidade". (Ou até, com mais audácia, o fim da própria história, argumentando que ela já havia alcançado seu *télos* e tornado a liberdade, ao menos o tipo de liberdade exemplificado pela escolha do consumidor, imune a todas as demais ameaças.)

---

*Coordenação; alinhamento político. (N.T.)

E mesmo assim, para repetir Mark Twain, as notícias da morte da modernidade foram grosseiramente exageradas, e a profusão de seus obituários não os torna menos prematuros. Parece que o tipo de sociedade diagnosticado e colocado em julgamento pelos fundadores da teoria crítica (ou pela distopia de Orwell) foi apenas uma das formas que a sociedade moderna assumiria. Sua lividez não pressagia o fim da modernidade nem anuncia o fim do sofrimento humano. E muito menos prenuncia o fim da crítica como tarefa intelectual e vocação – e menos ainda torna tal crítica redundante.

A sociedade que ingressa no século XXI não é menos "moderna" do que a sociedade que ingressou no século XX; o máximo que podemos dizer é que ela é moderna de uma maneira um pouco diferente. O que a faz moderna é o que diferencia a modernidade de todas as outras formas históricas de coabitação humana: a *modernização* compulsiva e obsessiva, contínua e que não pára, a ânsia avassaladora e endêmica pela destruição criativa (ou criatividade destrutiva, conforme seja o caso – para "limpar o terreno" em nome do design "novo e melhorado"; para "desmantelar", "cortar", "defasar" e "diminuir" em prol da maior produtividade ou concorrência). Como Gottold Lessing ressaltou há muito tempo, no limiar dos tempos modernos, somos emancipados da crença no ato da criação, da revelação e da condenação eterna; com essa crença fora do caminho, nós, os humanos, estamos "por conta própria" – o que significa que não existem outros limites para o desenvolvimento e o autodesenvolvimento além de nossos próprios dons, de nossa coragem, resolução e determinação, sejam adquiridos ou herdados.

E tudo o que é feito pelo homem também pode ser desfeito pelo homem. Ser moderno significa ser incapaz de parar, que dirá de ficar imóvel. Nós nos movemos e estamos destinados a continuar nos movendo não tanto pelo "atraso na satisfação", como sugeriu Max Weber – mas devido à *impossibilidade* de sermos satisfeitos: o horizonte de satisfação, o fim do esforço e a merecida autocongratulação fogem mais rápido do que o mais veloz dos corredores. A satisfação está sempre no futuro, e as realizações perdem seus atrativos e seu potencial de satisfação assim que atingidas. Ser moderno significa estar perpetuamente à frente de si mesmo, em um estado de constante transgressão; também significa ter uma identidade que só pode existir como um projeto não realizado. A esse respeito, não há muito que distinguir entre nossos próprios compromissos e os de nossos avós. Duas características, no entanto, tornam nossa situação – nossa forma de modernidade – nova e diferente.

A primeira é o colapso e o declínio das primeiras ilusões modernas, isto é, existe um final para a estrada que percorremos – um estado de perfeição a ser atingido amanhã, no próximo ano ou no próximo milênio –, algo como uma sociedade boa, justa, livre de conflitos em qualquer de suas formas visualizadas; um estado com equilíbrio entre oferta e demanda, que satisfaça todas as necessidades; um estado de perfeita ordem, no qual tudo está em seu devido lugar e nenhum lugar está em dúvida; um estado de questões totalmente transparentes; um estado de completo controle sobre o futuro, livre da contingência, da contenção, da ambivalência e das conseqüências não antecipadas dos empreendimentos humanos.

A segunda mudança seminal é a desregulamentação e privatização das tarefas e dos deveres modernizadores. O que costumava ser visto como uma tarefa para a razão humana, como dote e propriedade coletiva da espécie humana, foi fragmentado – "individualizado", deixado à coragem e à energia do indivíduo – e atribuído a recursos administrados individualmente. Apesar da idéia de melhoria (ou de modernização do *status quo*) por meio de ações legislativas da sociedade como um todo não ter sido completamente abandonada, a ênfase mudou de maneira decisiva em direção à auto-afirmação do indivíduo. Essa alteração fatal tem sido refletida na mudança do discurso ético/político, da "sociedade justa" para os "direitos humanos", ou seja, para o direito de os indivíduos permanecerem diferentes e escolherem à vontade seus próprios modelos de felicidade e estilo de vida.

Em vez de muito dinheiro nos cofres do governo, poucos trocados no "bolso dos contribuintes". A modernidade original era mais pesada na parte de cima. A modernidade de hoje é leve no topo, mas à custa das camadas médias e inferiores, às quais foram relegadas a maior parte da carga da modernização contínua. "Não há mais salvação pela sociedade", proclamou o porta-voz do novo espírito dos negócios, Peter Drucker; "Não existe essa coisa chamada sociedade", declarou Margaret Thatcher de forma ainda mais rude. Não olhe para trás ou para cima; olhe para dentro, onde residem sua própria habilidade, sua vontade e seu poder. Não existe mais "um Grande Irmão vigiando você"; agora é tarefa sua vigiar Grandes Irmãos e Grandes Irmãs, de perto e com avidez, na esperança de encontrar um padrão a seguir e um guia para lidar com seus próprios problemas, que, assim como os problemas deles, precisam ser tratados individualmente, e apenas dessa maneira. Não há mais grandes líderes para dizer-lhe o que fazer e para livrá-lo da responsabilidade pelas conseqüências de suas ações; no mundo dos indivíduos só existem outros indivíduos, de quem você pode pegar exemplos de como se ocupar de seu próprio negócio de vida, arcando com toda a responsabilidade pelas conseqüências de investir sua confiança em certo exemplo mais do que em outro.

Agora, somos todos indivíduos; não por escolha, mas por necessidade. Somos indivíduos *de jure*, sem importar se somos ou não indivíduos *de facto*: a auto-identificação, o autogerenciamento e a auto-afirmação, e acima de tudo a auto-suficiência no desempenho de todas essas três tarefas são nosso dever, comandemos ou não os recursos que o desempenho do novo dever exige (um dever à revelia, mais do que por planejamento: simplesmente não existe outra agência para fazer o trabalho por nós). Muitos de nós fomos individualizados sem que antes nos tornássemos indivíduos, e muitos são assombrados pela suspeita de que não são indivíduos o bastante para enfrentar as conseqüências da individualização. Para a maioria de nós – como Ulrich Beck observou em *Risikogesellschaft* (Sociedade de risco) –, a individualização se refere aos "especialistas lançando suas contradições e conflitos aos pés do indivíduo e deixando para ele ou ela o bem-intencionado convite para julgar tudo isso criticamente baseado nas próprias noções dele ou dela". Como resultado, a maioria de nós é compelida a buscar "soluções biográficas para contradições sistêmicas".

O impulso modernizador, em qualquer uma de suas expressões, significa uma crítica compulsiva da realidade. A privatização do impulso significa uma *autocrítica* compulsiva: ser um indivíduo *de jure* significa não ter ninguém para culpar por nossa própria miséria, buscando as causas de nossas próprias derrotas em nossa indolência e preguiça. Como remédio, apenas tentamos de novo e com mais afinco. Não é fácil viver todos os dias com o risco da auto-reprovação e do autodesprezo. Isso gera suprimentos ainda maiores para o doloroso sentimento de *Unsicherheit*. Com os olhos postos em seu próprio desempenho e assim desviados do espaço social onde as contradições da existência humana são produzidas coletivamente, os homens e as mulheres estão naturalmente tentados a reduzir a complexidade de sua difícil situação. Não que achem as "soluções biográficas" onerosas e incômodas: simplesmente não existem "soluções biográficas para contradições sistêmicas", e assim a falta de soluções à disposição precisa ser compensada com soluções imaginárias.

No entanto, imaginárias ou genuínas, todas as "soluções", para ao menos parecerem sensíveis e viáveis, devem estar alinhadas e em igualdade de condições com a "individualização" de tarefas e responsabilidades. Existe, portanto, uma demanda por um bode expiatório individual em quem os indivíduos assustados podem colocar seus medos individuais, nem que seja por um breve momento. Nosso tempo é auspicioso para os bodes expiatórios – sejam eles políticos que fazem de suas vidas privadas uma confusão, criminosos que lotam as ruas dos bairros violentos e miseráveis ou "estrangeiros em nosso meio". A nossa é uma era de fechaduras patenteadas, alarmes contra roubo, cercas de arame farpado, vigilantes e justiceiros, assim como de jornalistas de tablóides "investigativos" procurando por conspirações para encher o vazio ameaçador do espaço público e por novas causas plausíveis para os "pânicos morais" libertarem o medo e a raiva que estão confinados.

Existe uma fenda larga e crescente entre o compromisso dos "indivíduos *de jure*" e suas chances de se tornarem "indivíduos *de facto*": estar no controle de seu destino e fazer as escolhas que eles realmente desejam. É dessa lacuna abismal que emanam os mais venenosos eflúvios que contaminam as vidas dos indivíduos contemporâneos. E a brecha não pode ser preenchida apenas pelos esforços individuais nem pelos meios e recursos disponíveis dentro da "política da vida". Construir uma ponte sobre essa fenda é uma questão política. Podemos dizer que a lacuna apareceu e cresceu justo por causa do esvaziamento do espaço público, e particularmente da ágora, esse espaço intermediário público/privado onde a "política da vida" se encontra com a Política com "P" maiúsculo, onde os problemas privados são traduzidos em questões públicas e onde são buscadas, negociadas e estabelecidas soluções públicas para questões privadas.

A mesa foi virada; a tarefa da teoria crítica foi invertida. Costumava ser a defesa da autonomia privada contra as tropas do domínio público que avançavam, quase completamente tomadas pela regra do Estado impessoal, todo-poderoso, e seus muitos tentáculos burocráticos ou réplicas em escala menor. Agora é a defesa do reino público que está se esvaindo, ou melhor, a renovação do espaço público que se esvazia com rapidez devido à deserção em ambos os lados: a saída do "cidadão interessado" e a fuga do poder real para um território que, pelo que as instituições democráticas sobreviventes são capazes de fazer, só pode ser descrito como espaço exterior.

Já não é mais verdade que o "público" está determinado a colonizar o "privado". Muito pelo contrário: é o privado que coloniza o espaço público, espremendo e caçando tudo que não pode ser inteiramente traduzido, sem resíduos, para o vocabulário das atividades e dos interesses privados. Como Tocqueville observou há mais de dois séculos, o indivíduo é o pior inimigo do cidadão. Tendo-lhes sido dito repetidas vezes que ele ou ela são os mestres de seu próprio destino, o indivíduo tem pouca razão para conceder "relevância tópica" (termo de Alfred Schütz) a qualquer coisa que resista a ser engolfada pelo ser e tratada por seus recursos; mas ter tal razão e influir nela é precisamente a marca registrada do cidadão.

Para o indivíduo, o espaço público não é muito mais do que uma tela gigante sobre a qual as preocupações privadas são projetadas sem perderem, apesar da magnificação, a condição de particularidades. O espaço público é onde é feita a confissão pública das intimidades e dos segredos privados. Os indivíduos regressam das visitas guiadas diárias ao espaço público fortalecidos em sua individualidade *de jure* e assegurados de que a forma solitária em que se ocupam do negócio de sua vida é o que outros "indivíduos como eles" fazem, e – outra vez como eles, o fazem com sua própria medida de obstáculos e derrotas (que esperam ser transitórias).

Quanto ao poder, ele navega para longe das ruas e do mercado, das salas de reuniões e dos parlamentos, dos governos nacionais e locais, para fora do alcance do controle dos cidadãos, na extraterritorialidade das redes eletrônicas. Hoje, seus princípios estratégicos são a fuga, a evitação, o descomprometimento e a invisibilidade. Tentativas de antecipar seus movimentos e prever as não antecipadas conseqüências de seus movimentos têm a efetividade prática de uma Liga para Impedir as Mudanças do Clima.

E assim o espaço público está cada vez mais vazio de questões públicas. Ele falha em desempenhar seu antigo papel de lugar de encontro e diálogo para problemas privados e questões públicas. No lado receptor das pressões individualizantes, os indivíduos foram, gradual mas consistentemente, despidos de sua armadura protetora de cidadania e tiveram seus interesses e suas habilidades de cidadãos expropriados. Como resultado, a possibilidade de que o indivíduo *de jure* algum dia se torne um indivíduo *de facto* (isto é, que comande os recursos indispensáveis para a genuína autodeterminação) fica mais e mais remota.

O "indivíduo *de jure*" não pode se transformar no "indivíduo *de facto*" sem antes se tornar um *cidadão*. Não existem indivíduos autônomos sem uma sociedade autônoma, e a autonomia da sociedade requer uma autoconstituição deliberada e decidida, que só pode ser uma realização compartilhada de seus membros. A "sociedade" sempre teve uma relação ambígua com a autonomia individual: ela tem sido ao mesmo tempo sua inimiga e sua condição *sine qua non*. Mas as proporções relativas de ameaças e chances, no que está destinado a permanecer como uma relação ambivalente, mudaram depressa no curso da história moderna. Menos do que uma inimiga, a sociedade é a condição que os indivíduos precisam, mas muitas vezes perdem, em sua vã e frustrante luta para transformar de novo seu status *de jure* numa autonomia genuína e numa capacidade de autoafirmação.

Essas são, de maneira geral e ampla, as condições que estabelecem as tarefas de hoje da teoria crítica – e da crítica social como um todo. Elas se reduzem uma vez mais a unir o que a combinação da individualização formal e o divórcio entre poder e política separaram. Em outras palavras, a redesenhar e a repovoar a hoje vazia ágora – o lugar de reunião, debate e negociação entre o indivíduo e o bem comum, privado ou público. Se o velho objetivo da teoria crítica – a emancipação humana – tem algum significado hoje, é o de reconectar os dois lados do abismo que se abriu entre a realidade do "indivíduo *de jure*" e as possibilidades do "indivíduo *de facto*". E os indivíduos que reaprenderam as esquecidas habilidades dos cidadãos e se apropriaram outra vez das ferramentas que haviam sido perdidas são os únicos capazes de construir essa ponte.

· 8 ·

Progresso:
igual e diferente

O prédio da prefeitura de Leeds, cidade na qual passei os últimos 30 anos, é um majestoso monumento às ambições e à autoconfiança dos capitães da Revolução Industrial. Construído na metade do século XIX, grande e opulento, uma mistura do Parthenon com um templo faraônico, tem como ambiente central uma enorme sala de assembléias, projetada para que os burgueses se reunissem regularmente a fim de discutir e decidir os futuros passos na estrada para uma maior glória da cidade e do Império Britânico. No teto da sala de assembléias estão escritas, em letras douradas e púrpura, as regras a que qualquer um que se unisse a essa estrada deveria seguir. Entre os princípios éticos sacrossantos, como "A honestidade é a melhor política", "Auspicium melioris aevi"* ou "Lei e ordem", um preceito chama a atenção por sua brevidade autoconfiante e descompromissada: "Para diante." De maneira distinta do visitante contemporâneo que vai ao prédio da prefeitura, aqueles que compuseram o código não deveriam ter dúvidas quanto ao seu significado. Eles sabiam a diferença entre "para diante" e "para trás". E se acha-

---

*Sinal de tempos melhores. (N.T.)

vam fortes o bastante para ficar nos trilhos e aferrar-se à direção escolhida.

Em 25 de maio de 1916, Henry Ford disse ao correspondente do *Chicago Tribune*: "A história é um palavrório, em maior ou menor grau. Não queremos tradição. Queremos viver no presente e a única história que vale a pena é a que fazemos hoje." Ford era famoso por dizer em voz alta e rudemente o que os outros pensariam duas vezes antes de admitir. Progresso? Não pensem nisso como o "trabalho da história". É o *nosso* trabalho que vivemos no *presente*. A única história que importa é uma ainda-não-feita-mas-em-andamento e destinada-a-ser-feita, isto é, o *futuro* (sobre o qual outro norte-americano pragmático e com os pés no chão, Ambrose Pierce, escrevera dez anos antes no *The Devil's Dictionary*, afirmando "que é o período de tempo em que nossos negócios prosperam, nossos amigos se tornam verdadeiros e nossa felicidade é assegurada").

Ford proclamaria de forma triunfal o que Pierre Bourdieu concluiu com tristeza em *Contrafogos*: "para dominar o futuro, precisamos controlar o presente." A pessoa que mantém o presente em suas mãos pode ficar confiante de ser capaz de forçar o futuro a fazer com que seus negócios prosperem, e por esta mesma razão pode ignorar o passado: essa pessoa de fato pode *transformar* a história passada em "palavrório" – bobagem, jactância vã, mistificação. Ou pelo menos não dar-lhe mais atenção do que esse tipo de coisa merece. O progresso não eleva nem enobrece a história. É uma declaração de intenção de desvalorizá-la e cancelá-la.

Essa é a questão. "Progresso" não representa qualquer atributo da história, mas sim a *autoconfiança do presente*. O mais profundo e talvez o único significado de progresso é o sentimento de que o tempo está ao nosso lado porque *somos nós que fazemos as coisas acontecerem*. Tudo o mais que estamos inclinados a dizer sobre a essência da idéia de progresso é um esforço compreensível, mas enganoso e fútil, de "ontologizar" esse sentimento. A história é uma marcha em direção a uma vida melhor e à felicidade? Se isso fosse verdade, como saberíamos? Nós, que dizemos isso, não vivemos no passado, os que viveram no passado não vivem agora – então quem poderá fazer a comparação?

Se, como em *Angel of History*, de Benjamin/Klee*, fugimos para o futuro empurrados pelos horrores do passado, ou se corremos para o futuro puxados pela esperança de que "nossos negócios irão prosperar", a única prova a ser seguida é o jogo da memória e da imaginação, e o que os une ou separa é nossa autoconfiança ou a ausência dela. Para as pessoas confiantes em seu poder de mudar as coisas, o "progresso" é um axioma. Para aquelas que sentem que as coisas lhes caem das mãos, a idéia de progresso não lhes ocorreria e pareceria risível se lhes fosse oferecida. Entre as duas condições polarizadas, existe pouco espaço para um debate *sine ira et studio*,** menos ainda para o consenso. Ford talvez aplicasse ao progresso a opinião que expressou sobre o exercício: "Exercício é besteira. Se você está são, não precisa dele; se está doente, não vai fazê-lo."

Mas se a autoconfiança – o sentimento tranqüilizante de "controlar o presente" – é o único fundamento sobre o qual descansa a confiança no progresso, não é de admirar que em nossos tempos esta confiança tenda a ser vacilante. As razões pelas quais ela deve ser assim não são difíceis de encontrar.

Primeiro, a ausência evidente de uma *agência* capaz de "levar o mundo adiante". A mais dolorosa e menos respondível pergunta de nossos tempos modernos tardios ou pós-modernos não é "o que há para fazer" (para tornar o mundo melhor ou mais feliz), mas "quem o fará". Em *New World Disorder*, Ken Jowitt anunciou o colapso do "discurso de Josué", que costumava moldar nossos pensamentos sobre o mundo e suas possibilidades até bem pouco tempo atrás e que fazia o mundo ser "centralmente organizado, rigidamente limitado e histericamente preocupado com fronteiras impenetráveis". Nesse mundo, a questão

---

*Em suas *Teses sobre a filosofia da história*, Walter Benjamin utilizou uma pintura de Paul Klee, *Angelus Novus*, como ponto de partida para a Tese nº 9. (N.T.)

**Sem ira nem preconceito. (N.T.)

da mediação dificilmente poderia surgir: o mundo do "discurso de Josué" era apenas uma conjunção de uma agência poderosa e os resíduos/efeitos de suas ações. Essa imagem tinha suas bases epistemológicas na fábrica fordista e no Estado soberano que planejava e administrava a ordem (se não na realidade, ao menos em sua ambição e determinação).

Ambas as bases hoje estão perdendo sua força, com sua soberania e suas ambições. A exaustão do Estado moderno talvez seja sentida de forma mais aguda, já que significa que o poder de fazer as coisas é retirado da política – que foi feita para decidir quais coisas devem ser feitas. Enquanto todas as agências da vida política ficam imóveis, ligadas às suas localidades, o poder flui e vai para bem longe do alcance delas. Nossa experiência é parecida com a dos passageiros de um avião que descobrem, já em pleno vôo, que o assento do piloto está vazio.

Em segundo lugar, fica cada vez menos claro o que uma agência deveria fazer para melhorar o mundo – na improvável situação de ser poderosa o bastante para isso. As visões de uma sociedade feliz, pintadas em muitas cores e por muitos pincéis no curso dos dois últimos séculos, provaram ser castelos na areia ou – se sua chegada ocorreu – impossíveis de serem vividas. Cada forma de projeto social produziu ao menos tanta miséria, se não mais, quanto felicidade. Isso se aplica em igual medida aos dois principais antagonistas – o agora finado marxismo e o agora dominante liberalismo econômico. Quanto aos outros competidores, a questão proposta por François Lyotard ("Que tipo de pensamento é capaz de tolerar Auschwitz em um ... processo geral em direção a uma emancipação universal?") ainda permanece sem resposta e assim continuará.

O tempo do "discurso de Josué" terminou: todas as visões já pintadas de um mundo feito sob medida parecem intoleráveis, e aquelas ainda não pintadas parecem suspeitas. Agora, viajamos sem nenhuma idéia de um destino para nos guiar, sem procurar por uma "sociedade boa" nem esperando algum dia encontrá-la. O veredicto de Peter Drucker – "não há mais salvação pela sociedade" – apreende bem o ânimo da época.

O romance moderno com o progresso – com a vida que pode e deve ser refeita e tornada sempre "nova e melhorada" – não acabou, e não é provável que acabe tão cedo. A modernidade não conhece outra vida além da "feita": a vida dos homens e mulheres modernos é uma tarefa, não uma dádiva, e uma tarefa ainda incompleta e que sempre exige mais cuidado e esforço. A condição moderna em sua expressão "tardia" ou "pósmoderna" fez essa modalidade de vida ainda mais obstrusiva: o progresso não é mais uma questão interina, levando por fim a um estado de perfeição, isto é, um estado no qual tudo que tivesse que ter sido feito foi feito e nenhuma outra mudança fosse necessária – mas um estado perpétuo, o verdadeiro significado de "estar vivo".

Se a idéia de progresso em sua forma atual parece pouco familiar, a ponto de nos perguntarmos se ainda está conosco – é porque o progresso, como tantos outros parâmetros da vida moderna, foi *desregulamentado* e *privatizado*. Foi desregulamentado desde que a associação entre um "novo" particular e melhoria passou a ser livremente contestada e a estar destinada a permanecer sob litígio até mesmo depois que as escolhas foram feitas. E foi privatizado a partir do momento em que se espera que cada homem e mulher, por si mesmos, usem, individualmente, suas próprias habilidades, recursos e engenhosidade para se elevar a uma condição mais satisfatória e deixar para trás qualquer aspecto de sua condição atual de que possam se ressentir.

No entanto, a questão da *exeqüibilidade* do progresso permanece como era antes da desregulamentação e da privatização se estabelecerem – e exatamente como Pierre Bourdieu a articulou: para planejar o futuro é necessário controlar o presente. Mas o que importa agora é o controle individual sobre o próprio presente. E para muitos – talvez a maioria – dos indivíduos contemporâneos, um "controle sobre o próprio presente" é indeciso ou de todo ausente. Vivemos num mundo de flexibilidade universal, sob condições de *Unsicherheit* aguda e sem perspectiva, penetrando em todos os aspectos da vida individual – fontes de sustento tão importantes quanto as parcerias amorosas ou as comunidades de interesses, parâmetros de identidade profissional e cultural, modos de apresentação do ser em público, assim como padrões de saúde e aptidão, valores que valem a pena perseguir, assim como os meios de consegui-los. São poucos e raros os portos seguros para a confiança, e na maior parte do tempo ela permanece desancorada.

Quando a *Unsicherheit* se torna permanente e é vista como tal, os planos para o futuro se tornam transitórios e volúveis. Quanto menos controle tivermos sobre o presente, uma parte menor do futuro poderá ser abarcada pelo planejamento. As extensões do tempo rotuladas como "futuro" ficam menores e o período de vida como um todo é fatiado em episódios enfrentados e atacados "um de cada vez". A continuidade não é mais uma marca de melhoria, a natureza cumulativa e a longo prazo do progresso está cedendo às demandas dirigidas a cada episódio sucessivo separadamente: o mérito de cada episódio deve ser revelado e consumido por completo antes que o episódio atual acabe e o novo comece. Em uma vida governada pelo preceito da flexibilidade, as estratégias, os planos e desejos de vida só podem ser de curto prazo.

As conseqüências culturais e éticas dessa grande transformação ainda não começaram a ser exploradas com seriedade, e portanto só podem ser sugeridas.

· 9 ·

Usos da pobreza

Sabe-se que, libertada das rédeas políticas e das restrições locais, a economia rapidamente globalizada e crescentemente extraterritorial produz lacunas de riqueza e renda cada vez mais profundas entre as seções da população mundial em melhor e pior situação e dentro de cada sociedade. Ela também é conhecida por lançar pedaços cada vez maiores da população na pobreza e por torná-los permanentemente evictos de qualquer trabalho reconhecido socialmente como racional em termos econômicos e útil em termos sociais, tornando-se, assim, econômica e socialmente *redundantes*.

De acordo com o relatório de 1998 do Programa de Desenvolvimento das Nações Unidas,[1] apesar de o consumo global de bens e serviços ter dobrado de 1975 para 1997, e de ter sido multiplicado por seis desde 1950, um bilhão de pessoas "não podem satisfazer nem mesmo suas necessidades elementares". Entre os 4,5 bilhões de residentes dos países "em desenvolvimento", três em cada cinco estão privados do acesso a infra-estruturas básicas: um terço não tem acesso a água potável, um quarto não tem moradias que mereçam esse nome, um quinto não tem serviços médicos e sanitários. Uma em cada cinco crianças passa menos de cinco anos em alguma instituição de escolarização; uma proporção similar está permanentemente subnutrida. Em 70 ou 80 dos cerca de 100 países "em desenvolvimento", a renda média per capita da população hoje é menor do que há dez ou mesmo 30 anos: 120 milhões de pessoas vivem com menos de um dólar por dia.

Ao mesmo tempo, nos Estados Unidos, o país mais rico do mundo e a terra natal das pessoas mais ricas do mundo, 16,5% da população vivem na pobreza; um quinto dos homens e mulheres adultos não sabe ler nem escrever e 13% têm uma expectativa de vida menor do que 60 anos.

Por outro lado, os três homens mais ricos do globo possuem bens privados cujos valores superam o Produto Interno Bruto combinado dos 48 países mais pobres; a fortuna das 15 pessoas mais ricas excede o Produto Interno Bruto total de toda a África subsaariana. De acordo com o relatório, menos de 4% da riqueza pessoal das 225 pessoas mais ricas bastaria para oferecer acesso às facilidades médicas e educacionais elementares, além de nutrição adequada, para todos os pobres do mundo.

Os efeitos da crescente polarização inter e intra-societária de riqueza, renda e chances de vida – sem dúvida a mais preocupante das tendências contemporâneas – têm sido amplamente estudados e discutidos, embora pouco – exceto por algumas poucas medidas *ad hoc*, fragmentárias e irresolutas – tenha sido feito para reverter esses efeitos, e menos ainda para deter a marcha da tendência. A história continuada de preocupação e inação tem sido contada e recontada muitas vezes, sem nenhum benefício visível até agora. Não é minha intenção repetir a história mais uma vez, mas sim questionar o marco cognitivo e o conjunto de valores nos quais está contida como regra; um marco e um conjunto que constituem uma barreira para a total compreensão da gravidade da situação e para a busca de alternativas exeqüíveis.

O marco cognitivo no qual a discussão da pobreza crescente costuma ser colocada é puramente econômico (no sentido dominante de "economia" como, acima de tudo, o agregado de transações mediadas por dinheiro) – o da distribuição de riqueza e renda e do acesso a emprego remunerado. O conjunto de valores que informa a escolha de dados relevantes e sua interpretação é quase sempre o da pena, compaixão e solicitude pelos pobres. De vez em quando, a preocupação pela segurança da ordem social também é expressa, apesar de raras vezes em voz alta, já que poucas mentes sóbrias sentiriam na má situação dos pobres e destituídos contemporâneos uma ameaça tangível de rebelião. Nem o marco cognitivo nem o conjunto de valores estão errados em si mesmos. Para ser mais exato, estão errados não naquilo em que se concentram, mas no que desculpam em silêncio e deixam longe dos olhos.

E os fatos que eles suprimem são o papel desempenhado pelos novos-pobres na reprodução e reimposição do tipo de ordem global que é a causa da destituição deles e também do medo ambiente que torna a vida dos restantes infeliz; e a ordem global depende dessa destituição e desse medo ambiente para sua própria autoperpetuação. Karl Marx disse certa vez – nos tempos do início do capitalismo, selvagem e até então indomado, ainda demasiado iletrado para decifrar as frases escritas na parede – que os trabalhadores não poderiam se libertar sem libertar o resto da sociedade. Poderíamos dizer agora, nos tempos do capitalismo triunfante, que não presta mais atenção às frases escritas em qualquer parede (ou às próprias paredes), que *o restante da sociedade não pode ser libertado de seu medo ambiente e impotência a não ser que sua parte mais pobre seja libertada da penúria.*

Em outras palavras, a presença do grande exército de pobres e a situação amplamente divulgada deles são um fator de equilíbrio de grande, talvez crucial, importância para a ordem existente. São um contrabalanço dos efeitos, de outro modo repelentes e revoltantes, da vida do consumidor, vivida na sombra da perpétua incerteza. Quanto mais destituídos e desumanizados os pobres do mundo e da próxima esquina são mostrados e vistos, melhor desempenham esse papel no drama que não escreveram e para o qual não se candidataram.

Tempos atrás, as pessoas eram induzidas a suportar seus destinos com docilidade, não importa quão duro fosse. Assim como todas as outras coisas do outro mundo e eternas, o mundo inferior pensado para produzir um efeito semelhante havia sido trazido para a Terra, colocado firmemente nos confins da vida terrestre e apresentado numa forma pronta para consumo instantâneo. Os pobres são hoje o "Outro" coletivo dos assustados consumidores; são os "outros", de maneira muito mais tangível e com mais convicção do que aqueles do *Huit-clos* de Sartre. Os pobres são o que o resto do mundo não-pobre gostaria de ser (apesar de não ousarem tentá-lo): livres da incerteza. Mas a certeza que obtêm em troca vem na forma de ruas miseráveis, infestadas de doenças, crimes e drogas (se vivem em Washington, D.C.) ou de uma morte lenta por desnutrição (se habitam o Sudão). A lição que aprendemos quando escutamos falar dos pobres é que a *certeza deve ser mais temida do que a detestada incerteza*, e que a punição pela rebelião contra os desconfortos da incerteza diária é rápida e inclemente.

A visão dos pobres mantém os não-pobres vigiados e obedientes. Assim, ela perpetua a vida de incerteza destes. Ela os estimula a tolerar ou suportar com resignação a irrefreável "flexibilização" do mundo e a crescente precariedade de sua condição. A visão encarcera a imaginação e prende os braços deles, que não ousam imaginar um mundo diferente; estão muito cautelosos para tentar mudar o mundo em que vivem. E enquanto este for o caso, as chances de uma sociedade autônoma e auto-constitutiva, com uma república e uma cidadania democráticas, são, para dizer o mínimo, escassas e sombrias.

Essa é uma razão boa o bastante para que a economia política da incerteza apresente, como um de seus ingredientes indispensáveis, a distribuição do papel do "problema dos pobres" como uma questão de lei e ordem ou como objeto de preocupação humanitária – e nada mais do que isso. Quando a primeira representação é usada, a condenação popular dos pobres – mais depravados do que privados – chega tão próximo quanto possível de queimar o medo popular em efígie. Quando se utiliza a segunda representação, a ira contra a crueldade e a insensibilidade dos caprichos do destino pode ser canalizada com segurança para feiras de caridade inócuas, e a vergonha da impassividade pode ser evaporada em curtas explosões de solidariedade humana.

Dia a dia, no entanto, os pobres do mundo e os pobres do país fazem seu silencioso trabalho de minar a confiança e a resolução de todos aqueles que ainda trabalham e que têm rendas regulares. O vínculo entre a pobreza dos pobres e a rendição dos não-pobres não tem nada de irracional. A visão dos destituídos é um lembrete oportuno a todos os seres sóbrios e sensíveis de que até mesmo a vida mais próspera é insegura e que o sucesso de hoje não é uma garantia contra a queda de amanhã. Existe um sentimento bem fundamentado de que o mundo está cada vez mais superlotado; que a única escolha aberta aos governos dos países está, na melhor das hipóteses, entre a pobreza disseminada com alto desemprego, como na maioria dos países europeus, e a pobreza disseminada com um pouco menos de desemprego, como nos Estados Unidos.

Pesquisas acadêmicas confirmam o sentimento geral: existe cada vez menos trabalho remunerado por aí. Desta vez, o desemprego parece mais sinistro do que nunca. Não parece ser o produto de uma "depressão econômica" cíclica; não é mais uma condensação temporária de miséria, a ser dissipada e exterminada pelo próximo boom econômico. As promessas dos políticos de solucionar a questão com um "regresso ao trabalho" trazem uma estranha similaridade com a resposta apócrifa de Barry Goldwater à ameaça nuclear: "coloquemos as carroças em círculo." Como argumenta Jean-Paul Maréchal,[2] durante a era da "industrialização pesada", a necessidade de construir uma enorme infra-estrutura industrial conseguiu que mais novos empregos fossem criados do que velhos empregos fossem destruídos como resultado da aniquilação de tarefas e habilidades tradicionais. Mas é claro que este não é mais o caso. Até os anos 1970, a relação entre o crescimento da produtividade e o nível de emprego ainda era positiva; desde então, a relação fica mais negativa a cada ano. Um importante limiar parece ter sido cruzado nos anos 1970. Números recentes dizem muito sobre as razões para qualquer um sentir-se inseguro mesmo no mais estável e regular dos empregos.

O volume de emprego que se contrai não é, porém, a única razão para sentir-se inseguro. Os empregos que ainda existem não estão mais fortificados contra os imprevisíveis riscos do futuro; podemos dizer que o trabalho hoje é um ensaio diário de redundância. A "economia política da insegurança" cuidou para que as defesas ortodoxas fossem desmanteladas, assim como as tropas que as guarneciam. O trabalho tornou-se "flexível", o que em palavras simples significa que agora é fácil para o empregador despedir os empregados quando quiser e sem compensação, e que a ação solidária e efetiva dos sindicatos em defesa dos demitidos sem justa causa pareça cada vez mais um castelo de areia.

A "flexibilidade" também significa a negação da segurança: os empregos disponíveis são em sua maioria temporários, a maioria dos contratos é "rolante" ou "renovável" a intervalos freqüentes o bastante para impedir que os direitos a uma relativa estabilidade adquiram força. A "flexibilidade" também significa que a antiga estratégia de investir tempo e esforço em habilidades especializadas, na esperança de obter um fluxo de interesses estável, faz ainda menos sentido – e assim, aquela tão comum escolha racional das pessoas que desejavam uma vida segura já não está disponível.

O sustento, aquela rocha sobre a qual todos os projetos e aspirações de vida devem se apoiar para serem exeqüíveis – para ter sentido e reunir energia eles precisam ser satisfeitos ou pelo menos parecer satisfeitos –, tornou-se indeciso, errático e inseguro. O que os defensores dos programas de "bem-estar social para os que trabalham" deixam fora de seus cálculos é que a função do sustento não é apenas prover sustentação para os empregados e seus dependentes. Além disso, e não menos importante, deve oferecer a segurança existencial, sem a qual nenhuma liberdade nem a vontade de auto-afirmação são concebíveis, que constituem o ponto de partida de toda autonomia. O trabalho em sua forma atual não pode oferecer tal segurança, mesmo que consiga cobrir os custos de manter-se vivo. O caminho do bem-estar para o trabalho leva da segurança para a insegurança, ou de menor para maior insegurança. Sendo esse caminho o que é, incitar tantas pessoas quanto possível a trilhá-lo está de acordo com os princípios da economia política da insegurança.

A economia política da incerteza é o conjunto de "regras para terminar com todas as regras", imposto sobre as autoridades políticas locais pelos poderes financeiros e extraterritoriais do capital e do comércio. Seus princípios encontraram expressão plena no mal-afamado "Acordo Multilateral sobre o Investimento", nas restrições que este impôs à liberdade dos governos de restringir a liberdade de movimento do capital, assim como na forma clandestina na qual foi negociado e o segredo em que foi mantido pelo consentimento comum dos poderes políticos e econômicos – até ser descoberto e trazido à luz por um grupo de jornalistas investigativos. Os princípios são simples, e em sua maioria negativos: não foram criados para estabelecer uma nova ordem, apenas para desmontar as existentes e impedir que os governos atuais substituam as regulamentações desmanteladas por outras.

A economia política da incerteza se reduz essencialmente à proibição de regras e regulamentos garantidos e estabelecidos politicamente e ao desarme das instituições e associações defensivas que costumavam ficar no caminho do capital e das finanças. O resultado geral de ambas as medidas é o estado de incerteza permanente e onipresente que irá substituir a regra da lei coercitiva e legitimar fórmulas para estabelecer os limites para a obediência (ou melhor, a garantia da falta de resistência) aos novos poderes, desta vez supra-estatais e globais.

A economia política da incerteza é boa para os negócios. Ela torna redundantes os instrumentos de disciplina ortodoxos, volumosos, desajeitados e custosos – substituindo-os não tanto pelo autocontrole de objetos treinados, exercitados e disciplinados, mas pela incapacidade dos indivíduos privatizados e endemicamente inseguros para agir de modo adequado; o tipo de incapacidade que se faz mais profunda pela descrença das pessoas de que qualquer ação dessas possa ser efetiva e que os sofrimentos privados possam ser refundidos em questões coletivas, e ainda mais incrédulos nos projetos compartilhados de uma ordem de coisas alternativa.

No que diz respeito à submissão passiva às regras do jogo, ou a um jogo sem regras, a incerteza endêmica, da base ao topo da escala social, é uma substituição clara e barata, mas muito eficiente, para a regulação normativa, a censura e a vigilância. Os excluídos e redundantes estão demasiado certos de sua exclusão e redundância para serem receptivos às políticas da incerteza. Os panópticos não são necessários em sua versão velha e pesada nem na versão leve, high-tech e atualizada. Só a liberdade, em sua expressão associada ao mercado consumidor e sob as condições de precariedade sustentada pelo mercado, pode evocar toda a conduta humana necessária para manter a economia global em andamento.

Os verdadeiros poderes de hoje são essencialmente extra-territoriais, enquanto os lugares de ação política permanecem locais – e assim, por planejamento ou omissão, a ação é incapaz de chegar aos quartéis onde são desenhados os limites da soberania e decididas as premissas essenciais dos esforços políticos.

Essa separação entre o poder e a política com freqüência é mencionada sob o nome de "globalização". Como ressaltei em outro texto,[3] o termo "globalização" se estabeleceu no discurso atual ocupando o lugar que na modernidade era do termo "universalização" – e o fez principalmente porque "globalização" se refere ao *que está acontecendo conosco, mais do que – como o fez a "universalização" – aquilo que precisamos, devemos ou pretendemos fazer.*

"Globalização" indica uma espécie de "naturalização" do curso que as questões mundiais estão tomando, isto é, estão ficando essencialmente fora de limites e de controle, adquirindo um caráter quase elementar, não planejado, não antecipado, espontâneo e contingente. Assim como o usuário da internet pode selecionar apenas as escolhas disponíveis, e dificilmente pode influenciar as regras pelas quais a rede opera ou expande a gama de escolhas disponíveis sob essas regras, também o Estado-nação individual, colocado em um ambiente globalizado, tem que jogar o jogo segundo as regras ou arriscar uma retaliação severa, ou, na melhor das hipóteses, uma total ineficiência de suas ações, se as regras forem ignoradas.

Uma vez que os poderes que presidem a crescente "flexibilidade" das situações cotidianas, e assim a ainda mais profunda incerteza que satura o curso completo das vidas humanas, tenham se tornado *de facto* globais (ou pelo menos supra-estatais), a condição preliminar para uma ação dirigida efetiva para mitigar a preponderância dos dois primeiros elementos da tríade – insegurança, incerteza e proteção – é elevar a política ao nível tão genuinamente internacional quanto aquele em que operam os poderes de hoje. A política deve alcançar o poder que foi libertado para vagar pelo espaço politicamente não controlado – e para esse fim deve desenvolver instrumentos que possibilitem que ela alcance os espaços através dos quais aqueles poderes "fluem" (para utilizar o termo de Manuel Castells). Não é necessário nada mais do que uma instituição republicana internacional em escala condizente com a escala de operação dos poderes transnacionais. Ou, como Alain Gresh afirmou num artigo que celebrava o 150º aniversário do *Manifesto comunista*, precisa-se é de um "novo internacionalismo".[4]

Há poucos sinais que sugerem que algo semelhante a um novo espírito internacionalista está de fato aparecendo. As explosões de solidariedade supranacional são notoriamente carnavalescas, esporádicas e de vida curta. A mídia cunhou o termo-que-diz-tudo "fadiga de ajudar" para denotar a tendência da solidariedade internacional para diminuir e evaporar em questão de dias, e não de semanas. Como assinala Gresh, a Bósnia não foi uma repetição tardia da Guerra Civil Espanhola, pois diante das guerras de atrito em curso hoje na Argélia e dezenas de outras guerras civis ou massacres orquestrados pelo governo de "estrangeiros", minorias tribais ou étnicas e infiéis nada bem-vindos, apenas ruídos indiferentes são feitos em salas de conferência, mas praticamente nenhuma ação é feita no terreno.

Existem nobres exceções, como a Anistia Internacional ou o Greenpeace. Mas no geral os poucos esforços idealistas para atravessar a muralha de indiferença obtêm, na melhor das hipóteses, um sinal ou um apoio superficial de alguns governos (e a hostilidade subterrânea ou aberta de vários outros). E poucos movimentos populares apóiam a atitude que eles promovem por altruísmo. Os ativistas dos Médicos Sem Fronteiras têm se queixado de que a iniciativa deles, chamada pela mídia de "ação humanitária", tem sido cinicamente explorada pelos poderes constituídos para justificar a própria inatividade na Bósnia e em Ruanda, por exemplo, e para limpar, "por procuração", as consciências de seus súditos.

Não há dúvidas sobre a necessidade de agências globais poderosas o bastante para igualar a força condensada dos mercados globais e do capital financeiro. Uma questão discutível, no entanto, é se as instituições políticas existentes – governos e partidos políticos limitados pelo Estado – podem se transformar em agências desse tipo, ou criá-las por meio de negociações. É passível de debate porque os governos e os partidos necessariamente se preocupam com suas terras e tendem a permanecer locais. Talvez as associações que não tenham tais limitações – capazes de adquirir um caráter de fato sem fronteiras e de concentrar sua ação sobre o que mais aflige a maioria das pessoas em grandes parte do tempo – tenham melhores perspectivas. Elas têm poucas chances, contudo, se a noção do "bem comum" não firmar suas raízes na segurança coletivamente garantida dos supostos atores políticos.

A utopia, afinal de contas, como disse Victor Hugo, "é a verdade de amanhã".

· 10 ·

Educação: sob, para e apesar da pós-modernidade

Resumindo dezenas de anos dedicados ao estudo dos modos de vida de diferentes sociedades, Margaret Mead chegou à seguinte conclusão:

> A estrutura social de uma sociedade e a forma como o aprendizado é estruturado – a maneira como passa de mãe para filha, de pai para filho, do irmão da mãe para o filho da irmã, do xamã para o noviço, dos especialistas mitológicos para o aspirante a especialista – determinam muito mais do que o conteúdo real do aprendizado, não só a forma como os indivíduos aprenderão a pensar, mas como o acúmulo de aprendizado, a soma total das peças separadas de habilidades e conhecimento, ... é compartilhado e utilizado.[1]

Nessa afirmação, Mead não evocou o conceito de "deuteroaprendizado" ou "aprendizado para aprender", forjado há cerca de 25 anos por Gregory Bateson, seu companheiro de vida. Apesar disso, claramente presta homenagem à visão de Bateson ao atribuir o papel primal e decisivo do processo de ensinar e aprender ao contexto social e ao modo pelo qual a mensagem é transmitida, mais do que aos conteúdos da instrução. Os conteúdos – a matéria-sujeito do que Bateson chama de "proto-aprendizado" (aprendizado primário ou "aprendizado de primeiro grau") – podem ser vistos a olho nu, monitorados e gravados, até mesmo desenhados e planejados; mas o deuteroaprendizado é um processo subterrâneo, quase nunca notado conscientemente e menos ainda monitorado por seus participantes, sendo relatado apenas de maneira vaga no extenso tópico da educação. É no curso do deuteroaprendizado, raras vezes no controle consciente dos educadores indicados ou autoproclamados, que os objetos da ação educacional adquirem habilidades muito mais importantes para a vida futura do que até mesmo os mais cuidadosamente pedaços e peças de conhecimento pré-selecionados que se combinam nos currículos escritos ou não-pensados. Eles adquirem

> o hábito de procurar mais por contextos e seqüências de um tipo do que de outro, o hábito de "pontuar" a corrente de eventos para produzir repetições de um certo tipo de sentença significativa ... Os estados da mente que chamamos de "livre-arbítrio", pensamento instrumental, dominância, passividade etc. são adquiridos por meio de um processo que podemos equacionar como "aprendendo a aprender".[2]

Mais tarde Bateson afirmou que o deuteroaprendizado, esse "aprendendo a aprender", é mais do que inevitável, é um complemento indispensável de todo proto-aprendizado;[3] sem o deuteroaprendizado, o "aprendizado de primeiro grau" resultaria numa mente dissecada e ossificada, incapaz de assimilar uma situação alterada ou algo não pensado de antemão. Depois, Bateson sentiria a necessidade de rematar a idéia de "aprendizado de segundo grau" com o conceito de "aprendizado de terceiro grau" ou "terciário" – quando o sujeito da educação adquire as habilidades de modificar o conjunto de alternativas que aprendeu a prever e lidar no curso do deuteroaprendizado.

O deuteroaprendizado retém seu valor adaptativo e presta todos os serviços necessários apenas enquanto os aprendizes têm boas razões para esperar que as contingências que encontram se apresentam em um padrão estável; para explicar de forma diferente, a utilidade ou a perniciosidade dos hábitos adquiridos no curso do deuteroaprendizado não dependem tanto da diligência e dos talentos dos aprendizes e da competência e assiduidade de seus professores como dos atributos do mundo no qual os alunos mencionados estão destinados a viver suas vidas. Na visão de Bateson, os dois primeiros graus de aprendizado concordam com a natureza da espécie humana, da maneira como ela se formou no curso da evolução, e assim aparecem de uma forma ou de outra em todas as culturas conhecidas; o terceiro grau, no entanto, pode ter, e com freqüência tem, conseqüências *patogênicas*, resultando em uma personalidade apática, errante e *esquizofrênica*.

Pode-se dizer sobre nosso tempo, que possui nomes como "modernidade tardia", "modernidade reflexiva", modernidade radicalizada ou pós-modernidade, que ele eleva à categoria de *norma* o que Bateson, nos últimos anos de sua vida, ainda podia considerar, ou melhor, sugerir, como *anormalidade* – um tipo de condição dissonante do equipamento inato e herdado da espécie humana, sendo considerado, do ponto de vista da natureza humana, patológico. Cada um dos pontos de orientação que fez o mundo parecer sólido e favoreceu a lógica ao selecionar as estratégias de vida – os empregos, as habilidades, as parcerias humanas, modelos de propriedade e decoro, visões de saúde e enfermidade, valores que se pensava valer a pena serem perseguidos e os meios comprovados de persegui-los – todos esses e muitos outros pontos de orientação uma vez estáveis parecem estar em fluxo.

Muitos jogos parecem estar acontecendo ao mesmo tempo, e cada um muda suas regras enquanto está em andamento. Esses nossos tempos se sobressaem por desmantelar marcos e liquefazer padrões sem aviso prévio. Sob tais circunstâncias, o "aprendizado terciário" – aprender a quebrar a regularidade, a livrar-se dos hábitos e a prevenir a habitualidade, a rearrumar experiências fragmentárias em padrões até agora não familiares, tratando todos os padrões como aceitáveis apenas "até segundo aviso" –, longe de ser uma distorção do processo educacional e um desvio de seu verdadeiro objetivo, adquire um valor adaptativo supremo e se torna crucial para o que é o indispensável "equipamento para a vida".

Aos humanos pós-modernos é negado o luxo de assumir, como o herói shakespeariano, que "existe um método nessa loucura". Se eles esperam encontrar uma estrutura coesa e coerente na calandra dos eventos contingentes, estão ameaçados de cometer erros custosos e ter frustrações dolorosas. Se os hábitos adquiridos no decorrer do treinamento os induz a procurar tais estruturas coesas e coerentes e a fazer suas ações dependerem de achá-las, estão em maus lençóis. Os humanos pós-modernos devem, portanto, ter a capacidade de, mais do que desenterrar uma lógica escondida na pilha de eventos ou padrões ocultos em coleções aleatórias de manchas coloridas, desfazer seus padrões mentais depressa e rasgar as telas ardilosas em um brusco movimento da mente; lidar com suas experiências da forma que uma criança brinca com um calidoscópio encontrado debaixo da árvore de Natal. O sucesso na vida (e assim a *racionalidade*) dos homens e mulheres pós-modernos depende da velocidade com que conseguem se livrar de hábitos antigos, mais do que da rapidez com que adquirem novos. O melhor de tudo é não se incomodar com a questão dos padrões; o tipo de hábito adquirido no "aprendizado terciário" é o hábito de viver sem hábitos.

O deuteroaprendizado, como lembramos, está apenas obliquamente, e em parte, sob o controle dos profissionais da educação. No entanto, o controle consciente sobre o deuteroaprendizado e seu gerenciamento intencional parece direto e fácil, quando comparado ao fluxo do "aprendizado terciário". Margaret Mead estava totalmente consciente de certo grau de intransigência e indisciplina no deuteroaprendizado, mas esse conhecimento não a impediu de considerar o fenômeno da educação em termos "de-para" – de mãe para filha, do mestre para os aprendizes. Qualquer coisa que esteja sendo transmitida nesse retrato do evento educacional tem etiquetas claras com os endereços do remetente e do destinatário; a divisão de papéis não está em questão.

O que falta na análise perceptiva de Margaret Mead é a situação na qual está longe de ser claro quem atua como professor e quem atua como aluno, quem possui o conhecimento a ser transmitido e quem está situado na extremidade receptora da transmissão, quem decide qual conhecimento precisa ser passado adiante e merece ser incorporado. Em outras palavras, uma situação *desprovida de estrutura*, ou outra situação com conseqüências igualmente confusas, marcada pelo *excesso de estruturas*, cruzando-se e sobrepondo-se, estruturas mutuamente independentes e não coordenadas, uma situação em que os processos educacionais são claramente separados do resto dos compromissos e relações de vida, o que faz com que ninguém esteja de fato "encarregado" deles.

Pelo menos desde o Iluminismo a educação vem sendo entendida como um conjunto de estrutura rígida, com seus supervisores firmes na sela e tendo toda a iniciativa. Assim, o conjunto desgovernado e provavelmente ingovernável só pode causar hesitação aos teóricos e praticantes da educação, sendo visto como uma causa de preocupação. Uma descrição geral, porém vívida, de tal contexto educacional, ainda mais preeminente, notável e reconhecida pelos analistas de nosso tempo, foi fornecida há poucos anos por Cornelius Castoriadis. Tendo observado que "a sociedade democrática é uma enorme instituição pedagógica, o lugar de uma irrefreável auto-educação de seus cidadãos", Castoriadis observa com tristeza que uma situação exatamente oposta surgiu:

> As paredes da cidade, os livros, os espetáculos e os eventos educam – no entanto, agora eles parecem, principalmente, *deseducar* os habitantes. Comparem as lições dadas aos cidadãos de Atenas (mulheres e escravos incluídos) durante a representação das tra-

gédias gregas com o tipo de conhecimento que hoje é consumido pelo espectador de *Dinastia* ou *Perdue de vue*.[4]

Sugiro que o avassalador sentimento de crise sentido de igual forma pelos filósofos, teóricos e educadores, essa versão corrente do sentimento de "viver nas encruzilhadas", a busca febril por uma nova autodefinição e, idealmente, também uma nova identidade, tem pouco a ver com as faltas, os erros e a negligência dos pedagogos profissionais, tampouco com os fracassos da teoria educacional. Estão relacionados com a dissolução universal das identidades, com a desregulamentação e a privatização dos processos de formação de identidade, com a dispersão das autoridades, a polifonia das mensagens de valor e a subseqüente fragmentação da vida que caracteriza o mundo em que vivemos – o mundo que prefiro chamar de "pós-moderno".

A condição pós-moderna dividiu o grande jogo dos tempos modernos em diversos jogos pequenos e pobremente coordenados, devastou as regras de todos os jogos e diminuiu bastante a validade de qualquer conjunto de regras. Atrás de todo esse cortar e emendar, podemos sentir o desmoronamento do tempo, não mais contínuo, acumulativo e direcional como parecia 100 anos atrás; a vida fragmentária pós-moderna é vivida num tempo episódico e, uma vez que os eventos se tornam episódios, só podem ser colocados em uma narrativa histórica coesa postumamente; enquanto está sendo vivido, cada episódio tem apenas a si mesmo para fornecer todo o sentido e objetivo de que precisa ou que é capaz de reunir para manter-se no rumo e terminá-lo.

Em geral, o mundo em que os homens e as mulheres pós-modernos precisam viver e moldar suas estratégias de vida põe a prêmio o "aprendizado terciário", um tipo de aprendizado que nossas instituições educacionais herdadas, nascidas e amadurecidas no moderno alvoroço da ordem estão malpreparadas para oferecer, no qual a teoria educacional, desenvolvida como uma reflexão sobre as ambições modernas e suas concretizações institucionais, só pode ver, com uma mistura de perplexidade e horror, como um crescimento patológico ou um ataque de esquizofrenia avançada.

A atual crise educacional é, antes e acima de tudo, uma crise de instituições e filosofias herdadas. Criadas para um tipo diferente de realidade, elas acham cada vez mais difícil absorver, acomodar e manter as mudanças sem uma revisão meticulosa dos marcos conceituais que empregam. E tal revisão, como sabemos por Thomas Kuhn, é o mais mortal e esmagador de todos os desafios que podem enfrentar. Sem projetar marcos diferentes, a ortodoxia filosófica pode apenas colocar de lado e abandonar a crescente pilha de novos fenômenos, considerando-os anomalias e desvios.

A crise pós-moderna aflige, de cima para baixo, todas as instituições educacionais estabelecidas. Contudo, devido à peculiaridade das tarefas atribuídas e das instruções educacionais, faz surgir receios e preocupações de alguma forma diferentes em cada nível. Deixem-me concentrar a análise mais detalhada na forma como a presente crise se apresenta em um nível institucional da educação, o das universidades. Tal foco se deve ao papel de marca-passo e diapasão educacional atribuído às universidades, reivindicado e em certa extensão praticado por elas durante a história moderna.

Embora as raízes das universidades européias estejam profundamente enterradas na Idade Média, nossa idéia de universidade e sua função na sociedade é uma *criação moderna*. Entre muitos aspectos que distinguem a civilização moderna de outras formas de coabitação humana, o casamento entre conhecimento e poder talvez seja o mais notado e seminal. O poder moderno busca iluminação e liderança na erudição, enquanto o conhecimento moderno segue a receita sucinta, porém precisa, de Augusto Comte: *savoir pour prévoir, prévoir pour pouvoir* – saber para ter o poder de atuar. A civilização moderna tem tratado o tempo todo principalmente de atuar, tornar as coisas diferentes do que eram e usar o poder para impor a mudança. Esse casamento colocou os praticantes do conhecimento, os descobridores de novas verdades e disseminadores das velhas próximos ou em concorrência com os governantes, mas, em ambos os casos, no próprio centro da rede institucional e no mais alto grau de autoridade espiritual.

A centralidade institucional do conhecimento e de seus praticantes estava ancorada, por um lado, numa confiança nacional na *legitimidade* (Max Weber), uma *fórmula de governar* (Gaetano Mosca) ou um *grupo central de valores* (Talcott Parsons), para traduzir dominação em autoridade e disciplina; por outro lado, na prática da cultura (educação, *Bildung*), que pretendia transformar membros individuais da sociedade em seres sociais adaptados a desempenhar, e querendo ser fiéis a eles, papéis socialmente atribuídos. Ambas as âncoras eram mantidas pela universidade – o lugar onde os valores primordiais para a integração social eram gerados, o lugar de treinamento dos educadores que pretendiam disseminá-los e transformá-los em habilidades sociais.

As duas âncoras, porém, hoje estão flutuando. Por isso a declaração ostensivamente programática da *Magna Carta of European Universities*, assinada em Bolonha com o objetivo de assegurar que as universidades sejam "instituições autônomas no centro da sociedade", tem um perfume de nostalgia por um estado de coisas que está desaparecendo muito depressa. A imagem da universidade, pintada com os pincéis da memória histórica, nos inclina a definir as realidades do presente como repletas de crises. Afinal de contas, tanto a autonomia como a centralidade das universidades estão hoje sendo questionadas.

A lista de transformações sociais, culturais e políticas que desencadearam essa crise é longa. As mais decisivas, porém, estão intimamente relacionadas ao rápido enfraquecimento das bases e garantias institucionais ortodoxas da autoridade das universidades.

Por outro lado, os Estados-nação ao redor de todo o globo abandonaram a maioria das funções integradoras que reivindicavam nos tempos modernos e as cederam a forças que eles não controlam e que ficam, de modo geral, fora do alcance do processo político. Tendo feito isso, os Estados de hoje perderam o interesse na conversão e mobilização ideológicas, na política cultural, na promoção de padrões culturais marcados como superiores a outros padrões, que por causa de sua inferioridade estão condenados à extinção. Pelo mesmo argumento, deixam a formação das hierarquias culturais (ou, na verdade, a própria questão de sua viabilidade) à mercê das forças difusas e não coordenadas do mercado. Como resultado, a prerrogativa de distribuir e partilhar a autoridade gerada pelo conhecimento com os indivíduos ativos na produção e disseminação do conhecimento – uma prerrogativa antes aplicada pelo Estado exclusivamente sobre as universidades – também foi desafiada e contestada com sucesso por outras agências.

Reputações são feitas e desfeitas fora dos muros das universidades, com um papel minguante atribuído ao antes crucial julgamento dos pares. Ao moldar hierarquias de influência, a notoriedade substituiu a fama, a visibilidade pública afastou com os cotovelos as credenciais acadêmicas, e assim o processo não é mais *controlado*, mas *tratado informalmente* por agências especializadas no gerenciamento da atenção pública (Régis Debray fala de "midiocracia"; o jogo de palavras implícito é claramente intencional). É o valor dado pela mídia às notícias, mais do que os padrões universitários ortodoxos de significância acadêmica, que determinam a hierarquia de autoridade – tão instável e efêmero quanto o "valor noticioso" das mensagens.

Por outro lado, com a possibilidade de a universalidade cultural recuar e não mais causar entusiasmo e dedicação, e com a pluralidade cultural sem ter adversários sérios enquanto desfruta amplo apoio institucional, o papel monopolista, ou mesmo privilegiado, das universidades na criação e seleção de valor não é mais sustentável. As universidades precisam competir com inúmeras outras agências, sendo muitas destas mais bem capacitadas para "passar a mensagem delas" e mais em sintonia com os desejos e temores dos consumidores contemporâneos. Não está claro por que os indivíduos, atraídos pela presumida capacidade de fornecimento de perícias e conhecimento, e desejosos de adquiri-los, devam procurar pelo auxílio das universidades e não de seus concorrentes.

Como isso não fosse um golpe pesado o bastante para o status e o prestígio da universidade, as entidades institucionalizadas de cada grau de aprendizado descobrem que o antes inquestionável direito de decidir os cânones da habilidade e da competência profissionais está escapando de suas mãos com rapidez. Numa época em que todos – estudantes, professores e professores de professores – têm igual acesso a computadores conectados à internet, quando os últimos pensamentos da ciência, devidamente expurgados, podados pelos requerimentos dos currículos, fáceis de entender e mansamente interativos, estão disponíveis em qualquer loja de jogos, enquanto o acesso às últimas novidades e fraquezas da academia depende do dinheiro que se tenha, mais do que do título, quem pode exigir que sua pretensão de instruir os ignorantes e guiar os perplexos é seu direito *natural*?

Foi a abertura da autopista da informação que revelou, em retrospectiva, quanto a reclamada e ainda mais genuína autoridade dos professores costumava descansar em seu controle exclusivo, exercido coletivamente, das fontes de conhecimento e no policiamento, sem permitir apelação, de todas as estradas que levassem a tais fontes. Também mostrou quanto essa autoridade dependia do direito não compartilhado dos professores de moldar a "lógica do aprendizado" – a seqüência de tempo em que vários pedaços e peças do conhecimento podem e precisam ser ingeridos e digeridos. Com essas propriedades, uma vez exclusivas, agora desregulamentadas, privatizadas, lançadas com êxito na bolsa de valores da publicidade e prontas para serem agarradas, a reivindicação de ser o único e natural assento para aqueles "em busca do aprendizado superior" soa cada vez mais oca aos ouvidos de todos, exceto daqueles que a expressam.

Essa não é, porém, a história toda. A revolução tecnológica permanente e continuada transforma a técnica adquirida e os hábitos aprendidos em desvantagens, e não mais em bens, e encurta drasticamente o período de vida de habilidades úteis, que muitas vezes perdem sua utilidade e "poder habilitante" em menos tempo do que se leva para adquiri-los e certificá-los por meio de um diploma universitário. Sob tais circunstâncias, o treinamento profissional de curto prazo, *ad hoc*, administrado pelos empregadores e orientado diretamente para os empregos em vista, ou os cursos flexíveis e os (rapidamente atualizados) kits "aprenda sozinho" oferecidos no mercado pela mídia extra-universitária, tornam-se mais atrativos (e, na verdade, uma escolha mais razoável) do que uma educação universitária totalmente nova, que não é mais capaz de prometer, muito menos garantir, uma carreira vitalícia.

A carga do treinamento ocupacional está saindo gradualmente das universidades, o que se reflete em investimentos decrescentes do Estado para subsidiá-las. Estamos inclinados a suspeitar que, se o ingresso nas universidades já não está caindo de maneira acentuada, isso se deve muito ao seu papel, não antecipado e não estipulado, de abrigo temporário numa sociedade afligida pelo desemprego estrutural; um mecanismo que permite aos recém-chegados adiar por alguns anos o momento da verdade, que chega quando a dura realidade do mercado de trabalho precisa ser enfrentada.

Da mesma forma que qualquer outro monopólio que agrega valor, o da "mercantilização" institucional de habilidades adquiridas também necessita de um ambiente regulado para ser efetivo; mas o tipo de regulação requerido aqui, assim como o tango, precisa de dois. No caso em discussão, a condição da efetividade é a coordenação relativamente estável entre as descrições do emprego e das habilidades, ambas estáveis o bastante para serem medidas pelo tempo médio de "busca por uma educação superior". Em nosso mercado de trabalho cada vez mais "flexível" e minuciosamente desregulamentado, essa condição raras vezes é encontrada, e todas as perspectivas de conter a podridão, o que dirá de restaurar o marco rapidamente evanescente do planejamento futuro, ficam mais difíceis a cada instante.

O processo de aprendizado superior, historicamente institucionalizado pela prática universitária, não pode adotar com facilidade o ritmo do mercado de trabalho de um experimento flexível, e menos ainda acomodar a falta de normas, e assim a imprevisibilidade da mutação que a força chamada flexibilidade não consegue deixar de gerar. Além disso, os tipos de habilidade requeridos para exercer ocupações flexíveis não costumam exigir um aprendizado a longo prazo e sistemático. Com maior freqüência, transformam um corpo bem perfilado e logicamente coerente de habilidades adquiridas, antes um bem ativo, na desvantagem que é agora. E isso diminui muito o valor de mercadoria do diploma universitário. É difícil concorrer com o valor de mercado do treinamento no emprego, de cursos curtos e seminários de fim de semana. A perda da disponibilidade universal, depois de Robbins e de seu relativo baixo custo, privou a educação universitária de mais uma – talvez até da mais decisiva – vantagem competitiva. Com as mensalidades e custos de moradia que crescem com rapidez, não é de todo fantasioso supor que logo será possível demonstrar que a educação universitária talvez não ofereça, em termos de mercado, valor em troca de dinheiro – podendo até mesmo, pelos preços, ficar fora da concorrência...

Num mundo caracterizado pelo caráter episódico e fragmentário do tempo social e individual, as universidades, sobrecarregadas com um sentido de história e tempo linear, adaptam-se mal e sentem-se mal com facilidade. Tudo que as universidades vêm fazendo nos últimos 900 anos faz sentido dentro do tempo da *eternidade* ou do tempo do *progresso*; se a modernidade ficou livre do primeiro, a pós-modernidade terminou com o segundo. E o tempo episódico, pairando sobre as ruínas duplas da eternidade e do progresso, mostra ser pouco hospitaleiro para tudo o que aprendemos a tratar como o marco da universidade, aquele definido pelo *Dicionário Oxford* como o "unir-se na busca do ensino superior". Inospitaleiro não apenas à ocupação acadêmica vitalícia, mas a todas as idéias que costumavam sustentá-la e justificá-la: que é um *auspicium melioris aevi*, que a experiência, como o vinho, adquire nobreza com a idade; que as habilidades, como as casas, são construídas andar por andar; que as reputações podem ser acumuladas como a poupança e, como esta, rendem mais de acordo com o tempo pelo qual são mantidas.

Régis Debray chamou a atenção para a gradual, mas incansável, mudança das bases sobre as quais as reputações acadêmicas, a fama pública e a influência são feitas e desfeitas.[5] Essas bases costumavam ser propriedade cooperativa dos pares acadêmicos, mas já na primeira metade do século XX foram transmitidas para a administração das editoras. Os novos donos, no entanto, não gerenciaram sua propriedade por muito tempo; levou apenas algumas dezenas de anos para que a propriedade mudasse de novo, desta vez para o domínio da grande mídia. A autoridade intelectual, diz Debray, era medida pelo tamanho da multidão de discípulos que se arrebanhavam, vindos de longe, para ouvir o mestre; depois, e em grau crescente, também pelo número de cópias vendidas e pela crítica recebida pela *oeuvre*; mas ambas as medidas, apesar de não inteiramente extintas, foram encolhidas pelo tempo de exposição na televisão e pelo espaço nos jornais. Para a autoridade intelectual, a versão atualizada do *cogito* de Descartes seria: falam de mim, logo existo.

Notemos que isso não é apenas uma história da propriedade mudando de mãos. A própria propriedade não poderia emergir ilesa dessa mudança de gerenciamento, e a alteração no controle só poderia deixar o objeto controlado irreconhecível. As editoras cultivam um tipo de autoridade intelectual bem diferente daquela que germina nos terrenos privados da universidade; e a autoridade que surge das fábricas de processamento de informação da grande mídia não traz mais do que uma vaga semelhança com qualquer uma de suas duas predecessoras. De acordo com a engenhosa observação de um jornalista francês, se Émile Zola pudesse defender seu caso na televisão, dariam-no apenas o tempo suficiente para gritar "J'accuse!". Com a atenção do público voltando-se agora para a mais escassa das mercadorias, a mídia não tem nada parecido com a quantidade de tempo requerida para cultivar a *fama* – eles são bons é em colher e descartar rapidamente a *notoriedade*. "Máximo impacto e obsolescência instantânea", como disse George Steiner, tornou-se a mais efetiva técnica de sua produção.

Quem entrar no jogo da notoriedade deve obedecer às regras. E estas não privilegiam as buscas intelectuais que um dia fizeram os acadêmicos famosos e as universidades imperiosas; a incansável, mas lenta e circunspecta busca por verdade ou justiça não se adapta bem a ser conduzida sob a vista do público, provavelmente não atraindo, muito menos mantendo, a atenção pública, além de certamente não ter sido calculada para o aplauso instantâneo. Uma vez que a notoriedade tomou conta da fama, os membros graduados das universidades se encontram competindo com esportistas, estrelas pop, ganhadores de loteria, terroristas, assaltantes de banco e psicopatas – e nessa competição eles têm pouca, se é que têm alguma, chance de vencer.

As próprias aspirações da universidade e de seus membros a um prestígio superior e a um tratamento exclusivo têm sido corroídas nas raízes. Uma das mais resplandecentes plumas no barrete das universidades modernas costumava ser o vínculo entre a aquisição de conhecimento e o refinamento moral. A ciência, acreditava-se, era um poderoso fator de *humanização*, assim como o discernimento estético e a cultura em geral; a cultura enobrece a pessoa humana e pacifica as sociedades humanas. Depois dos horrores do século XX, ajudados pela ciência, essa fé parece risível, talvez até mesmo criminalmente ingênua. Mais do que nos confiar agradecidamente ao cuidado dos portadores de conhecimento, estamos inclinados a observar suas mãos com crescente suspeita e medo. A nova apreensão encontrou sua espetacular expressão na hipótese excessivamente popular, proposta por Michel Foucault, do vínculo íntimo entre o desenvolvimento do discurso científico e o arrocho que invadiu a vigilância e o controle; mais do que prezar pela promoção do esclarecimento, a tecnociência foi encarregada da responsabilidade pelas novas e refinadas versões de restrição e dependência.

A figura do "cientista louco" de ontem agora lança uma sombra gigantesca sobre a imagem popular da ciência como tal. Mais recentemente, ganhando a aclamação mundial, Ulrich Beck propôs que a tecnociência, que se autopropaga de maneira caótica e metastática, está por trás dos aterradores e impressionantes riscos que a humanidade enfrenta hoje em uma escala jamais vista. A marca de equivalência usada tradicionalmente entre o conhecimento, a civilização, a qualidade moral da coabitação humana e o bem-estar (tanto social como individual) foi apagada; assim, um argumento crucial nos leilões das universidades por recursos e deferência sociais tornou-se inválido.

Este é, em resumo, o cerne da crise atual: com virtualmente todos os fundamentos e justificativas ortodoxos de sua um dia elevada posição destruídos ou consideravelmente enfraquecidos, as universidades (ao menos nos países desenvolvidos e ricos – nos países "em modernização" elas ainda podem estar desempenhando o papel tradicional de fábricas que suprem a até agora ausente elite educada) enfrentam a necessidade de repensar e rearticular seu papel num mundo que não tem utilidade para seus serviços tradicionais, que estabelece novas regras para o jogo de prestígio e influência e vê com grande suspeita os valores que elas defendem.

Uma estratégia óbvia é aceitar as novas regras e jogar de acordo com elas. Na prática, isso significa submissão aos critérios implacáveis do mercado; significa medir a "utilidade social" dos produtos universitários pela presença de "demanda compensadora", tratando a experiência que as universidades podem oferecer como uma mercadoria a mais, que ainda tem de lutar por um lugar nas superlotadas prateleiras dos supermercados, esperando sua qualidade ser testada por seu sucesso comercial. Muitos acadêmicos adotam com gosto a nova realidade, procurando fazer da universidade um empreendimento comercial e avistando uma oportunidade divertida onde antes se viam ameaças. Em particular nos Estados Unidos, mas também na Grã-Bretanha, e menos espalhafatosamente em outros países europeus, as fileiras dos professores universitários louvando os efeitos saudáveis da concorrência de mercado por dinheiro e posições crescem sem parar.

As aspirações dos portadores de conhecimento para reivindicar a superioridade de juízos explícitos sobre aqueles que emergem de forma implícita no jogo da oferta e da procura são questionadas e desacreditadas dentro da academia. Numa tentativa desesperada de fazer da necessidade uma virtude, ou de roubar a cena, os intelectuais, coletivamente degradados pela competição de mercado, convertem-se em promotores zelosos de critérios de mercado na vida universitária: este ou aquele curso ou projeto é bom se tem uma boa abertura para o mercado, se vende bem – e a capacidade de vender ("encontrar-se com a demanda", "satisfazer as necessidades do potencial humano", "oferecer os serviços que a indústria demanda") deve ser o critério supremo dos currículos, cursos e títulos adequados. A liderança espiritual é uma miragem; a tarefa dos intelectuais é seguir o mundo lá fora, e não legislar pelos padrões de propriedade, verdade e bom gosto.

A estratégia oposta, que conta com não menos partidários e praticantes, é queimar as pontes: retirar-se da situação de não vencer no mercado e ir para uma fortaleza construída com linguagens esotéricas e teorias impenetráveis e obscuras; esconder-se atrás dos muros seguros de um minimercado livre de concorrência. A retirada e a implosão, mais do que um movimento para fora e uma explosão, podem ser uma estratégia viável num país que, como os Estados Unidos, é densamente habitado por profissionais acadêmicos, a ponto de manter um meio quase auto-suficiente e auto-alimentador (pode-se ficar tentado a dizer incestuoso) de produzir/consumir produtos demasiados obscuros e nebulosos para o público mais amplo, exposto ao mercado "geral". Num país assim, talvez não haja limites para a incompreensibilidade e a irrelevância social, atrás da qual um produto não encontraria clientes, editores ou distribuidores.

Cada uma a seu modo, ambas as estratégias renunciam ao papel tradicional que as universidades reivindicaram, que lhes foi atribuído e que tentaram satisfazer durante a era moderna. As duas indicam um fim para a "autonomia" da atividade universitária (notem que um isolamento de qualquer relacionamento com o mundo, pregado pela segunda estratégia, não significa autonomia, mas irrelevância) e para a "centralidade" do trabalho intelectual. Ambas as estratégias, cada uma à sua maneira, significam rendição: a primeira, a aceitação da posição subordinada e derivativa de um funcionário em uma hierarquia de relevância modelada e presidida pelas forças do mercado; a segunda, a aceitação da irrelevância social/cultural imposta pela regra não contestada dessas forças. As duas estratégias fazem do projeto da Carta Magna das universidades um desejo piedoso que na verdade parece árido.

A versão atual da teoria da evolução nos diz que as espécies "generalistas", isto é, não-seletivas, têm uma capacidade muito maior de sobrevivência do que as espécies perfeitamente acomodadas num nicho ecológico particular. É tentador dizer que as universidades foram vítimas de sua própria adaptação; acontece que elas se adaptaram a um mundo diferente, que agora está desaparecendo. Era um mundo marcado sobretudo pelo lento e indolente (para os padrões atuais) fluxo do tempo. Um mundo em que demorava bastante para as habilidades se tornarem obsoletas, para que as especialidades fossem classificadas como antolhos, para que as heresias atrevidas se tornassem ortodoxias retrógradas, para que os bens se tornassem obrigações e as coisas deixassem de ser chamadas por seus nomes.

Tal mundo, deixem-me repetir mais uma vez, está desaparecendo, e a velocidade de seu desaparecimento está muito além da capacidade de reajuste e reestruturação que as universidades adquiriram ao longo dos séculos. Além disso, não se trata apenas

Educação: sob, para e apesar da pós-modernidade 175

de a situação em que as universidades operam estar mudando; aquilo com o que é mais difícil lidar adequadamente é, por assim dizer, a "metamudança" – a mudança no modo pelo qual a situação está mudando...

O mundo para o qual a instituição se ajusta deixa sua marca na forma da rotina institucionalizada, na monotonia da reprodução de padrões. Mas ela também molda a maneira de a instituição lidar com as crises, reagindo à mudança no ambiente, articulando problemas e buscando soluções. Sempre que estão em crise e bem antes que a natureza da crise seja medida e compreendida, as instituições tendem a recorrer instintivamente ao seu repertório de respostas já tentadas e assim costumeiras. Esse é um modo de colocar a questão, o de um observador interno; outro modo, o de um observador externo, seria notar que as crises são produtos comuns da percepção da situação como crítica e de proceder de forma que vá ao encontro do que a situação torna possível e/ou desejável.

O que a perspectiva externa revela, portanto, é a triste, mas real, tendência suicida de toda história de sucesso evolucionário. Quanto mais bem-sucedida foi uma instituição em lutar contra certos tipos de crise, menos apta se torna para reagir sensata e efetivamente a crises de um tipo diferente e até então inéditas. Suponho que, se aplicada às universidades, essa regra bastante banal levaria a uma melhor compreensão de sua difícil situação nos dias de hoje. E uma parte não pequena disso deriva da relutância institucional ou da incapacidade aprendida para reconhecer a presente mudança ambiental como um evento essencialmente novo, novo o suficiente para exigir uma revisão dos fins estratégicos e das regras para sua obtenção.

Sugiro que a chance de se adaptar à nova situação pós-moderna, esta situação paradoxal que transforma uma adaptação perfeita num risco, descansa nas mesmas, e muitas vezes lamentadas, pluralidade e "multivocalidade" da abundância atual de "reuniões em prol da busca de um aprendizado superior", que discorda do amor dos legisladores por coesão e harmonia, e que eles, legisladores, abordam com o tipo de desgosto e desprezo com o qual se tratam as ameaças públicas e as ofensas pessoais. É essa multivocalidade que oferece às universidades a chance de saírem vitoriosas desse desafio. É uma sorte das universidades haver tantas delas, que não existam duas exatamente iguais e que dentro de cada universidade exista uma variedade imensa de departamentos, escolas, estilos de pensamento e até de preocupações estilísticas. É bom para as universidades que, apesar de todos os esforços dos autoproclamados salvadores, sabichões e simpatizantes para provar o contrário, elas não sejam comparáveis nem mensuráveis pela mesma unidade de medida, pois não falam em uníssono.

Apenas tais universidades têm algo de valor para oferecer a um mundo multivocal de necessidades descoordenadas, possibilidades auto-reprodutoras e escolhas automultiplicadoras. Num mundo em que ninguém pode (embora muitos o façam, com conseqüências que variam de irrelevantes a desastrosas) antecipar o tipo de especialidade que será necessário amanhã, os debates que possam precisar de mediação e as crenças que possam necessitar de interpretação, o reconhecimento de muitas e variadas formas e cânones de aprendizado superior é a condição *sine qua non* de um sistema universitário capaz de se opor ao desafio pós-moderno.

O que foi dito aqui sobre as universidades aplica-se à educação como um todo. A coordenação (talvez até a harmonia preordenada) entre o esforço de "racionalizar" o mundo e o de treinar seres racionais para habitá-lo, essa suposição subjacente do projeto educacional moderno, não parece mais crível. E com a esperança do controle racional sobre o hábitat social da vida humana diminuindo, o valor adaptativo do "aprendizado terciário" torna-se mais evidente. "Preparar-se para a vida" – aquela tarefa perene e invariável de toda educação – deve significar, primeiro e sobretudo, cultivar a capacidade de conviver em paz com a incerteza e a ambivalência, com uma variedade de pontos de vista e com a ausência de autoridades confiáveis e infalíveis; deve significar tolerância em relação à diferença e vontade de respeitar o direito de ser diferente; deve significar fortalecer as faculdades críticas e autocríticas e a coragem necessária para assumir a responsabilidade pelas escolhas de cada um e suas conseqüências; deve significar treinar a capacidade de "mudar os marcos" e de resistir à tentação de fugir da liberdade, pois com a ansiedade da indecisão ela traz também as alegrias do novo e do inexplorado.

A questão é, no entanto, que tais qualidades dificilmente podem ser desenvolvidas de modo pleno por meio desse aspecto do processo educacional que serve mais aos poderes de planejamento e controle dos teóricos e praticantes profissionais da educação, por meio dos verbalmente explícitos conteúdos dos currículos, investidos do que Bateson chamou de "proto-aprendizado". Poderíamos incorporar mais esperança ao aspecto de "deuteroaprendizado" da educação, que, porém, é notoriamente menos receptivo ao planejamento e ao controle total e compreensivo. Pode-se esperar, contudo, que as qualidades em questão apareçam principalmente no aspecto de "aprendizado terciário" dos processos de educação, relacionados não a um currículo particular e ao estabelecimento de um evento educacional particular, mas à variedade de currículos e eventos que competem e se sobrepõem.

Enquanto essa observação permanecer verdadeira, a filosofia e a teoria educacionais[6] enfrentam a tarefa pouco familiar e desafiadora de teorizar um processo formativo que não é guiado desde o princípio pela forma do alvo projetada de antemão; moldar sem conhecer ou visualizar claramente o modelo a ser atingido; um processo que pode, na melhor das hipóteses, sugerir, nunca impor, seus resultados e que constrói essa limitação em sua própria estrutura; em resumo, um processo com final aberto, mais preocupado em permanecer assim do que com qualquer resultado específico e temendo mais qualquer encerramento prematuro do que buscando evitar a perspectiva de permanecer para sempre inconclusivo.

Esse talvez seja o maior desafio que os filósofos da educação, com seus demais colegas filósofos, já encontraram na história moderna de sua disciplina.

· 11 ·

Identidade no mundo globalizante

"Nos últimos anos, houve uma verdadeira explosão discursiva em torno do conceito de 'identidade'", observou Stuart Hall na introdução que escreveu para uma compilação de estudos publicada em 1996.[1] Alguns anos se passaram desde que essa observação foi feita, ao longo dos quais a explosão se converteu em avalanche. Parece que, em nossos dias, nenhum outro aspecto da vida contemporânea atraiu a mesma quantidade de atenção de filósofos, cientistas sociais e psicólogos. Não se trata apenas de os "estudos de identidade" estarem se tornando uma indústria florescente por direito próprio; mais do que isso, podemos dizer que a "identidade" agora se tornou um prisma, através do qual outros aspectos tópicos da vida contemporânea são localizados, agarrados e examinados. Questões estabelecidas de análise social estão sendo desmontadas e renovadas para se adaptarem ao discurso que agora gira em torno do eixo da "identidade". Por exemplo: a discussão sobre justiça e igualdade tende a ser conduzida em termos de "reconhecimento". A cultura é debatida em termos de diferença individual, grupal ou de categoria, miscigenação e hibridização, enquanto o processo político ainda é teorizado com maior freqüência em torno das questões dos direitos humanos (o direito a uma identidade separada) e da "política da vida" (a construção, negociação e afirmação da identidade).

Sugiro que o surgimento espetacular do "discurso da identidade" pode nos dizer mais sobre o atual estado da sociedade do que seus resultados conceituais e analíticos nos disseram até agora. Assim, mais do que compor outro "relatório de carreira" sobre disputas e controvérsias que combinam com aquele discurso, pretendo me concentrar na pesquisa dos fundamentos da experiência e, por meio deles, das raízes estruturais dessa notável mudança nas preocupações intelectuais, da qual a nova centralidade do "discurso da identidade" é o sintoma mais evidente.

Sabemos por Hegel que a coruja de Minerva, a deusa da sabedoria, prudentemente abre suas asas ao anoitecer; o conhecimento nos chega ao final do dia, quando o Sol se põe e as coisas já não estão iluminadas nem são encontráveis e manejáveis com facilidade (muito antes que Hegel cunhasse a metáfora da coruja que se demora, Sófocles pôs a clareza da visão sob o monopólio do cego Tirésias). Martin Heidegger deu um novo desdobramento ao aforismo de Hegel em sua discussão sobre a prioridade da *Zuhandenheit** sobre a *Vorhandenheit*** e a origem "catastrófica" do segundo termo: a boa iluminação é a verdadeira cegueira, não se vê o que está demasiado visível, não se nota o que está "sempre ali", as coisas são observadas quando desaparecem ou se quebram, elas devem primeiro sair do rotineiramente "dado" para que a busca por suas essências comece e as perguntas sobre sua origem, paradeiro, uso ou valor sejam feitas.

Como afirma Arland Ussher, "O mundo como mundo só me é revelado quando as coisas dão errado".[2] Ou, nas palavras de Vincent Vycinas,[3] aquilo que constitui meu mundo só é levado à minha consideração quando desaparece, ou quando deixa de se comportar da maneira monótona de antes, quando perde

---

*Disponibilidade. (N.T.)
**Ocorrência, "ser simplesmente dado". (N.T.)

sua utilidade ou mostra não estar "pronto" para minhas tentativas de usá-lo. São as coisas desajeitadas e difíceis de se lidar, não confiáveis e frustrantes, que se impõem à nossa visão, atenção e ao nosso pensamento.

Deixem-me observar que a descoberta de que as coisas não mantêm sua forma para sempre e que podem ser diferentes do que são é uma experiência ambígua. A imprevisibilidade cria a ansiedade e o medo: o mundo está cheio de acidentes e surpresas, não se deve nunca diminuir a vigilância ou abandonar as armas. Mas a instabilidade, maciez e flexibilidade das coisas também podem incitar a ambição e a resolução: podemos tornar as coisas melhores do que são e não precisamos ficar satisfeitos com o que existe, pois nenhum veredicto da natureza é final, nenhuma resistência da realidade é inquebrável. Podemos sonhar com uma vida diferente – mais decente, tolerável e agradável. E se, além disso, tivermos confiança em nosso poder de pensamento e na força de nossos músculos, também podemos atuar sobre os sonhos e, quem sabe, até forçá-los a se tornarem verdadeiros...

Alain Peyrefitte sugeriu que a dinâmica notável, sem precedentes e única de nossa sociedade capitalista moderna, com todos os avanços espetaculares feitos pela "civilização ocidental" nos últimos dois ou três séculos, seria impensável sem tal confiança: a tripla confiança – em si mesmo,[4] nos outros e nas instituições duráveis e construídas em conjunto, nas quais podemos inscrever nossos planos e nossas ações de longo prazo.

A ansiedade e a audácia, o medo e a coragem, o desespero e a esperança nasceram juntos. Mas a proporção em que estão misturados depende dos recursos que possuímos. Os donos de navios seguros e os navegantes habilidosos vêem o mar como um lugar de aventuras fascinantes; aqueles condenados a navegar em barcos inseguros e em mau estado prefeririam se esconder atrás dos quebra-mares, pensando com temor na possibilidade de navegar. Os temores e as alegrias que emanam da instabilidade das coisas estão distribuídos de maneira muito desigual.

Podemos dizer que a modernidade se especializou em transformar as coisas *zuhanden* (à mão) em *vorhanden* (simplesmente dadas). Ao "colocar o mundo em movimento", ela expôs a fragilidade e a instabilidade das coisas e abriu a possibilidade (e a necessidade) de remodelá-las. Marx e Engels elogiaram os capitalistas, os revolucionários burgueses, por "derreterem os sólidos e profanarem o sagrado", que, por muitos séculos, restringiram os poderes criativos humanos. Alexis de Tocqueville, por sua vez, acreditava que os sólidos escolhidos para serem derretidos no calor da modernização já se encontravam num estado de decomposição adiantado bem antes que o recondicionamento moderno da natureza e da sociedade começasse. Qualquer que fosse o caso, a natureza humana, uma vez vista como um legado durável e que não deveria ser revogado de uma Criação divina, foi jogada, com o resto da criação divina, em um cadinho. Não foi mais vista, nem poderia ser, como "dada". Em vez disso, tornou-se uma *tarefa* que todos tinham de enfrentar e executar da melhor forma que pudessem. A "predestinação" foi substituída pelo "projeto de vida", o destino, pela vocação – e a "natureza humana" na qual cada um nasceu foi substituída pela "identidade", que cada um precisa podar e adaptar.

Filósofos do Renascimento celebraram as novas perspectivas de tirar o fôlego que a "inconclusão" da natureza humana abriu aos que são engenhosos e audazes. "Se quiserem, os homens podem fazer tudo", declarou Leon Battista Alberti com orgulho. "Podemos nos tornar o que desejarmos", anunciou Pico della Mirandola com alegria e satisfação. O Proteu de Ovídio – que podia se transformar num leão, num javali ou numa cobra, assim como numa pedra ou numa árvore – e o camaleão, esse grande mestre da reencarnação instantânea, tornaram-se os modelos da recém-descoberta virtude humana da autoconstituição e da auto-afirmação.[5] Algumas décadas depois, Jean-Jacques Rousseau diria que a *perfectibilidade* é o único atributo de não-escolha com o qual a natureza dotou a raça humana; ele insistiria que a capacidade para a autotransformação é a única "essência humana" e o único traço comum a todos nós.[6] Os humanos são livres para se autocriar. O que eles são não depende de um veredicto inapelável da Providência, não é matéria de predestinação.

O que não significa necessariamente que os humanos estejam condenados a flutuar e ficar à deriva; Proteu pode ser um símbolo da potência da autocriação, mas a existência proteiforme não é sempre a primeira escolha de seres humanos livres. Os sólidos podem ser derretidos, mas o são para moldar novos sólidos, com melhores formas e mais bem adaptados à felicidade humana do que os antigos – e também mais sólidos e assim mais "garantidos" do que os antigos costumavam ser. Derreter os sólidos era para ser apenas o estágio preliminar de limpeza do terreno do empreendimento moderno de tornar o mundo mais adaptado à habitação humana. Projetar um novo ambiente – duro, durável, confiável e fidedigno – para a vida humana deveria ser o segundo estágio, que seria de fato importante porque daria sentido à empreitada. Uma ordem precisava ser desmantelada para que pudesse ser substituída por outra, construída com objetivos e à altura dos padrões da razão e da lógica.

Como insistia Immanuel Kant, todos somos dotados com a faculdade da razão, essa poderosa ferramenta que nos permite comparar as opções em oferta e fazer nossas escolhas individuais; mas se usarmos essa ferramenta de maneira adequada, chegaremos todos a conclusões similares e aceitaremos um código de coabitação que a razão nos diz ser o melhor. Nem todos os pensadores são tão corajosos como Kant, nem todos estariam seguros de que cada um de nós seguiria a guia da razão por vontade própria. Talvez as pessoas precisem ser forçadas a ser livres, como suspeitava Rousseau. Ou quem sabe a liberdade recém-adquirida precise ser usada *para* as pessoas mais do que *pelas* pessoas. Será que ainda necessitamos dos déspotas, porém mais "esclarecidos" e assim menos erráticos, mais resolutos e efetivos do que os déspotas de outrora para planejar e fixar padrões ditados pela razão que garantam que as pessoas façam o uso certo e adequado de suas liberdades? Ambas as suposições soaram plausíveis e tiveram seus entusiastas, profetas e pregadores. Era como se a idéia da autoconstrução e da auto-afirmação humanas carregasse as sementes da democracia misturadas com os esporos do totalitarismo. A nova era das realidades flexíveis e da liberdade de escolha ficaria grávida de gêmeos um tanto improváveis: os direitos humanos e o que Hannah Arendt chamou de "tentação totalitária".

Esses comentários não estão relacionados ao nosso tema, só os fiz com a intenção de mostrar que a falta ostensiva de relacionamento é uma ilusão, se não um erro grave. A incompletude da identidade e a responsabilidade individual para sua conclusão estão intimamente relacionadas a todos os outros aspectos da condição moderna. Por mais que tenha sido colocada em nossos tempos e por mais que se apresente em nossas reflexões, a "identidade" não é uma "questão privada". Atualmente, o fato de a nossa individualidade ser socialmente produzida é uma verdade trivial; mas o oposto dessa verdade ainda precisa ser repetido com maior freqüência: a forma da nossa sociabilidade, e assim da sociedade que compartilhamos, depende por sua vez da forma como a tarefa de "individualização" é enquadrada e respondida.

O que a idéia de "individualização" traz é a emancipação do indivíduo da determinação atribuída, herdada e inata do caráter social dele ou dela: uma separação corretamente vista como uma característica muito clara e seminal da condição moderna. Em resumo, a "individualização" consiste em transformar a "identidade" humana de uma coisa "dada" em uma "tarefa" – e encarregar os atores com a responsabilidade de desempenhar essa tarefa e de arcar com as conseqüências (e também com os efeitos colaterais) de seu desempenho; em outras palavras, consiste em estabelecer uma autonomia "*de jure*" (porém não necessariamente uma autonomia *de facto*).

Nosso lugar na sociedade, nossa "definição social", deixou de ser *zuhanden* e tornou-se *vorhanden*. Nosso lugar na sociedade não chega mais como um presente, desejado ou não. (Como Jean-Paul

Sartre apontou, não é suficiente ter nascido burguês, devemos viver nossas vidas como burgueses. O mesmo não precisa ser dito, nem poderia, sobre os príncipes, cavaleiros, servos ou habitantes das cidades da era pré-moderna.) Ter a necessidade de *se transformar* no que *somos* é uma característica da vida moderna (não da "individualização moderna", uma expressão evidentemente pleonástica; falar de individualização e de modernidade é falar da mesma condição social). A modernidade substitui a *determinação* da posição social por uma *auto*determinação compulsiva e obrigatória.

Isso, deixem-me repetir, se mantém para toda a era moderna, para todos os períodos e todos os setores da sociedade. Se for assim, então por que a "verdadeira explosão" de preocupações com a identidade ocorreu apenas nos últimos anos? O que aconteceu, se é que aconteceu algo, de novo para afetar um problema tão velho como a própria modernidade?

Sim, existe algo novo no velho problema – e isso explica o presente alarme em relação às tarefas com que as gerações passadas pareciam lidar de forma rotineira e casual. Entre as características compartilhadas dos construtores de identidade existem variações significantes que separam os períodos sucessivos da história moderna uns dos outros. A tarefa de "auto-identificação", colocada diante de homens e mulheres uma vez que as estruturas espessas dos Estados foram quebradas no começo da Idade Moderna, reduziu o desafio de viver "fiel aos seus" (emulando o padrão dos outros membros da sociedade), de conformar-se ativamente com os tipos e modelos sociais de conduta estabelecidos para se imitar, sem sair do ritmo, sem se desviar da norma. O desmoronamento dos "Estados" não estabeleceu os desvios individuais. Os "Estados" chegaram a ser substituídos por "classes".

Embora os Estados fossem uma questão de atribuição, ser membro de uma classe acarretava necessariamente uma grande medida de realização; de maneira distinta dos Estados, temos de nos unir às classes, e essa associação precisa ser continuamente renovada, reconfirmada e documentada na conduta do dia-a-dia. Em outras palavras, os indivíduos "desencaixados" eram incitados e estimulados a usar seus novos poderes e seu novo direito à autodeterminação na ansiosa busca pelos "reencaixados". E não faltavam "caixas" esperando por eles e prontas para acomodá-los. A alocação de classe, apesar de ser mais formada e negociada do que herdada, ou simplesmente uma questão de nascimento, do modo como os *Estados*, *Stände* ou *États* costumavam ser, tendia a tornar-se tão sólida, inalterável e resistente à manipulação individual quanto a atribuição pré-moderna do Estado. A classe e o gênero pesavam sobre o raio de ação das escolhas; escapar às suas restrições não era muito mais fácil do que contestar o próprio lugar na "divina corrente dos seres". Se não na teoria, ao menos para propósitos e objetivos práticos, a classe e o gênero pareciam misteriosamente com "fatos da natureza", e a tarefa deixada aos indivíduos mais auto-afirmativos era "adaptar-se" ao nicho que lhes foi atribuído, comportando-se como os residentes ali estabelecidos.

É isso que distingue a "individualização" de outrora da forma que ela assumiu agora, em nossos tempos de modernidade "líquida". As *colocações* individuais na sociedade e os *lugares* aos quais os indivíduos podem ganhar acesso e nos quais podem desejar se estabelecer estão se derretendo com rapidez e dificilmente podem servir como alvos para "projetos de vida". A inquietude e a fragilidade de objetivos afetam a todos nós, com ou sem habilidades, educados ou não, com medo de trabalho ou trabalhando duro. Há pouco ou nada que possamos fazer para "encaminhar o futuro" ao seguir os padrões atuais com diligência.

Como observou Daniel Cohen, "*Qui débute sa carrière chez Microsoft n'a aucune idée de là où il la terminera. La commencer chez Ford ou Renault s'était au contraire la quasi-certitude de la finir au même endroit.*" [*][7] Não são só os indivíduos que estão em movimento, mas as linhas de chegada das pistas em que correm.

---

[*]"Quem começa sua carreira na Microsoft não tem nenhuma idéia de onde ela terminará. Começá-la na Ford ou na Renault era, pelo contrário, uma quase-certeza de terminá-la no mesmo lugar." (N.T.)

O "desencaixe" de hoje é uma experiência que provavelmente se repetirá algumas vezes ao longo da vida de um indivíduo, já que poucas (ou nenhuma) "caixas" de "reencaixe" parecem ser sólidas o bastante para vaticinar a estabilidade de uma ocupação longa.

As "caixas" em vista apresentam vários tamanhos e estilos, com números mutáveis e posições móveis. Isso força homens e mulheres a estarem sempre se movendo, sem prometer descanso ou a satisfação de "chegar", não há o consolo de chegar ao destino onde poderemos baixar os braços e relaxar. Não existe a possibilidade de um "reencaixe final" no fim da estrada; estar na estrada tornou-se o modo contínuo de vida dos indivíduos (agora cronicamente) desencaixados.

Escrevendo no começo do século XX, Max Weber sugeriu que "a racionalidade instrumental" é o principal fator que regula o comportamento humano na era da modernidade – talvez o único que poderá emergir intacto da batalha das forças motivacionais. A questão dos fins parecia então ter sido estabelecida, e a tarefa remanescente de homens e mulheres modernos era selecionar os melhores meios para os fins. Podia-se dizer que a incerteza quanto à relativa eficiência dos meios e sua disponibilidade seria, enquanto a proposição de Weber permanecesse verdadeira, a principal fonte de insegurança e ansiedade características da vida moderna. Acredito, no entanto, fosse ou não correta a visão de Weber no começo do século XX, que sua verdade evaporou, gradual mas incessantemente, enquanto o século caminhava para seu final. Hoje, os *meios* não são a principal fonte de insegurança e ansiedade.

O século XX destacou-se na superprodução dos meios, que foram gerados a uma velocidade constantemente acelerada, alcançando as necessidades conhecidas. Meios abundantes vieram buscar os fins a que poderiam servir; foi a vez das soluções buscarem desesperadamente por problemas ainda não articulados que pudessem resolver. Por outro lado, os fins se tornaram ainda mais difusos, espalhados e incertos: a mais profusa fonte de ansiedade, o grande desconhecido das vidas de homens e mulheres. Se você procurar por uma frase pequena, aguda, mas apta e pungente para resumir essa nova situação em que as pessoas tendem a se encontrar hoje em dia, poderia lembrar-se de um pequeno anúncio publicado pouco tempo atrás na coluna de empregos de um jornal inglês: "Tenho carro, posso viajar; aguardo propostas."

E assim o "problema da identidade", que assombra homens e mulheres desde o advento dos tempos modernos, mudou de forma e conteúdo. Costumava ser o tipo de problema que os peregrinos enfrentavam e lutavam para resolver: uma questão de "como chegar lá". Hoje, é um problema mais parecido com aquele que os errantes, pessoas sem domicílio fixo e *sans papiers*, enfrentam todos os dias: "Aonde eu poderia ou deveria ir? E aonde esta estrada que peguei me levará?" A tarefa não é mais juntar força e determinação suficientes para agir, por meio de tentativas e erros, triunfos e derrotas, ao longo da trilha que se estende adiante. A tarefa é escolher o desvio menos arriscado na encruzilhada mais próxima e mudar de direção antes que a estrada à frente se torne intransitável, ou que o funcionamento da estrada seja reprojetado, ou que o destino escolhido seja movido para outro lado ou perca o brilho.

Em outras palavras, a incerteza que atormenta os homens e as mulheres na passagem do século XX não é tanto como obter as identidades de sua escolha e tê-las reconhecidas pelas pessoas à sua volta – mas *que* identidade escolher e como ficar alerta para que outra escolha possa ser feita em caso de a identidade antes escolhida ser retirada do mercado ou despida de seu poder de sedução. A preocupação principal, que mais arrebenta os nervos, não é como encontrar um lugar dentro de uma estrutura sólida de uma classe ou categoria social e – tendo-a encontrado – como guardá-la e evitar sua desapropriação; o que nos deixa preocupados é a suspeita de que essa estrutura conquistada com tanta dificuldade seja logo destruída ou derretida.

Em sua declaração feita 40 anos atrás, agora considerada clássica, Erik H. Erikson diagnosticou a confusão sofrida pelos adolescentes daquele tempo como "crise de identidade" (um termo cunhado durante a guerra para descrever a condição de alguns pacientes mentais que "perderam o sentido de igualdade pessoal e continuidade histórica"). A "crise de identidade" nos adultos, como colocou Erikson, é uma condição patológica que requer intervenção médica; também é um estágio comum, porém passageiro, no desenvolvimento pessoal "normal" e que com toda a probabilidade chegará ao seu fim natural quando o adolescente amadurecer. Quanto à questão de qual deveria ser o estado são de uma pessoa, "como a identidade se sente quando você se torna consciente do fato de que você sem dúvida alguma *tem* uma identidade", Erikson observou: ela se faz sentir "como um *sentido subjetivo* de uma *igualdade* e uma *continuidade revigorantes*".[8]

Ou a opinião de Erikson envelheceu, como as opiniões usualmente fazem, ou a "crise de identidade" tornou-se hoje mais do que uma condição rara de pacientes mentais ou uma condição passageira da adolescência: essa "igualdade" e essa "continuidade" são sentimentos raras vezes vividos em nossos dias. Além disso, não são mais cobiçadas – e, se desejadas, o sonho como regra está contaminado com medos e premonições sinistros. Como observaram dois grandes analistas culturais, Zbyszko Melosik e Tomasz Szkudlarek,[9] é uma maldição de todas as construções de identidade "eu perder minha liberdade quando atinjo o objetivo; não sou eu mesmo quando me torno alguém".

Num mundo calidoscópico de valores embaralhados, de pistas que se movem e marcos que derretem, a liberdade de manobra atinge o nível de valor mais alto – na verdade, o *meta*valor, condição de acesso a todos os outros valores: passados, presentes e, acima de tudo, aqueles ainda por vir. A conduta racional em tal mundo exige que as opções, tantas quanto for possível, permaneçam abertas, e ganhar uma identidade que se adapte muito bem, que de uma vez por todas ofereça "igualdade" e "continuidade", resulta na diminuição de opções ou em perdê-las de antemão. Como observou Christopher Lasch, as "identidades" buscadas nos dias de hoje devem "poder ser adotadas e descartadas como uma roupa"; se forem "escolhidas livremente", a escolha "não implica mais compromissos e conseqüências" – e assim "a liberdade de escolher significa na prática uma abstenção de escolha";[10] ao menos de uma escolha *comprometida*.

Em Grenoble, em dezembro de 1997, Pierre Bourdieu falou de "precariedade", que "hoje está por todos os lados" e "assombra os conscientes e os inconscientes". A fragilidade de todos os pontos de referência concebíveis e a incerteza endêmica a respeito do futuro afeta profundamente aqueles que já foram atingidos e todo o restante de nós que não podemos estar seguros de que golpes futuros não nos atingirão. "Transformando todo o futuro em incerto," diz Bourdieu, "a precariedade impede qualquer antecipação racional e, em particular, esse mínimo de crença e esperança no futuro que é preciso ter para se revoltar, sobretudo coletivamente, contra o presente, mesmo o mais intolerável. ... Para conceber um projeto revolucionário, quer dizer, uma ambição pensada de transformar o presente por referência a um futuro projetado, é preciso ter um mínimo de controle sobre o presente."[11]

E o controle sobre o presente, a confiança de estar no controle de seu próprio destino, é o que mais falta às pessoas que vivem em nosso tipo de sociedade. Cada vez menos temos esperança de que, juntando forças e ficando de braços dados, podemos forçar uma mudança nas regras do jogo; talvez os riscos que nos fazem temer e as catástrofes que nos fazem sofrer tenham origens sociais, coletivas – mas elas parecem cair sobre cada um de nós de maneira aleatória, como problemas individuais, do tipo que só podem ser enfrentados individualmente, e reparados, se possível, apenas por esforços individuais.

Parece não ser de grande importância projetar modos alternativos de estar juntos, forçar a imaginação a visualizar uma sociedade que sirva melhor à causa da liberdade e da segurança, com planos de justiça administrada socialmente. Nossas dependências agora são de fato globais. No entanto, nossas ações são, como antes, locais. Os poderes que moldam as condições sob as quais enfrentamos nossos problemas estão além do alcance de todas as agências inventadas pela democracia moderna em seus dois séculos de história; como disse Manuel Castells, o poder real, ou seja, o poder global extraterritorial, flui, mas a política continua confinada à estrutura dos Estados-nação, permanece, da mesma maneira que antes, agarrada ao solo.

É um círculo vicioso. A globalização rápida da rede de poder parece conspirar e colaborar com uma política de vida privatizada; elas se estimulam, se mantêm e se reforçam. Se a globalização esgota a capacidade de as instituições políticas estabelecidas atuarem de forma efetiva, a retirada em massa do "corpo político" para os conceitos estreitos da política de vida impede a cristalização de formas alternativas de ação coletiva em igualdade de condições com a globalidade da rede de dependências. Tudo parece estar no lugar exato para promover *tanto* a globalização das condições de vida *como* o "fatiamento", a atomização e a privatização das lutas da vida, auto-impulsionadas e autoperpetuadas. É contra esse pano de fundo que a lógica e a endêmica ilogicidade das "preocupações de identidade" contemporâneas e as ações que elas originam precisam ser escrutinadas e entendidas.

Como observou Ulrich Beck, não existem soluções biográficas para contradições sistêmicas – embora sejam essas soluções que somos pressionados ou adulados a descobrir ou inventar. Não poderá haver uma resposta racional à crescente precariedade das condições humanas enquanto tal resposta estiver confinada à ação do indivíduo; a irracionalidade de possíveis respostas é inescapável, uma vez que o escopo de políticas de vida e da rede de forças que determinam suas condições são, pura e simplesmente, incomparáveis e bastante desproporcionais.

Se você não pode, ou não acredita que possa, fazer o que de fato importa, você se volta para coisas que importem menos, ou talvez nada, mas que você pode fazer ou acredita que possa; e ao colocar sua atenção e energia em coisas assim, você pode até fazer com que elas importem, ao menos por um tempo... "Não tendo esperança", diz Christopher Lasch, de melhorar suas vidas em qualquer um dos aspectos relevantes, as pessoas se convencem de que o mais importante é a automelhoria psíquica; entrar em contato com seus sentimentos, comer comida saudável, ter aulas de balé ou de dança do ventre, imergir na sabedoria oriental, correr, aprender a "se relacionar", vencer o "medo do prazer". Inofensivas em si mesmas, essas buscas, elevadas à categoria de programa e envolvidas na retórica da autenticidade e da consciência, significam uma retirada da política...[12]

Existe um espectro amplo e crescente de "passatempos substitutos", sintomático da mudança das coisas que importam mas sobre o qual nada pode ser feito – nem para as coisas que importam menos ou mesmo que não importam, mas que podem ser tratadas e manipuladas. A compra compulsiva se destaca entre elas. Os "carnavais" de Mikhail Bakhtin costumavam ser celebrados dentro do território em que a "vida rotineira" era conduzida em outros tempos, e assim permitiam que revelassem as alternativas em geral escondidas que a vida diária continha. De maneira distinta, as idas aos shoppings são expedições a um *outro mundo*, de todo diferente do resto da vida diária, para aquele "outro lugar" onde podemos viver brevemente aquela autoconfiança e "autenticidade" que buscamos em vão nas rotineiras buscas diárias. As expedições ao shopping preenchem o vazio deixado pelas viagens, não mais feitas pela imaginação, para uma sociedade alternativa, mais segura, humana e justa.

A atividade, que consome tempo e esforço, de reunir, desmantelar e rearranjar a auto-identidade é outro "passatempo substituto". É, como já vimos, conduzida sob condições de extrema insegurança: os alvos das ações são precários e seus efeitos são incertos. Os esforços levam à frustração com muita freqüência para que o medo de um fracasso definitivo envenene a alegria de triunfos temporários. Não é de admirar que dissolver os medos pessoais no "poder dos números", tentar fazê-los inaudíveis no barulho de uma multidão turbulenta, seja uma tentação constante à qual muitos "construtores de identidade" solitários acham difícil resistir. Mais forte ainda é a tentação de fingir que é a similaridade dos medos individuais que "faz uma comunidade" em que podemos encontrar companhia na solidão.

Como Eric Hobsbawm observou, "nunca a palavra 'comunidade' foi usada de forma mais indiscriminada e vazia do que nas décadas em que as comunidades no sentido sociológico ficaram difíceis de serem encontradas na vida real";[13] "Homens e mulheres procuram grupos aos quais possam pertencer, com certeza e para sempre, num mundo onde tudo o mais está se movendo e mudando, onde nada mais é garantido."[14] Jock Young fornece uma explicação sucinta e pungente: "No momento em que a comunidade entra em colapso, a identidade é inventada."[15]

A "identidade" deve a atenção que atrai e as paixões que gera ao fato de ser um *substituto da comunidade*, daquele "lar natural" que não está mais disponível no mundo privatizado e individualizado que se globaliza, e que por essa razão pode ser imaginado como um abrigo aconchegante de segurança e confiança, e como tal, ardentemente desejado. O paradoxo, contudo, é que para oferecer até mesmo um mínimo de segurança e assim desempenhar seu papel curativo, a identidade deve desmentir sua origem, deve negar ser apenas um substituto e, acima de tudo, precisa conjurar um fantasma da própria comunidade que veio substituir. A identidade brota no túmulo das comunidades, mas floresce graças à sua promessa de ressuscitar os mortos.

A "era da identidade" está cheia de som e fúria. A busca pela identidade divide e separa; porém, a precariedade da solitária construção da identidade faz com que os construtores de identidade busquem um bode expiatório para pendurar nele seus medos e ansiedades vividos individualmente e executar os ritos de exorcismo na companhia de outros indivíduos, similarmente temerosos e ansiosos. Se essas "comunidades de expiação" de fato fornecem o que se espera que ofereçam é uma questão discutível; mas montar uma barricada em companhia de outros fornece um alívio momentâneo para a solidão. Efetivamente ou não, algo foi feito, e podemos ao menos nos consolar de que os golpes não estão sendo recebidos de guarda baixa. Como Jonathan Friedman afirmou, em nosso mundo globalizante "uma coisa que não está acontecendo é o desaparecimento das fronteiras. Para ser mais exato, elas parecem estar sendo erigidas em todas as esquinas de todos os bairros em decadência de nosso mundo".[16]

As fronteiras não são desenhadas para repelir e proteger identidades já existentes. Como o grande antropólogo norueguês Frederick Barth explicou, é justamente o oposto: as identidades "comunais" compartilhadas são subprodutos do febril desenho de fronteiras. Só depois que os postos de fronteira foram cavados é que os mitos de sua antiguidade foram inventados e as recentes origens culturais e políticas da identidade foram cuidadosamente cobertas pelas histórias de sua gênese. Esse estratagema tenta desmentir o fato (para citar outra vez Stuart Hall) de que a idéia de identidade não indica um "núcleo estável do ser, que se desdobre sem mudança do começo ao fim no decorrer de todas as vicissitudes da história".[17]

Quem sabe, em vez de falar sobre identidades, herdadas ou adquiridas, estaria mais próximo da realidade do mundo globalizado falar de *identificação*, uma atividade que nunca termina, sempre incompleta, na qual todos nós, por necessidade ou escolha, estamos engajados. Há pouca chance de que as tensões, os confrontos e os conflitos que essa atividade gera irão subsistir. A busca frenética por identidade não é um resíduo dos tempos pré-globalização que ainda não foi totalmente extirpado, que tende a se tornar extinto conforme a globalização avança; ele é, pelo contrário, o efeito colateral e o subproduto da combinação das pressões globalizantes e individualizadoras e das tensões que elas geram. As guerras de identificação não são nem contrárias nem estão no caminho da tendência globalizante: são crias legítimas e companhias naturais da globalização, e, longe de deter sua marcha, lubrificam suas rodas.

· 12 ·

Fé e satisfação instantânea

Os antigos já conheciam a verdade. Em seu diálogo *Sobre a vida feliz*, Lucius Annaeus Sêneca observou que, em franca oposição aos prazeres da virtude, as delícias do êxtase esfriam quando estão no ápice; a capacidade deles é tão pequena que chega à exaustão em pouco tempo. Revigorados apenas por um momento, aqueles que buscam o prazer sensual logo caem na languidez e na apatia. Em outras palavras, a felicidade que proporcionam é efêmera, os sonhos, autodestrutivos. Sêneca alertou: a satisfação que chega mais rápido também é a primeira a morrer.

O antigo sábio também vislumbrou que tipo de pessoa tende a escolher uma vida dedicada à busca dos prazeres que propiciam satisfação instantânea. Em *Sobre a brevidade da vida*, Sêneca observa que este tipo de vida era o destino de pessoas que haviam esquecido o passado, não se preocupavam com o presente e temiam o futuro.

Observações verdadeiras a respeito da vida do homem permanecem verdadeiras por um longo tempo. A verdade delas não é afetada pelas provações da história. As visões de Sêneca sem dúvida pertencem a essa categoria. A fraqueza endêmica da satisfação instantânea e o vínculo próximo entre a obsessão pelo prazer instantâneo, a indiferença pelo que se foi e a desconfiança pelo que virá tendem a ser confirmados hoje, assim como o foram dois milênios atrás. O que mudou foi o número de pessoas que tem a experiência, em primeira mão, da miséria que é viver num tempo achatado e fatiado. O que para Sêneca parecia ser um signo de um desvio lamentável da trilha correta – do caminho perdido e da vida desperdiçada – tornou-se a norma. O que costumava ser uma escolha de poucos, agora é o destino de muitos. Para entender por que isso aconteceu, sigamos as pistas deixadas por Sêneca.

Le précarité est aujourd'hui partout, este foi o título de um artigo de dezembro de 1997, escrito por um dos analistas sociais mais perceptivos de nosso tempo, Pierre Bourdieu. O título diz tudo: a precariedade – instabilidade, vulnerabilidade – é uma característica amplamente disseminada (assim como a mais dolorosamente sentida) das condições de vida contemporâneas. Os teóricos franceses falam de *précarité*, os alemães de *Unsicherheit* e *Risikogesellschaft*, os italianos de *incertezza* e os ingleses de *insecurity*. Todos têm em mente o mesmo aspecto das grandes questões humanas, vividas em todo o mundo desenvolvido, modernizado e próspero, e sentido como especialmente enervante e depressivo porque é novo e sem precedentes. O fenômeno que tentam agarrar é a experiência combinada de *insegurança* de posição, titularidade e sustento, de *incerteza* quanto à continuação e à estabilidade futura, e uma *falta de segurança* do próprio corpo, do próprio ser e de suas extensões – possessões, vizinhança, comunidade.

A tendência a esquecer o passado, a não se preocupar com o presente e a temer o futuro eram desaprovadas por Sêneca, que as considerava falhas pessoais de seus contemporâneos; mas podemos dizer que hoje, em nossa experiência como humanos, o passado não conta muito, pois não oferece fundamentos seguros para uma perspectiva de vida, não se cuida de maneira adequada do presente porque ele está virtualmente fora de controle e existem boas razões para temer que o futuro reserve mais surpresas desagradáveis, sofrimentos e atribulações. Em nossos dias, a precariedade não é uma questão de escolha, é o destino.

Ter fé significa ter confiança no significado da vida e esperar que aquilo que fazemos ou desistimos de fazer terá uma importância duradoura. A fé vem fácil quando a experiência de vida confirma que esta confiança é bem fundamentada. Só num mundo relativamente estável, em que as coisas e os atos retêm seu valor por um longo período de tempo, um período mensurado com a duração da vida humana, tal confirmação poderá ser oferecida. Num mundo lógico e consistente, as ações dos homens também adquirem lógica e consistência. Vivendo num mundo assim, como disse o grande filósofo Hans Jonas, contamos os dias e os dias contam. Nossos tempos são difíceis para a fé – qualquer fé, sagrada ou secular; para acreditar na Providência, em uma Cadeia Divina de Seres, assim como numa utopia mundana, numa sociedade perfeita que está por vir. Por causa da evidente transitoriedade e vulnerabilidade de tudo (ou quase tudo) que conta na vida terrena, nossos tempos não são hospitaleiros para a confiança nem, em termos mais gerais, para objetivos e esforços de longo prazo.

Para começar, a condição preliminar a tudo: o sustento de uma pessoa, que se tornou excessivamente frágil. Economistas alemães falam de "*zwei-Drittel Gesellschaft*" e esperam que em breve se transforme num "*ein-Drittel*", tendo como significado que tudo que é necessário para satisfazer a demanda do mercado pode ser produzido por dois terços da população, e em breve um terço será suficiente – o que deixará todos os outros homens e mulheres sem emprego, tornando-os economicamente inúteis e socialmente redundantes. Sem importar as caras valentes que os políticos façam e a audácia de suas promessas, o desemprego nos países ricos tornou-se "estrutural": simplesmente não existe trabalho suficiente para todos.

É fácil imaginar como a vida daqueles diretamente afetados ficou frágil e incerta. A questão, porém, é que todos os outros também são afetados, mesmo que, por agora, de modo indireto. Num mundo de desemprego estrutural, ninguém pode se sentir seguro. Não existem mais empregos garantidos em companhias poderosas; nem existem muitas habilidades e experiências que, uma vez adquiridas, garantam que um emprego será oferecido e, uma vez oferecido, duradouro. Ninguém pode assumir racionalmente que está protegido contra a próxima sessão de "redimensionamento", "achatamento" ou "racionalização", contra giros erráticos da demanda de mercado e pressões caprichosas, porém poderosas, por "competitividade" e "efetividade". "Flexibilidade" é a ordem do dia, pressagia empregos sem a segurança da titularidade embutida, com contratos sem prazo fixo e demissão sem aviso ou compensação.

Ninguém pode sentir-se realmente insubstituível; mesmo a mais privilegiada posição pode se mostrar temporária e sujeita a "até novo aviso". E se os seres humanos não contam, os dias de suas vidas também não. Na ausência da segurança de longo prazo, a "satisfação instantânea" parece uma estratégia sedutoramente razoável. O que quer que a vida possa oferecer, deixe que seja *hic et nunc* – logo. Quem sabe o que o dia de amanhã reserva? O adiamento da satisfação perdeu sua fascinação: é altamente incerto se o trabalho e o esforço investidos hoje contarão como bens pelo tempo necessário para alcançar a recompensa; e está longe de ser garantido, além disso, que os prêmios que parecem atrativos hoje ainda sejam desejáveis quando afinal chegarem. Os bens tendem a se tornar riscos, prêmios brilhantes viram emblemas de vergonha, as modas vêm e vão com espantosa velocidade, todos os objetos de desejo ficam obsoletos e são deixados de lado antes que tenhamos tempo para aproveitá-los por completo. Estilos de vida que hoje são chiques, amanhã se tornarão alvos de ridicularização.

Se este é o caso, então, para evitar frustrações, faríamos melhor se freássemos o desenvolvimento de hábitos e ligações ou se assumíssemos compromissos duradouros. Os objetos de desejo são mais bem aproveitados imediatamente, depois são abandonados; os mercados fazem com que tanto a satisfação como a obsolescência sejam instantâneas. O conteúdo dos armários deve ser trocado a cada estação. Os carros precisam ser substituídos porque seu design ficou fora de moda e fere os olhos. Bons computadores são jogados no lixo porque novas engenhocas os tornaram obsoletos; coleções de música esplêndidas e queridas, em discos de vinil, são substituídas por fitas só para serem trocadas outra vez por CDs, pois novas gravações não estão disponíveis nos suportes anteriores.

Assim, homens e mulheres são treinados (aprender pelo modo difícil) a perceber o mundo como um contêiner cheio de objetos descartáveis; o mundo inteiro, inclusive outros seres humanos. Todo item é substituível, e é melhor que o seja. E se uma grama mais verde aparecer, e se alegrias mais intensas e até agora não experimentadas acenarem de longe? Num mundo em que o futuro é cheio de perigos, qualquer chance não aproveitada aqui e agora é uma chance perdida; não aproveitá-la é imperdoável e não tem justificativa. Os compromissos de hoje estão no caminho das oportunidades de amanhã, quanto mais leves e superficiais forem, menor será o dano. "Agora" é a palavra-chave da estratégia de vida, e não importa a que essa estratégia possa se referir. Nesse mundo inseguro e imprevisível, nômades espertos e inteligentes viajam leves e não derramarão lágrimas por qualquer coisa que impeça seus movimentos.

E assim a política de "precarização" conduzida pelos operadores dos mercados de trabalho é ajudada e favorecida pelas políticas da vida. Ambas convergem para o mesmo resultado: o desbotamento e o definhamento, o despedaçamento e a decomposição de laços, comunidades e parcerias. Compromissos do tipo "até que a morte nos separe" se transformam em contratos "até que a satisfação diminua", temporais por definição e planejamento – e receptivos a serem rompidos unilateralmente sempre que um dos parceiros fareje vantagens em optar por sair do relacionamento.

Os laços e parcerias são vistos, em outras palavras, como coisas a serem *consumidas*, não produzidas; estão sujeitos aos mesmos critérios de avaliação de todos os outros objetos de consumo. No mercado consumidor, produtos ostensivamente duráveis são oferecidos por um "período de teste" e a devolução do dinheiro é prometida se o comprador não estiver satisfeito. Se um parceiro é visto nestes termos, então não é mais tarefa de ambos os parceiros "fazer o relacionamento funcionar" – fazê-lo funcionar nas boas e nas más situações, ajudar um ao outro ao longo dos trechos bons e ruins, podar, se necessário, as próprias preferências, fazer acordos e sacrifícios pelo bem da união duradoura. Em vez disso, é uma questão de obter satisfação com um produto pronto para ser usado; se o prazer derivado dele não se equipara ao padrão prometido e esperado ou se a novidade diminui gradualmente com a alegria, não existe razão para ficar com o produto inferior ou mais velho, ao invés de encontrar outro, "novo e melhorado", na loja.

Dessa maneira, a temporariedade assumida das parcerias tende a se transformar em uma profecia que se auto-realiza. O vínculo humano não é algo a ser realizado por meio de um esforço de protelação e ocasional sacrifício, mas, assim como todos os outros objetos de consumo, algo de que se espera satisfação imediata, que é rejeitado se não for desta forma e que se guarda e usa apenas enquanto (e não mais do que isso) continue a nos dar satisfação. Portanto, não faz muito sentido tentar salvar a relação, ainda mais sofrendo desconforto e constrangimento. Até um pequeno tropeço pode causar o término da relação; desacordos triviais são transformados em conflitos mais amargos, atritos suaves são lidos como incompatibilidades essenciais. Como diria o sociólogo americano W.I. Thomas, se as pessoas assumem que seus compromissos são temporários e até novo aviso, estes tendem a ser assim em conseqüência das próprias ações das pessoas.

Nesses tempos de incerteza e precariedade, a transitoriedade adquire uma "vantagem estratégica" sobre a durabilidade. Já não é tão claro qual é a causa e qual é o efeito. Será que a fragilidade e a vulnerabilidade da condição humana são o resultado sumário das políticas de vida comuns, que não reconhecem os objetivos e valores de longo prazo que são difíceis de ganhar e preservar? Ou, para ser mais exato, será que as pessoas tendem a preferir satisfações breves porque pouca coisa no mundo é de fato durável e por isso podemos esperar que poucos objetivos durem mais do que o esforço necessário para atingi-los? Ambas as suposições são parcialmente verdadeiras e cada uma delas transmite uma parte da verdade. Um mundo saturado de incerteza e a vida fatiada em episódios efêmeros, requeridos para proporcionar satisfação instantânea, ajudam-se de maneira mútua.

Uma parte crucial de qualquer fé é o investimento de valor em alguma coisa mais durável do que a evanescente e endemicamente mortal vida individual; algo que dure, resistente ao impacto erosivo do tempo, talvez até imortal e eterno. A morte individual é inevitável, mas a vida pode ser usada para negociar e ganhar um lugar na eternidade; a vida pode ser vivida de tal forma que a mortalidade do indivíduo é transcendida – o traço deixado pela vida não é apagado por completo. A fé pode ser uma questão espiritual, mas para manter-se firme é necessária uma ancoragem mundana; as amarras devem penetrar fundo na experiência da vida cotidiana.

A família serviu por muito tempo como um dos principais vínculos conectando os seres mortais à imortalidade, das buscas da vida individual aos valores duradouros. Fotografias amareladas em álbuns de família e, antes disso, as longas listas de datas de nascimentos, casamentos e funerais anotadas nas bíblias atestavam a longevidade da família, à qual os membros individuais não deveriam fazer nada para ameaçar e tudo para assegurar. Os álbuns de família, no entanto, foram substituídos por vídeos, e as fitas de vídeo se diferenciam do papel fotográfico por serem eminentemente apagáveis e feitas para serem apagadas de vez em quando para dar lugar a novas gravações também temporárias. A substituição das fotografias pelos vídeos tem uma significação simbólica; ela se adapta à mudança de status da vida familiar, que agora se tornou, para um crescente número de homens e mulheres, um evento que não necessariamente dura mais do que uma vida individual. As famílias tendem a ser feitas e desfeitas várias vezes durante o tempo de vida de um indivíduo. A família dificilmente serve como uma ponte material, sólida e confiável para a imortalidade.

Por mais que as conseqüências desse desenvolvimento tenham sido enormes, não foram as únicas: o que acontece hoje em dia à família espelha mudanças profundas em outros aspectos da condição humana que um dia forneceram as pontes que levam da mortalidade individual aos valores duráveis e até mesmo imortais. Podemos dizer que a própria imortalidade tende a se tornar "instantânea". Podemos ouvir os locutores de eventos esportivos ou de festivais de música pop anunciando, com vozes embargadas de tanta emoção, que eles (e a audiência) testemunhavam a história sendo feita. Nessa nova versão, a imortalidade não é algo a ser obtido pela forma mais difícil, por meio do esforço de toda uma vida; é, na verdade, algo a ser desfrutado de imediato, sem pensar muito nas conseqüências – sem perguntar quão realmente eterno será aquele instante apreciado como "imortalidade".

Os artistas costumavam tomar muito cuidado para se assegurarem de que seus murais e telas fossem duráveis, os arquitetos costumavam erigir edifícios feitos para durar séculos. Agora os materiais de arte favorecidos são aqueles que alardeiam sua perecibilidade; as formas favoritas de arte visual são o "*happening*" e a instalação – montada como um evento único, com a duração de uma exposição, e destinado a ser desmontado na noite seguinte ao fechamento da galeria de arte. Em todos os campos da cultura (incluindo a ciência – comprovadamente preocupada com verdades *eternas*) a *notoriedade* substitui a *fama*; e a notoriedade é, admitida e desavergonhadamente, a versão instantânea da imortalidade, esquecida e indiferente a todas as outras versões.

Se a dedicação aos valores duradouros está em crise hoje, é porque a própria idéia de duração, de imortalidade, também está em crise. Mas a imortalidade está em crise porque a confiança básica, cotidiana, na durabilidade das coisas em direção às quais e pelas quais a vida humana pode ser orientada é solapada pela experiência humana diária. Essa erosão da confiança é, por sua vez, perpetrada pela endêmica precariedade, fragilidade, insegurança e incerteza do lugar humano na sociedade humana.

A promoção da concorrência e da busca, "aberta a todos", pelo maior ganho à categoria de principal critério (até mesmo monopolista) para se distinguir ações próprias e impróprias, certas ou erradas, é o fator que carrega a responsabilidade definitiva pelo "medo ambiente". Este medo permeia a vida da maioria dos homens e das mulheres contemporâneos, o sentimento de insegurança amplamente espalhado, talvez universalmente compartilhado. A sociedade não garante mais, nem mesmo promete, um remédio coletivo para os infortúnios individuais. Aos indivíduos lhes foi oferecida uma liberdade de proporções sem precedentes (ou melhor, foram lançados nela) – mas ao preço de uma insegurança similarmente sem precedentes. E quando há insegurança, sobra pouco tempo para cuidar de valores que pairam sobre o nível das preocupações diárias – ou, quanto a isso, de qualquer coisa que dure mais do que o momento.

A vida fragmentada tende a ser vivida em episódios, numa série de eventos desconectados. A insegurança é o ponto em que o existir se desmorona em fragmentos, e a vida em episódios. A não ser que algo seja feito em relação ao rondante espectro da insegurança, a restauração da fé nos valores estáveis e duráveis tem pouca chance de ocorrer.

Como agimos

· 13 ·

O amor precisa
da razão?

O amor teme a razão; a razão teme o amor. Cada um tenta viver sem o outro. Mas sempre que o fazem, o problema fica guardado. Esta é, na sua expressão mais breve, a incerteza do amor. E da razão.

A separação deles significa desastre. Mas as negociações, se ocorrerem, raras vezes geram um *modus vivendi* tolerável. A razão e o amor falam línguas diferentes e que não são traduzidas com facilidade; os intercâmbios verbais produzem mais incompreensão e suspeita mútuas do que compreensão e simpatia verdadeiras. A razão e o amor não conversam – quase sempre gritam um com o outro.

A razão é melhor conversadora do que o amor, o que faz com que o amor ache muito difícil, quase impossível, redimir-se no discurso. Os duelos verbais terminam sempre com a razão triunfante e o amor ferido: a discussão não é o forte do amor. Chamado para defender um tema que a razão reconhecesse como válido, o amor emitiria sons que a razão acharia incoerentes; na melhor das hipóteses, escolheria ficar calado. Jonathan Rutherford escreveu um breve sumário do longo registro de escaramuças perdidas pelo amor: "O amor oscila na beira do desconhecido, além do qual fica quase impossível falar. Ele nos leva para além das palavras." Quando pressionados a falar do amor, "procuramos atrapalhadamente pelas palavras", mas "as palavras curvam-se, dobram-se e desaparecem". "Embora possa ter tudo a dizer, não digo nada ou digo muito pouco."[1] Todos sabemos o que é o amor – até tentarmos dizê-lo alto e bom som. O amor não se reconhece nas palavras, que parecem ser propriedade da razão, sendo um território estrangeiro e hostil ao amor.

Como um réu no tribunal da razão, o amor está destinado a perder o caso, que na verdade já estava perdido antes de o julgamento começar. Como o herói de *O processo* de Kafka, o amor é culpado de ser acusado; e mesmo que possamos nos inocentar dos crimes que somos acusados de cometer, não existe defesa contra a acusação de ser acusado. Esse tipo de culpa não deriva dos "fatos da questão", depende de quem está a cargo dos tribunais, de quem tem o direito de julgar e quem deve se submeter aos veredictos. Quando a razão se senta para julgar, escreve as regras do procedimento judicial e nomeia os juízes, o amor é culpado antes mesmo de o promotor se levantar para expor sua argumentação.

E mesmo assim, como observou Blaise Pascal, "le coeur a ses raisons". A ênfase desta frase, como observou Max Scheler, cai sobre duas palavras: "ses" e "raisons". "O coração tem *suas* razões. '*Suas*', das quais a compreensão não sabe nada nem nunca pode saber; e existem *razões* – isto é, visões objetivas e evidentes sobre questões para as quais qualquer compreensão é cega – tão 'cegas' quanto um cego é para as cores ou um surdo para o som."[2] Vejo alguém como "cego" se ele não vê o que *eu vejo* tão claramente. E a acusação de cegueira funciona nas duas direções. O coração, insiste Scheler, não tem nada de que se envergonhar ou de que se desculpar. Ele pode igualar facilmente os padrões dos quais a razão tanto se orgulha. Porém, a razão não os reconheceria pelo que são, existe uma *ordre du coeur*, uma *logique du coeur*, até mesmo uma *mathématique du coeur* – cada pedaço delas é tão coerente e elegante quanto aqueles que a razão enumera com orgulho como causa de sua superioridade. A questão é, no entanto, que as ordens lógicas e matemáticas do coração e da compreensão, ou do amor e da razão, não se dirigem aos mesmos aspectos da experiência e não buscam os mesmos objetivos. É por isso que a razão e o amor não se escutam, e se o fizessem, dificilmente entenderiam o significado das palavras que o outro emite. O discurso articulado de um soa como uma tagarelice incoerente para o outro.

Acredito que existem pelo menos três razões convergentes para que a comunicação deles falhe.

Para começar, o amor trata de valor, enquanto a razão trata do uso. O mundo, visto pelo amor, é uma coleção de valores; visto pela razão, é uma coleção de objetos úteis. As duas qualidades – de "valor" e de "uso" – são notórias por serem confundidas e confusas: uma coisa não tem valor *porque* é útil? Essa é, claro, a voz da razão – e ela vem falando assim desde seu antigo despertar nos diálogos de Platão. Desde então a razão tentou duramente, e continua tentando, anexar o "valor" e jogar fora qualquer resto que resista à anexação; colocar o "valor" a serviço do "uso"; transformar o valor num criado ou num derivado do uso.

Mas o valor é a qualidade de uma coisa, enquanto a utilidade é um atributo de quem utiliza tal coisa. É a incompletude do utilizador que o faz sofrer, é sua ânsia de preencher a lacuna que torna uma coisa útil. "Usar" significa melhorar a condição do utilizador, reparar uma deficiência; "usar" significa estar preocupado com o bem-estar do utilizador.

No *Banquete*, de Platão, Aristófanes vincula o amor ao desejo de uma completude até então ausente: "o desejo pelo todo e a busca do mesmo é chamado Amor", ele diz. Como sempre, Sócrates se esforça para elevar a mera descrição à categoria de lei da lógica ao substituir "provável" por "necessário": "não é necessário que aquele que deseja deseje o que lhe falta ou não deseje o que não lhe falta?" Para que não haja lugar para adivinhações e erros de julgamento, Sócrates resume: todos "que desejam, desejam o que não está em sua possessão, o que não têm, o que não são e o que lhes falta". Isto é, ele insiste, o que chamamos de "desejo"; ou seja, o que o *desejo deve ser*, a não ser que seja outra coisa que não o desejo.

Mas será que este desejo é o que entendemos por "amor", como diria Aristófanes? Sócrates cita por fim as palavras que ouviu serem pronunciadas pela sábia mulher Diotima de Mantinéia (W.H.D. Rouse sugere que o equivalente desse nome seria "Tema-o-senhor da Cidade dos Profetas"). Diotima afirma que o Amor foi concebido na festa de aniversário de Afrodite, pela união sexual da Abundância e da Pobreza, e assim o Amor não nasceu nem rico nem pobre, ou pobre mas com "projetos sobre o bonito e o bom"; o Amor não era mortal nem imortal, ou mortal mas com projetos de imortalidade. O Amor, em outras palavras, "não sofre privações nem é rico"; "não é para o bonito" – "é para ser gerado e nascer no bonito", e isso é assim "porque gerar é, para os mortais, algo duradouro e imortal". "É necessário, portanto, a partir desse argumento, que o amor também seja para a imortalidade."[3]

O que você deseja, você quer usar; "consumir", despir de alteridade, tornar sua possessão ou ingerir – fazê-lo parte de seu corpo, uma extensão de você mesmo. Usar é aniquilar o outro para o bem da própria pessoa. Amar, ao contrário, significa valorizar o outro por sua alteridade, desejar reforçá-la nele, proteger essa alteridade, fazê-la florescer e prosperar, estar pronto para sacrificar o próprio conforto, inclusive a própria existência mortal, se isso for necessário para satisfazer essa intenção. O "uso" significa um ganho para a própria pessoa; o "valor" pressagia sua autonegação. Usar é tirar, valorizar é dar.

As orientações de uso e valor colocam a razão e o amor em trilhos separados e divergentes. E uma vez em seus próprios trilhos, a razão e o amor têm horizontes radicalmente distintos. Os do amor são infinitos, nunca devem ser alcançados, recuando conforme o amor avança. O amor não é mais imortal do que os amantes e pode parar bem antes do infinito, mas não é amor se não tomar a infinidade do tempo e a falta de limites do espaço como seus únicos limites aceitáveis. Quem ama concordaria com Lucan, o sobrinho de Sêneca: "Tenho uma esposa e filhos, todos eles reféns dados ao destino"; aceitar que o destino está para sempre aberto e não conhece limites, e conceder que amar é consentir que isso deve ser assim.

A intenção da razão é, no entanto, oposta: não abrir o portão para o infinito, mas fechá-lo e trancá-lo. O ato de usar é um evento no tempo, que se realiza e se exaure em um tempo limitado: as coisas tendem a perder sua utilidade durante o ato de sua utilização. Usar só pode adquirir duração por meio da repetição, não da auto-realização; a realização levaria à morte (é nesse sentido que podemos dizer que o tipo de desejo por "objetos úteis" tende a ser fortalecido por nossa sociedade de consumo: que ele deseja desejar, e não satisfazer).

Deixem-me citar Max Scheler outra vez: "O amor ama e ao amar sempre olha além do que tem em mãos e possui. O *Triebimpuls** que o excita pode se extenuar; mas o próprio amor não se cansa. O amor, insiste Scheler, é em sua essência infinito; "precisa, para sua satisfação, de um bem *infinito*".[4] Pegar um bem finito ou um estado finito para realizar o impulso do amor indica *paixão*, uma grave, apesar de comum, "confusão" da *ordo amoris*. O amor que merece esse nome nunca pára nem está satisfeito; podemos reconhecer o verdadeiro amor pela suspeita do amante de que ele ainda não atingiu as alturas que deveria escalar – não por sua confiança de que foi longe o bastante, muito menos por sua queixa de que foi longe demais.

A glória do amor é também seu infortúnio. O *infinito* também é *indefinido*. Não pode ser preso, circunscrito, medido. Resiste a definições, explode os marcos e viola as fronteiras. Sendo sua própria autotransgressão, o amor está constantemente à frente de qualquer visão, mesmo a mais instantânea; o amor

---

*Impulso instintivo. (N.T.)

pode ser contado apenas como história, e essa história fica obsoleta no instante em que é contada. Do ponto de vista da razão, que gosta de cópias fiéis e diagramas legíveis, o amor está sobrecarregado com o pecado original da informidade. E como a razão quer parar ou canalizar os fluxos ingovernáveis, domar o selvagem e domesticar o elementar, o amor também é acusado por sua evasão, teimosia e intratabilidade.

A razão, essa busca do útil, corta o infinito à medida do *self* finito. O amor, sendo a busca do valor, expande o *self* finito em direção ao infinito. A compreensão não pode se aventurar tão longe, e assim ela deixa os trilhos no meio do percurso. Sua incapacidade de acompanhar e o abandono da perseguição que se segue são considerados, de maneira equivocada, provas da vagueza do amor e do valor, da "subjetividade", da falta de senso e imprudência; e assim, de sua inutilidade.

Por fim, existe uma terceira oposição que separa razão e amor. Pode-se dizer que a razão inspira a lealdade ao próprio *self*. O amor, por outro lado, apela para a solidariedade pelo *Outro*, e assim implica a subordinação da própria pessoa a algo dotado de maior importância ou valor.

Na publicidade da razão, a liberdade se faz notar de forma bem preeminente, e o que se promete nessa publicidade é a liberdade de buscar e alcançar fins, seja lá o que for que estes fins, supostamente valiosos para serem buscados e alcançados, possam ser agora ou no futuro; essa liberdade apresenta o "lado de fora" do *self*, das coisas e das pessoas de forma semelhante, como uma coleção de potenciais obstáculos para a ação e de veículos da ação, ou, para ser mais preciso, de obstáculos que precisam ser transformados em veículos. São os objetivos do *self* que dão sentido aos elementos do "lado de fora".

Nenhum outro terreno para a atribuição de significado pode ser reconhecido se a razão deve permanecer verdadeira para si mesma e cumprir sua promessa. Qualquer sinal de autonomia e autodeterminação nas coisas e nas pessoas pode ser percebido e articulado apenas como uma marca de seu "poder de resistência". Se esse poder é demasiado grande para ser vencido, é preciso "ajustar contas" com ele, e a negociação e o acordo podem então ser uma escolha mais prudente do que o ataque direto – contudo, uma vez mais, isso será em nome do "interesse bem entendido" do *self*. Se a razão deseja aconselhar os atores em sua qualidade de seres morais, só pode usar a linguagem do cálculo de ganhos e perdas, custos e benefícios – como o fez por meio do "imperativo categórico" de Immanuel Kant.

Por essa avaliação, o amor é culpado de ser surdo às incitações da razão. Max Scheler observa que, no ato do amor, um ser "se abandona, para compartilhar e participar em outro ser como *ens intentionale*". Dentro e por intermédio do ato de amor, um ser "se encontra com o outro objeto ao afirmar sua tendência em direção à sua própria perfeição, que ele ativamente ajuda, promove e abençoa".[5] A razão oferece ao *self* a habilidade de converter suas próprias intenções nos objetivos que guiam a conduta de outros; o amor, ao contrário, inspira o *self* a aceitar as intenções do outro como seu próprio objetivo. A razão, na melhor das hipóteses em termos éticos, concorda magnanimamente em ser tolerante com o Outro. O amor não se rebaixaria a uma mera tolerância; quer solidariedade em troca – e isso pode significar autonegação e auto-abnegação, o tipo de atitude que a razão teria dificuldades para justificar.

Porém, existe mais no amor do que a aceitação incondicional da alteridade do outro e do direito do outro à sua alteridade; mais ainda do que o consentimento de servir – de ajudar, promover e abençoar – à causa dessa alteridade. O amor significa assinar um cheque em branco. Até que o direito do outro à alteridade tenha sido completa e verdadeiramente acordado, não há como saber no que essa alteridade possa consistir agora, muito menos mais tarde. Emmanuel Levinas compara o Outro do Eros com o futuro – por conta da recusa do futuro "em ser agarrado de qualquer maneira" ou, ao invés disso, por seu hábito de "cair sobre nós e assumir o nosso controle". "Não defino o Outro pelo futuro," explica Levinas, "mas o futuro pelo Outro."; "a total alteridade do Outro" é tão completa e invencível que pode servir como a referência empírica necessária para visualizar a alteridade do futuro ou da morte. Amor significa entrar numa relação com um mistério e concordar com sua falta de solução. O amor não significa, nem leva a "agarrar", "possuir", "vir a conhecer", muito menos a exercer domínio sobre o objeto do amor ou colocá-lo sob controle. O amor significa *consentimento para um mistério do outro*, que tem a ver com o mistério do futuro: para alguma coisa "que nunca é, num mundo em que tudo é", alguma coisa "que não pode estar lá quando tudo está".[6] O futuro está sempre em outro lugar, e assim também o Outro do amor.

Vocês talvez tenham notado que não fizemos qualquer referência aos sentimentos e paixões normalmente associados com "estar amando" ou "ficar apaixonados". Se "*l'amour a ses raisons*", como queria Pascal, ou tem suas leis, lógica e matemática, como sugeriu Scheler; se ele não é, de modo algum, receptivo à descrição em linguagem interpessoalmente válida, é apenas como uma distribuição específica dos papéis do ser e do Outro, como uma modalidade específica da presença do Outro e, assim, também da constituição do *self*. Isso tendo sido observado, podemos conceber o amor como um molde para o eu ético e o relacionamento moral. Embora a razão se acautele ao pisar na fronteira do ontológico, o amor indica o domínio do ético. A ética, podemos dizer, é feita à semelhança do amor. Qualquer coisa dita aqui sobre o amor também se aplica em igual medida à ética.

Antes de ser um *ens cogitans* (ser pensante) ou um *ens volens* (ser que deseja), o homem é um *ens amans* (ser que ama), disse Scheler, para em seguida acrescentar: não poderia ser de outra forma, já que é com a rede tecida com amor e ódio que os humanos capturam o mundo que mais tarde sujeitam – como teria dito Schopenhauer – à vontade e à representação. Tirem o amor e o ódio e não existirá mais uma rede, e assim também não haverá uma captura. Levinas concordaria com a afirmação de Scheler sobre a prioridade da ética, embora não necessariamente com o argumento usado para apoiar sua veracidade. Como eu a entendo, a famosa máxima de Levinas, "a ética é anterior à ontologia", de maneira distinta da afirmação de Scheler, não reivindica nenhum status empírico-ontológico. Ao contrário, transmite duas proposições, uma fenomenológica e outra ética.

Primeiro: para entender o significado da proposição ética, todo conhecimento prévio do ontológico precisa ser suspendido sob o pretexto de sua irrelevância. Segundo: não é a ética que precisa se justificar em termos de ser – mas o contrário: o *onus probandi* fica com o ser, é o ser que precisa demonstrar seu acordo com a ética. Em outras palavras, não se pode derivar o "deveria" do "é"; mas então não deveríamos nos preocupar com isso, já que é o "é" que deveria se preocupar com sua conexão com o "deveria". A afirmação "a ética é *anterior* à ontologia" precisa ser lida em termos éticos: o que ela diz é que "a ética é *melhor* do que a ontologia".

"O rosto de um vizinho", escreve Levinas, "significa uma responsabilidade excepcional para mim, que precede qualquer acordo livre, qualquer pacto, qualquer contrato."[7] Eu era responsável antes de assumir qualquer compromisso que a sociedade sabe como petrificar em uma regra ou obrigação legal. Mas como nenhuma regra foi escrita ainda e a responsabilidade já adquiriu força com o primeiro vislumbre do Outro, essa responsabilidade é *vazia de conteúdo*: não diz nada sobre o que deve ser feito – só diz que, de agora em diante, tudo que for feito parecerá certo ou errado dependendo de qual serão seus efeitos sobre o Outro.

Algo notável sobre Levinas, um pensador profundamente religioso e um grande erudito talmúdico, é que, apesar de usar profusamente o conceito de mandamentos, ele explica em detalhes apenas um deles: "Não matarás." Esse mandamento basta para sustentar todo o edifício da moralidade, já que requer o assentimento para a perpétua companhia do Outro – com todas as suas conseqüências desconhecidas e imprevisíveis. Ordena que compartilhemos vidas, que estejamos em interação e nos falemos; todo o resto permanece não especificado – um cheque em branco a ser preenchido por nossas ações. E é essa inespecificidade que nos introduz no terreno da ética.

Outro grande pensador religioso e filósofo ético de nosso século, Knud Løgstrup, é ainda mais específico acerca dessa inespecificidade vexatória e no entanto abençoada da demanda ética: "A demanda não dá nenhuma instrução sobre como a vida da pessoa assim entregue [aos nossos cuidados] deve ser cuidada. Não especifica nada a esse respeito, deixa-o inteiramente para o indivíduo. Com toda a certeza, a outra pessoa deve ser servida pela palavra e pela ação; mas precisamente que palavra e que ação, isso devemos decidir nós mesmos diante de cada situação."[8] Saber estar sob comando mas não saber o que o comando nos manda fazer significa estar sentenciado a uma incerteza perpétua. Mas, como diz Løgstrup, isso é exatamente o que significa "ser moral": a certeza cria a irresponsabilidade, e a certeza absoluta é o mesmo que a absoluta irresponsabilidade. Se nos dissessem o que fazer com exatidão, "a sabedoria, a visão e o amor com os quais devemos atuar não seriam mais nossos"; o comando não seria um chamado ao humanismo, à imaginação e à visão – mas à obediência; a ética cristã, em particular, seria "ossificada em ideologia", e assim todos nos renderíamos à tentação de "absolutizar os pontos de vista que agora prevalecem nas leis, na moralidade e na convenção contemporâneas".[9]

Qual é o status exato da "responsabilidade incondicional" de Levinas e do "comando não enunciado" de Løgstrup é uma questão notoriamente discutível. As respostas navegam entre os dois pontos de vista oriundos da filosofia ética: entre a crença no Divino, nas origens pré-racionais da ética, e a concepção da ética como a "vontade da sociedade" codificada, um produto de convenções sedimentado a partir da experiência histórica humana e alcançado por meio de tentativas e erros, mesmo se guiado em seu caminho pela consideração racional dos pré-requisitos da coabitação humana. Levinas e Løgstrup se esforçaram para conciliar os extremos e mostrar isso. Longe de contradizerem uma à outra, a presença pré-racional da demanda ética e a responsabilidade humana para fazer a palavra *não dita* ganhar corpo condicionam e impelem uma à outra. Nas visões sobre a ética de Levinas e Løgstrup, existe lugar para ambas – e a presença delas é indispensável.

Mas a mensagem combinada desses dois grandes pensadores não pára na tentativa de resolver a mais vexatória antinomia da filosofia ética. A parte mais importante da mensagem é a refutação da suposição enunciada ou tácita de todo, ou quase todo, o pensamento ético até hoje: que a causa da ética sofre sob circunstâncias de incerteza e ganha com a autoconfiança oferecida pela resoluta letra da lei – e, portanto, que "ser moral" significa, em última instância, concordar com o código ético. Contra a concepção comum de moralidade moldada à semelhança da lei, Levinas e Løgstrup oferecem uma visão da moralidade como um desafio; uma questão de responsabilidade *pela* debilidade do Outro, mais do que responsabilidade *diante de* um poder superior.

E contra a idéia de que a resolução da incerteza ética é um empreendimento essencialmente finito, destinado a acabar quando o código de ética totalmente racional e não contraditório for composto e seu domínio incontestável for decretado, Levinas e Løgstrup colocam a responsabilidade como *a condição humana eterna, que nunca acaba*. O que se segue à idéia de responsabilidade incondicional e demanda não enunciada é que podemos apenas reconhecer os seres morais por sua perpétua ansiedade e auto-reprovação: pela desgastada suspeita de que não foram *suficientemente morais* – que nem tudo que podia ser feito foi feito e que a demanda pediu mais do que eles ouviram quando ela pedia.

Agora estamos prontos para oferecer uma tentativa de resposta à pergunta do título desse capítulo: sim, o amor precisa da razão; mas precisa dela como um instrumento, não como desculpa, justificativa ou esconderijo.

Amar, assim como ser moral, significa estar e permanecer em um estado de perpétua incerteza. O amante, como da mesma forma que a pessoa moral, navega entre a tolerância, que com grande freqüência encalha nos bancos de areia da indiferença, e o impulso possessivo que tão fácil e abruptamente vai a pique quando encontra a rocha da coerção. E o amante e o ser moral não têm outras águas para navegar. Precisam de toda ajuda que possam conseguir, e a promessa de ajuda da razão soa atrativa. Precisam, depois de tudo, ponderar acerca de cursos alternativos de ação e contabilizar riscos e chances, ganhos e perdas; têm que tentar da melhor maneira possível antecipar os efeitos de suas ações sobre o bem-estar dos objetos de seu amor ou preocupação; é necessário comparar e avaliar a gravidade das demandas que não podem ser alcançadas simultaneamente devido à escassez de seus recursos, e precisam calcular o melhor modo, ou menos danoso, de distribuir os recursos à sua disposição.

Em todas essas tarefas e nas tarefas parecidas com essas, a razão está em primeiro lugar; nenhuma outra faculdade humana fará melhor o trabalho. Mas o artesão, e não as ferramentas, é o culpado pelos defeitos do produto e dele se espera arrependimento e algo que recompense o dano. Estender os poderes do pensamento racional não libera o amante ou a pessoa moral de sua responsabilidade pelas conseqüências. Essa responsabilidade só pode ser abandonada com o amor e a moralidade.

Mas isso não é suficiente para poupar os sofrimentos do amante e da pessoa moral. A incerteza é, na maioria das vezes, uma condição desagradável, e sem perspectivas; a incerteza incurável é de todo detestável e repulsiva. Aqueles colocados em tal condição podem ser desculpados por procurarem alívio desesperadamente. Este pode vir apenas na forma de uma autoridade poderosa o bastante para garantir a correção de certos passos e a impropriedade de todo o restante. A confiança que aqueles que buscam certezas investem em tal autoridade promete a libertação da carga dessa responsabilidade. Agora é a autoridade que leva a culpa se algo sair errado.

As autoridades se apresentam em muitas formas e cores. Existem governantes impiedosos e cruelmente totalitários que ameaçam a desobediência com punições severas. Existem versões mais brandas de governo-pelo-comando, na forma de hierarquias burocráticas. E existem autoridades sem escritórios e endereços de correio, anônimas: a autoridade dos números, armada com a ameaça do ostracismo social, é a mais preeminente entre elas. Quando chamados a prestar contas por suas ações, os que cometeram os erros podem sempre observar, dependendo da autoridade escolhida para confiar, que "apenas cumpriam ordens", que simplesmente "seguiram as regras" ou que "todas as pessoas sensatas fazem o mesmo".

Em nossa sociedade moderna, essas autoridades têm uma coisa em comum: explícita ou implicitamente, todas afirmam estar falando em nome da razão (é muito difícil, na sociedade moderna, falar com autoridade sem pretender ter uma linha direta com a razão). Quando elas dizem que alguma coisa tem de ser feita, não só "precisa ser feita" como "submetida à razão". Quem mostrar desobediência não é apenas um transgressor da lei ou da regra, mas uma pessoa irracional; os culpados se opõem à sanidade e à racionalidade. Este hábito dos governantes pode criar a impressão de que a razão está do lado dos detentores do poder – uma ilusão da qual poetas da corte e muitos filósofos sóbrios e críticos foram vítimas. Deveríamos, no entanto, separar os usos ideológicos de algo da própria coisa. Sugiro que não é por meio dos serviços prestados aos que dão as ordens (ao menos não primariamente) que a razão se oferece para ajudar os que procuram escapar da responsabilidade.

Esta ajuda vem na absolvição das preocupações éticas. Algumas escolhas – em particular as mais enervantes e dolorosas – estão isentas de significância moral. Aos que escolhem é dada a garantia de que suas dores de consciência não estão aqui nem ali: o que você faz precisa ser medido, louvado ou condenado por outros critérios, mais claros e muito menos ambivalentes do que coisas tão vagas e difíceis de apontar com precisão, como o bem-estar ou a miséria de outros e sua responsabilidade sobre isso. O amor, é claro, não é bom para pensar e, portanto, não é bom para esse *entendimento* que supostamente deve dizer a você *como prosseguir*; e a moralidade compartilha esse defeito com o amor. Se a razão pudesse oferecer um argumento sensato para você não seguir os impulsos morais e sim menosprezá-los, observando que as ações em questão são "moralmente indiferentes", a oferta encontraria muitos arrematadores zelosos. Um exemplo pode mostrar o que desejo dizer.

Um dos argumentos mais ouvidos em favor do desmantelamento do Estado de bem-estar social é que "não podemos mantê-lo". Existem muitas pessoas sem emprego e sem renda, diversas mães solteiras sem possibilidades de alimentar seus filhos, inúmeros idosos dependendo da aposentadoria por idade; bem, na verdade existem muitas pessoas, jovens e idosas, homens ou mulheres, brancas, negras ou amarelas que precisam de algum tipo de auxílio. Ajudaríamos de bom grado a todos, mas isso não pode ser feito sem compartilhar nossa riqueza, sem impostos mais altos, e seria nocivo e ingênuo, já que "enviaria os sinais equivocados" e desencorajaria as pessoas a produzir dinheiro e mais dinheiro, e assim causaria uma depressão sem chance de "recuperação guiada pelo consumidor"; "Todos ficaríamos pior." Portanto, se você de fato se preocupa, não seja "insensatamente" generoso. Pode ser triste e deprimente não ser capaz de seguir seu coração, mas o amor precisa da razão para salvá-lo de sua loucura. Isso pode ser um pensamento circular, mas é sem dúvida bem-vindo. Serve para absolver uma consciência pesada e apresenta a recusa de compartilhar como, em última instância, um ato moral.

É a isso que me refiro como a razão usada para desculpar o amor por seu fracasso, um refúgio contra a não-enunciação da demanda ética e da incondicionalidade da responsabilidade moral. Estes, sugiro, são usos errados da razão. Oferecem um escape das questões morais, não a chance de enfrentar e lidar com seus dilemas.

· 14 ·

Moralidade privada, mundo imoral

Todos os grandes pensadores criam conceitos poderosos e/ou imagens – mas com um universo completo para acomodá-los e infundir-lhes sentido: um mundo inteiro feito à sua medida, o mundo que é o lar deles. Para Levinas, tal mundo era "o partido moral de dois", uma utopia em seus dois sentidos inseparáveis (de "nenhum lugar" e de "bom lugar"). Esse partido moral de dois era, para Levinas, "a cena primal" da moralidade, o tubo de ensaio no qual os seres morais germinam e brotam; era também o único palco em que tais seres podem representar a si mesmos como são, isto é, seres *morais*, em vez de representarem papéis pré-escritos e recitarem as linhas de outra pessoa. A "cena primal" da moralidade é o reino do "cara a cara", do encontro com o Outro como um *Rosto*.

A moralidade (nos termos de Levinas, ser *para* o Outro) tem notoriamente um assombroso potencial para o amor e o ódio, para o auto-sacrifício e a dominação, o cuidado e a crueldade. A ambivalência é seu motor principal; no entanto, internamente, o partido moral de dois é, por assim dizer, capaz de sustentar seu próprio universo. A moralidade não precisa de códigos ou regras, razão ou conhecimento, argumento ou convicção. Ela não os entenderia mesmo; a moralidade está "antes" de tudo isso (nem mesmo podemos dizer que o impulso moral é "inefável" ou "mudo" – a inefabilidade e a mudez vêm *depois* da linguagem, mas o impulso moral disparado pelo Rosto *precede* a linguagem). A moralidade estabelece seus padrões à medida que avança. Não sabe de culpa ou inocência – é pura no único sentido verdadeiro da pureza: o da ingenuidade. Como observou Vladimir Jankélévitch,[1] não se pode ser *puro* exceto sob a condição de não *ter* pureza, quer dizer, de não possuí-la conscientemente.

O partido moral de dois, postulado por Levinas como lugar de nascimento e pátria da moralidade, *é* ingênuo; ele não sabe (não lhe disseram) que é um partido, muito menos um partido moral. Só quando visto de fora é que o "partido moral" se solidifica em uma "dupla", um "par", um "eles lá fora" (e, devido à lei da reciprocidade que governa lá fora, espera-se que o "eles" seja traduzido, pelos que estão dentro da "dupla", como "nós", sem nenhuma perda ou mudança de significado!). É o olhar externo que "objetifica" o partido moral e assim o transforma em uma unidade, uma *coisa* que pode ser *descrita* como é, "*manuseada*", *comparada* com outras "como ela", *estimada*, *avaliada*, *governada*. Mas, do meu ponto de vista como ser moral, não existe o "nós", nenhuma "dupla", nenhuma entidade supra-individual com suas "necessidades" e seus "direitos".

"Dentro" do partido moral só eu existo, com minha responsabilidade, meu cuidado, com o comando que me comanda e só a mim – e o Rosto, o catalisador e ao desaparecimento disso tudo. Meu "estar-junto" com o Outro não sobreviverá ao desaparecimento de mim ou do Outro. Não sobraria nada para "sobreviver" a esse desaparecimento.

O estar-junto do "partido moral" é vulnerável, fraco e frágil, vive de maneira precária, com a sombra da morte sempre por perto – e tudo isso porque nem o *eu* nem o *Outro* neste partido são substituíveis. É precisamente essa *impossibilidade de substituição* que torna *moral* o nosso estar-juntos. Não existe ninguém mais para fazer o que eu não fiz, e assim não há para mim a desculpa de que outros o fariam. Além disso, como *cada um de nós* é insubstituível, pensar nas ações em termos de "interesses" não faz sentido: não existe forma para que ações de qualquer um de nós possam ser classificadas como "egoístas" ou "altruístas". O bem só pode ser visto em sua oposição ao mal – mas dentro de uma "sociedade" na qual (em irritante oposição à sociedade "genuína") *ninguém* é substituível, como podemos dizer que o que é bom para um parceiro pode ser ruim para o outro? É dentro dessa "sociedade moral", o "partido moral de dois", que minha responsabilidade não pode ser medida e "satisfeita", sentindo-se ilimitada, tornando-se uma responsabilidade "vitalícia"; e é sob essa condição que o comando não precisa de argumento para ganhar autoridade ou do apoio de uma ameaça de sanções para se estabelecer como comando; ele se sente como um comando, e incondicional, desde o princípio.

Mas tudo isso muda com o aparecimento do *Terceiro*. Agora, a sociedade verdadeira aparece e o ingênuo impulso moral, sem regra e indisciplinado, ao mesmo tempo a condição necessária e suficiente do "partido moral", não satisfaz mais.

O partido moral invadido

Aqui, na sociedade – à diferença do universo de dois –, o postulado de Levinas de colocar a ética "antes da ontologia" soa estranho: aqui, a prioridade significa "estar antes", não "estar melhor". O puro e ingênuo estar-juntos do Eu e do Outro não é nem puro nem ingênuo. Há muitas perguntas que podem ser e são feitas sobre esse estar-juntos, e muitos testes que podem ser pedidos. O amor agora tem o auto-amor para ajustar contas, o *Fürsein** tem o *Mitsein*** – algumas vezes como um competidor, sempre como um juiz. A responsabilidade procura

---

*Ser para. (N.T.)
**Ser com. (N.T.)

desesperadamente seus limites; nega-se terminantemente que o "comando" seja "incondicional". Desconcertado, o impulso moral pára e aguarda instruções.

Como Agnes Heller disse de modo espirituoso, agora vivo num mundo habitado por "Todos, Alguns, Muitos e seus companheiros. De maneira similar, existe Diferença, Número, Conhecimento, Agora, Limite, Tempo, Espaço e também Liberdade, Justiça e Injustiça, e certamente Verdade e Falsidade". Esses são os principais personagens da peça chamada Sociedade, e todos eles ficam muito além do alcance de minha sabedoria moral (agora "*meramente* intuitiva"), ao que parece imunes a qualquer coisa que eu possa fazer, poderosos diante da minha falta de poder, imortais em relação à minha mortalidade; seguros quando comparados aos meus disparates, de forma que estes só causem dano a mim, não a Eles.

Eles são os personagens que atuam agora. Como afirmou Agnes Heller,[2] "A razão raciocina, a Imaginação imagina, o Desejo deseja e a Linguagem fala (*die Sprache Spricht*). É assim que os personagens se transformam em atores por direito próprio. Chegam à existência. Vivem independentemente de seus criadores ...". E tudo isso foi tornado possível, e mesmo inescapável, pela entrada do Terceiro – isto é, porque o "partido moral" superou seu tamanho "natural" e se transformou em sociedade.

O Terceiro também é um Outro, mas não o Outro que encontramos na "cena primal" representada por Levinas – onde a peça de teatro moral, sem a consciência de ser uma peça moral, era escrita e dirigida unicamente por minha responsabilidade. A "alteridade" do Terceiro é de ordem totalmente distinta. Os dois "outros" vivem em mundos diferentes. São dois planetas, cada um com sua órbita, que não cruza a órbita do outro Outro. Nenhum dos dois mundos sobreviveria à troca de órbitas. Os dois Outros não falam entre si; quando um fala, o outro não escuta; se escutasse, não entenderia o que escutou. Cada um só pode sentir-se em casa se o outro se desvia ou, melhor ainda, fica do lado de fora. O Outro que é um Terceiro só pode ser encontrado se já tivermos deixado o reino da moralidade de Levinas e entrado em outro mundo, o da *Ordem Social*, governado pela *Justiça*. Como expressou Levinas,

> Este é o domínio do Estado, da justiça, da política. A justiça se diferencia da caridade porque permite alguma forma de eqüidade e medida para intervir, um conjunto de regras sociais, estabelecido de acordo com o julgamento do Estado, e assim também da política. O relacionamento entre mim e os outros deve, desta vez, deixar lugar para o terceiro, um juiz soberano que decide entre dois iguais.[3]

O que faz com que o Terceiro seja tão diferente do Outro a que fomos apresentados no primeiro e puro encontro moral? Em sua avaliação do significado sociológico e do papel do terceiro elemento, George Simmel trouxe o papel seminal e único do Terceiro até o fato de que, em qualquer tríade, "o terceiro elemento está a tal distância dos outros dois que não existem interações sociológicas adequadas que digam respeito, de forma semelhante, aos três elementos".[4] Essa distância mútua, quando vazia de encontros, congela-se em "objetividade" (leia-se: desinteresse, falta de compromisso). Da posição vantajosa do Terceiro, o que costumava ser um "partido moral" passa a ser um *grupo*, uma entidade dotada de vida própria, uma totalidade que é "maior que a soma de suas partes". Assim, os seres podem ser colocados e vistos contra a "totalidade", e seus motivos, contra o "interesse do todo". Os seres se transformam em indivíduos, que são comparáveis, mensuráveis e julgados por padrões extrapessoais, de médias estatísticas ou de acordo com padrões normativos – e o Terceiro está firmemente colocado na posição de jurado potencial, o árbitro, aquele que dá o veredicto. Contra os impulsos desesperadamente subjetivos e portanto irracionais dos seres morais, o Terceiro pode agora estabelecer os critérios objetivos dos interesses racionais. A assimetria do relacionamento moral terminou, os parceiros agora são iguais, intercambiáveis, substituíveis. Os atores precisam explicar o que fazem, atender aos argumentos, justificar-se com referência aos padrões que agora são feitos por eles mesmos. O terreno está livre para normas, leis, regras éticas e tribunais de justiça.

E esse terreno precisa ser construído com urgência. A objetividade – esse cavalo de Tróia do Terceiro – desferiu um golpe mortal, ou pelo menos potencialmente terminal, contra a afeição que movia os parceiros morais. "Um terceiro elemento mediador priva as reivindicações conflitantes de suas qualidades afetivas", diz Simmel; mas também priva a afeição de sua autoridade como guia para a vida. A razão, aquela inimiga da paixão, *precisa* intervir para que não governem a desorientação e o caos. A razão é o que chamamos de relatos *ex post facto* de ações das quais foi retirada a paixão do passado ingênuo. A razão é aquilo que esperamos que possa nos dizer o que fazer quando as paixões tenham sido domadas ou extinguidas e não mais nos impulsionem. Não podemos viver sem a razão, uma vez que a sobrevivência do "grupo" é algo mais do que a vida do Outro, sustentada pela minha responsabilidade, uma vez que o Outro único se dissolveu na alteridade dos Muitos.

Agora é uma questão entre a minha vida e a vida dos muitos. A sobrevivência dos muitos e a minha própria sendo duas sobrevivências diferentes. Posso ter me transformado num "indivíduo", mas o Outro certamente perdeu o direito à sua individualidade, agora dissolvida num estereótipo categórico. Meu ser-para foi desse modo dividido em tarefas potencialmente conflitantes: a da autopreservação e a da preservação do grupo.

Quando o Outro se dissolve nos Muitos, a primeira coisa a ser tirada é o Rosto. O(s) Outro(s) agora é (são) sem rosto(s). São *personas* ("persona" significa máscara, e as máscaras não escondem as caras expostas). Estou lidando com máscaras (classes e estereótipos para os quais as máscaras/uniformes me dirigem), não rostos. É a máscara que determina com quem estou lidando e quais devem ser minhas respostas. Tenho que aprender o significado de cada *tipo* de máscara e memorizar as respostas que cada uma delas precisa. Mas mesmo assim não posso estar de todo seguro. As máscaras podem ser colocadas e tiradas, elas escondem mais do que revelam. A confiança inocente do impulso moral foi substituída pela insaciável ansiedade da incerteza. Com o advento do Terceiro, a fraude se infiltra – ainda mais horripilante em sua premonição do que em sua presença confirmada, mais paralisante ainda por ser um espectro não exorcizável. Na sociedade, temos de viver com essa ansiedade. Quer goste, quer não, *preciso* confiar nas máscaras – não que eu *possa* confiar nelas. A confiança é a forma de viver com a incerteza, assumindo os riscos, apostando – e não a forma de livrar-se da ansiedade.

O "partido moral de dois" é um *vasto* espaço para a moralidade. É grande o bastante para acomodar o ser ético em pleno vôo. Ele escala os mais altos picos de santidade e alcança os recifes subaquáticos da vida moral – as armadilhas que devem ser evitadas pelo ser antes (assim como depois) que ele assuma a responsabilidade por sua responsabilidade. Mas esse partido é um espaço demasiado limitado para o ser-humano-no-mundo. Não há lugar para mais de dois atores. Deixa de lado a maioria das coisas que preenchem o alvoroço diário de cada ser humano: a busca por sobrevivência e auto-engrandecimento, a consideração racional dos fins e dos meios, o cálculo de ganhos e perdas, a busca por prazer, deferência ou poder, política e economia...

Para estar no espaço moral, precisamos agora *entrar novamente* nele, e isso só pode ser feito tirando tempo do negócio diário, colocando entre parênteses, por determinado período, suas regras e convenções mundanas. Para *voltar* ao partido moral de dois (podemos mesmo empreender esse regresso? O partido a que *chegamos* é tão diferente daquele estabelecido por Levinas "antes da ontologia"), Eu e o Outro devemos nos despojar/ser despojados de todos os nossos ornamentos sociais, perder o status, as distinções sociais, as desvantagens, posições e papéis; precisamos uma vez mais não ser nem ricos nem pobres, nem arrogantes nem humildes, nem poderosos nem desautorizados. Precisamos ser reduzidos à mera essencialidade de nossa comum humanidade que, no universo moral de Levinas, foi-nos dada quando nascemos.

A moralidade pode sobreviver à invasão?

Na presença do Terceiro, diz Levinas em uma conversa com François Porié,

> nós abandonamos o que chamo de a ordem da ética, ou da santidade, da misericórdia, do amor, da caridade – onde o outro humano me inquieta sem importar o lugar que ele ocupe na multidão de humanos, e até mesmo sem importar nossa qualidade compartilhada como indivíduos da espécie humana; ele me inquieta como aquele que está perto de mim, como o primeiro a chegar. Ele é único.[5]

O reino da escolha, da proporção, do julgamento e da comparação se estende para além dessa ordem. A comparação já acarreta necessariamente o primeiro ato de violência: o desafio da unicidade. Essa violência não pode ser evitada, uma vez que, entre a multiplicidade de outros, certas divisões (designação de classes, de categorias) são necessárias – são "divisões justificadas". A ética exige, podemos dizer, certa autolimitação; para que a demanda ética seja satisfeita, certos axiomas sagrados da ética devem ser sacrificados.

Levinas diz que o Estado liberal – aquele fundamentado no princípio dos direitos humanos – é a implementação e a manifestação conspícua dessa contradição. Sua função não é nada mais do que "limitar a misericórdia original da qual a justiça se originou". Mas a "contradição interna" do Estado liberal encontra sua expressão ao perceber, "além e acima de toda justiça já incorporada ao regime, uma justiça mais justa..."; "A justiça no Estado liberal nunca é definitiva." "A justiça é despertada pela caridade – caridade da maneira como é antes da justiça, mas também depois dela." "A preocupação com os direitos humanos não é função do Estado. É uma instituição não-estatal dentro do

Estado – um apelo à humanidade que o Estado ainda não levou a cabo." A preocupação com os direitos humanos é um apelo ao "excedente de caridade". Podemos dizer: para algo maior do que qualquer letra da lei, do que qualquer coisa que o Estado tenha feito até agora.

A justiça administrada pelo Estado nasce da caridade gestada e criada dentro da situação ética primária. Contudo, a justiça só pode ser administrada se nunca deixar de ser impulsionada por seu *spiritus movens* original; entender-se a si mesma como uma incessante caçada por um objetivo sempre vago – a recriação, entre os indivíduos/cidadãos, daquela unicidade que é a marca de nascimento do Outro como Rosto; se ela sabe que *não pode* "equiparar a gentileza que lhe deu nascimento e que a mantém viva" (*L'Autre, Utopie et Justice*, 1988) – mas se sabe também que não pode nunca deixar de tentar fazer exatamente isso.

O que podemos aprender com a exploração promovida por Levinas do "mundo do Terceiro", do "mundo da multiplicidade de outros" – do mundo social?

Podemos aprender, para começar, que esse mundo do social é ao mesmo tempo a descendência legítima e uma distorção do mundo moral. A idéia de justiça é concebida no momento do encontro entre a experiência da unicidade (como estabelecida na responsabilidade moral pelo Outro) e a experiência da multiplicidade de outros (como estabelecida na vida social). Não pode ser concebida sob nenhuma outra circunstância, precisa de ambos os pais e é geneticamente relacionada a ambos, mesmo se os genes, apesar de serem complementares, também contenham mensagens genéticas contraditórias. Assim, paradoxalmente, a moralidade é a escola da justiça – mesmo que a categoria de justiça lhe seja estranha e redundante dentro do relacionamento moral (a justiça chega a si mesma com a comparação, mas não há nada a comparar quando o Outro é considerado único). A "cena primal" da ética é assim também a cena primal, ancestral, da justiça social.

Também aprendemos que a justiça se torna necessária quando o impulso moral, bastante auto-suficiente dentro do partido moral de dois, é considerado um guia pobre quando se aventura além das fronteiras desse partido. A infinidade da responsabilidade moral, a falta de limites da demanda moral simplesmente não pode se sustentar quando "o Outro" aparece no plural (podemos dizer que existe uma razão inversa entre a infinidade de "ser-para" e a infinidade dos outros). Mas é esse impulso moral que torna a justiça necessária, ele recorre à justiça em nome da autopreservação, embora, ao fazer isso, arrisque-se a ser abatido, podado, mutilado ou diluído.

No *Dialogue sur le penser-à-l'Autre* (1987), o entrevistador perguntou a Levinas:

> Enquanto sujeito ético, sou responsável por tudo em todos; minha responsabilidade é infinita. Tal situação não seria intolerável para mim e para o outro, a quem corro o risco de aterrorizar com meu voluntarismo ético? Não se depreende disso que a ética é impotente em sua vontade de fazer o bem?

E Levinas deu a seguinte resposta:

> Não sei se tal situação é intolerável. Com certeza não é o que chamamos de uma situação agradável, prazerosa de se viver com ela, mas é boa. O que é muito importante – e posso afirmar isso sem eu mesmo ser um santo, e sem pretender sê-lo – é ser capaz de dizer que um humano que de fato mereça esse nome, no sentido europeu, derivado dos gregos e da Bíblia, é um ser humano que considera a santidade como o valor definitivo, um valor inatacável.

Esse valor não é entregue uma vez que o requerimento ético inflexível de "ser-para" é substituído pelo de alguma forma diluído e menos estressante código de justiça. Ele permanece sendo o que era, o valor definitivo, reservando para si mesmo o direito de vigiar, monitorar e censurar todos os acordos feitos em nome da justiça. Uma tensão constante e uma suspeita que-nunca-se-acalmará governam o relacionamento entre a ética e o Estado justo, esse seu agente nunca ávido ou confiável o bastante, nunca suficientemente plenipotenciário. A ética não é um derivativo do Estado; a autoridade ética não deriva dos poderes do Estado para legislar e impor a lei. Ela precede o Estado, é a única fonte de legitimidade dele, e o juiz definitivo dessa legitimidade. Podemos dizer que o Estado é justificável apenas como veículo ou instrumento da ética.

Isso é muito – mas bem pouco para ser responsável pelos complexos processos sociais e políticos que fazem a mediação entre os impulsos morais individuais e os efeitos éticos gerais das ações políticas. A visão de Levinas das origens éticas da justiça e do próprio Estado como um instrumento de justiça (e, obliquamente, da própria ética) não é, nem pretende ser, uma afirmação sociológica. É, em sua intenção e em sua forma final, uma visão fenomenológica sobre o significado da justiça; ou talvez possa ser interpretada como um "mito etiológico", apresentando o caso da subordinação do Estado aos princípios éticos e sua sujeição aos critérios éticos de avaliação.

Entretanto, dificilmente pode ser observada como uma visão do processo por meio do qual a responsabilidade ética pelo outro chega (ou não chega, conforme o caso) a ser implementada em uma escala generalizada por intermédio do trabalho do Estado e de suas instituições. Certamente trilha um longo caminho na direção de explicar suas preocupações com a difícil situação do "outro generalizado" – o longínquo Outro, o Outro distante no espaço e no tempo; mas fala pouco sobre as formas e os meios por meio dos quais essa preocupação pode trazer efeitos práticos, e ainda menos sobre as razões pelas quais esses efeitos não alcançam as necessidades e as expectativas, ou ao menos para que estas não sejam visíveis.

Os textos de Levinas oferecem valiosa inspiração para a análise da aporia endêmica da responsabilidade moral. No entanto, não oferecem nada comparável para o escrutínio da natureza aporética da justiça. Não enfrentam a possibilidade de que – assim como no caso de assumir a responsabilidade moral pelo Outro – o trabalho das instituições que Levinas deseja que se dediquem à promoção da justiça podem não alcançar os objetivos de ideais morais ou mesmo ter conseqüências prejudiciais aos valores morais. Nem admitem a possibilidade de que tais conseqüências nocivas possam ser mais do que um efeito colateral de erros e negligência, sendo implantadas, em vez disso, na mesmíssima forma em que tais instituições podem e devem operar para permanecerem viáveis.

Um grande número de visões sobre essa última questão pode ser encontrado no trabalho de Hans Jonas.[6] Ao contrário de Levinas, Jonas coloca nossa presente incerteza moral em perspectiva histórica, representando-a como um *evento no tempo*, mais do que como uma questão metafísica atemporal. Segundo Jonas, a lacuna entre as éticas "micro" e "macro" não representou um problema durante a maior parte da história humana: o curto alcance do impulso moral não estava carregado de perigos terminais pela simples razão de as conseqüências dos feitos humanos (dada a escala da ação humana tecnologicamente determinada) serem igualmente limitadas. Em tempos recentes, contudo, a magnitude das conseqüências imediatas e oblíquas da ação humana cresceu de maneira exponencial, e seu crescimento não foi equiparado por uma expansão similar da capacidade moral humana. O que somos capazes de fazer agora pode ter efeitos profundos e radicais sobre terras e gerações distantes, que não podemos explorar nem imaginar.

Porém, o mesmo desenvolvimento que pôs nas mãos da humanidade poderes, ferramentas e armas de magnitude sem precedentes, requerendo uma fiel regulação normativa, "erodiu os fundamentos a partir dos quais tais normas poderiam ter derivado; destruiu a própria idéia de norma como tal". Ambas as divergências são trabalho da ciência, que não tolera limites para o que os humanos possam fazer. E não é provável que aceite que nem tudo que *possa* ser feito *deva* ser feito: a capacidade de fazer alguma coisa é, para a ciência e a tecnologia, o braço executivo da ciência. E assim, observa Jonas, apesar de os novos poderes precisarem, e muito, de uma nova ética, eles ao mesmo tempo solapam a própria possibilidade de satisfazer essa necessidade ao negar às considerações éticas o direito de interferir, e menos ainda de parar, seu próprio crescimento infinito e auto-impelido.

Jonas defende que essa tendência cega precisa ser revertida. Mas como? Elaborando uma nova ética, feita na medida para os novos poderes humanos. Essa é uma resposta kantiana: o que precisamos para sairmos da presente incerteza e evitar catástrofes ainda maiores são, na visão de Jonas, certas regras tão apodicticamente verdadeiras que toda pessoa sã teria de aceitá-las. Precisamos, em outras palavras, de uma espécie de imperativo categórico ponto dois. Por exemplo: "Atue de tal maneira que os efeitos de sua ação sejam compatíveis com a permanência da vida humana genuína."

Elaborar um imperativo categórico para nossa atual difícil situação, contudo, é uma tarefa assustadora, por várias razões. Em primeiro lugar, a negação de qualquer um dos candidatos para o status de "imperativo ponto dois", à diferença do imperativo kantiano original, não implica necessariamente uma contradição lógica. Em segundo lugar, é notoriamente difícil, para não dizer impossível, saber ao certo quais ações inspiradas pelo progresso da tecnociência são e quais "não são compatíveis com a permanência da vida humana genuína" – ao menos não antes que o dano, com freqüência irreparável, tenha sido feito. Mesmo no improvável caso de ter sido concedida ao novo imperativo categórico uma autoridade normativa incontestável, a questão vexatória de sua aplicação ainda permaneceria aberta: como argumentar de forma convincente que um desenvolvimento controvertido deve ser parado, uma vez que seus efeitos não podem ser medidos de antemão com certo grau de precisão, com aquela certeza quase algorítmica que satisfaria o que a razão científica estaria inclinada a aceitar?

Se um cálculo verdadeiramente algorítmico dos perigos que assomam não estiver na mesa, sugere Jonas, decidiríamos por seu segundo melhor substituto, a "*heurística* do medo": tentar ao máximo visualizar a mais terrível e mais durável entre as conseqüências de determinada ação tecnológica. Acima de tudo, precisamos aplicar o "princípio da incerteza": "Deve ser dada maior atenção à profecia da destruição do que à profecia da bem-aventurança." Jonas afirma que precisamos de um tipo de "ética pessimista sistemática" – de forma que possamos errar, se o fizermos, apenas pelo lado da cautela.

A confiança de Kant no domínio da lei ética descansava na convicção de que existem argumentos racionais que toda pessoa racional deve aceitar; a passagem da lei moral para a ação moral levada por intermédio do pensamento racional – e para suavizar a passagem só precisaríamos tomar conta da racionalidade não-contraditória da lei, contando para o resto com as endêmicas faculdades racionais dos atores morais. A esse respeito, Jonas permanece fiel a Kant – apesar de ser o primeiro a admitir que nada tão incontrovertido como o imperativo categórico de Kant (isto é, nenhum princípio que não pode ser violado sem violar simultaneamente a lei lógica da contradição) pode ser articulado em relação ao novo desafio para as faculdades éticas humanas. Para Jonas, assim como para Kant, o ponto crucial é a capacidade da razão legislativa; e a promoção, da mesma maneira que a eventual universalidade, da conduta ética é em última instância um problema filosófico, sendo portanto uma tarefa para os filósofos. Para Jonas, e para Kant, o destino da ética está total e verdadeiramente nas mãos da Razão e de seus porta-vozes, os filósofos. Nesse arranjo de coisas não existe espaço para a possibilidade de que a razão possa, em alguma de suas encarnações, militar contra o que é promovido em seu nome pelos filósofos éticos.

Em outras palavras, não existe espaço para a lógica dos interesses humanos, e a lógica das instituições sociais – esses interesses organizados cuja função é, na prática, se não por planejamento, fazer o oposto do que a filosofia ética kantiana esperava deles: tornar exeqüível o desvio das restrições éticas e irrelevantes as considerações éticas para a ação. Tampouco há espaço para a trivial observação sociológica de que, para serem aceitos, os argumentos precisam estar de acordo com os interesses, além de (ou ao invés de) serem racionalmente impecáveis. Também não há espaço para outro fenômeno igualmente trivial, as "conseqüências não antecipadas" da ação humana – os feitos que trazem resultados deixados fora da conta ou não pensados quando a ação foi empreendida. Nem há lugar para a relativamente simples adivinhação de que, quando os interesses são muitos e desiguais, qualquer esperança de que certo conjunto de princípios por fim venha a prevalecer e ser obedecido universalmente deve buscar apoio numa análise sóbria das forças sociais e políticas capazes de assegurar essa vitória.

Sugiro que uma mistura de todos esses fatores – não notados ou ignorados e deixados de lado na busca de Jonas pela nova ética – pode ser culpada pelo curioso paradoxo de nossos tempos, no qual a *crescente consciência dos perigos à nossa frente vai de mãos dadas com uma crescente impotência para impedi-los ou para aliviar a gravidade do impacto deles*. Não que não estejamos de acordo quanto aos valores – quanto às coisas que gostaríamos ou não de ver feitas. Concordar com relação aos objetivos compartilhados é quase infantilmente fácil: ninguém quer guerra, poluição ou o empobrecimento de uma parte cada vez maior do globo. E, o que é ainda mais importante, parecemos saber que, se a catástrofe deve ser evitada, as forças agora ingovernáveis devem ser mantidas em xeque e controladas por fatores diferentes daqueles interesses endemicamente difusos e dispersos, assim como míopes. Na prática, no entanto, as coisas que não desejamos ou das quais diretamente não gostamos ocupam o lugar de coisas que desejamos que aconteçam, enquanto as conseqüências das ações humanas repercutem com uma força cega e elementar que se parece mais com terremotos, enchentes e tornados do que com um modelo de comportamento racional e automonitorado.

Como nos lembrou Danièle Sallenave,[7] Jean-Paul Sartre pôde afirmar, poucas décadas atrás, que "não existem tais coisas semelhantes a desastres naturais"; mas hoje os desastres naturais se transformaram no protótipo de todas as misérias que afligem o mundo, e poderíamos simplesmente reverter a afirmação de Sartre e dizer que "só existem as catástrofes naturais". Não são apenas as mudanças dramáticas no grau de destruição de nosso hábitat (poluição do ar e da água, aquecimento global, buracos na camada de ozônio, chuva ácida, salinização do solo etc.), mas os aspectos cuidadosamente humanos das condições globais (guerras, explosões demográficas, migrações e deslocamentos em massa, explosões de hostilidades étnicas, a lacuna crescente entre ricos e pobres, a exclusão social de amplas categorias da população) que vêm sem ser anunciados, nos agarram desprevenidos e parecem inteiramente esquecidos dos gritos angustiados de ajuda e dos mais frenéticos esforços para planejar e fornecer um remédio.

A ética assediada

Obviamente, esses não são os resultados de seguir a estratégia ética de Jonas. A falta da necessária compreensão ética dificilmente pode ser culpada pelo que está acontecendo. Ninguém exceto extremistas fanáticos, registrados como extremistas fanáticos, afirmaria que é bom e benéfico poluir a atmosfera, destruir a camada de ozônio, fazer guerras, superpovoar a Terra, privar as pessoas de seu sustento ou transformá-las em errantes sem casa. Porém, tudo isso ocorre, apesar de sua condenação consensual, quase universal e vociferante. Alguns outros fatores além da ignorância ética ou da incapacidade dos filósofos para concordar quanto a princípios devem estar trabalhando se a moedora sistêmica do dano global mais do que iguala a coesão da indignação ética. Podemos supor que esses outros fatores estão entrincheirados em tais aspectos da realidade social, tanto os deixados intactos pela filosofia ética como os capazes de suportar ou se desviar com sucesso da pressão; ou, melhor ainda, fazer as demandas éticas ficarem inaudíveis ou, se audíveis, ineficientes.

Entre esses fatores, deve ser concedido o primeiro lugar às forças de mercado cada vez mais desregulamentadas, eximidas de todo controle político efetivo e guiadas apenas pelas pressões da concorrência. Graças a avanços técnicos ajudados e favorecidos pelo progressivo desmantelamento das restrições políticas, o capital agora está livre para se mover quando e para onde quiser. Os promotores e guardiães potenciais da justiça social foram assim privados da força muscular econômica sem a qual nenhuma imposição de princípios éticos poderia ser contemplada. As instituições políticas permaneceram locais – enquanto os poderes reais, que decidem a forma das coisas como elas são, adquiriram uma genuína *extraterritorialidade*. Como Manuel Castells afirma em seu monumental estudo *A era da informação*,[3] o poder em forma de capital, em particular o capital financeiro, *flui*, ao passo que a política permanece atada ao solo, suportando todas as restrições impostas por seu caráter local.

Podemos dizer que o poder foi "emancipado da política". Mas uma vez que isso acontece, esse Estado, no qual Levinas investe suas esperanças para a promoção da justiça inspirada pela moralidade, torna-se apenas uma abstração do pensamento positivo; e é cada vez mais difícil encontrar uma agência capaz de incumbir-se, o que dirá levar a cabo, da tarefa de implementar o novo imperativo categórico que Hans Jonas procurava – onde tal imperativo pudesse ser encontrado, explicado em detalhes e acordado universalmente. Podemos dizer que o problema com a aplicação da ética de Levinas aos problemas do mundo contemporâneo é acima de tudo uma questão de *falta de agência*.

No mundo de hoje, a mobilidade se tornou o fator estratificador mais poderoso e cobiçado; é a matéria com a qual se constroem e reconstroem as novas hierarquias políticas, econômicas, culturais e sociais em todo o planeta. A mobilidade adquirida pelos donos e administradores do capital significa uma nova, na verdade sem precedentes em sua radical incondicionalidade, libertação de suas obrigações pelo poder: deveres relacionados aos empregados, mas também aos mais jovens e mais fracos, assim como às gerações ainda não nascidas e na direção da auto-reprodução das condições de vida de todos. Em resumo, liberdade do dever de contribuir para a vida diária e para a perpetuação da comunidade.

Existe uma nova assimetria emergindo entre a natureza extraterritorial do poder e a continuada territorialidade da "vida toda", que os poderes agora desancorados, capazes de se mover de repente e sem aviso, estão livres para explorar e abandonar às conseqüências dessa exploração. Descartar a responsabilidade pelas conseqüências é o mais cobiçado e esperado ganho que a nova mobilidade traz ao capital, que flutua livremente sem limites locais. Os custos de lidar com as conseqüências não precisam ser levados em conta nos cálculos da "efetividade" do investimento.

A nova liberdade do capital traz à memória os proprietários ausentes de outros tempos, notórios pela negligência em relação às necessidades da população que os alimentava. Extrair o máximo do "excedente de produção" era o único interesse que os proprietários ausentes tinham na existência da terra que possuíam. Certamente encontramos alguma similaridade agora – mas a comparação não faz justiça ao tipo de libertação da preocupação e da responsabilidade que o capital móvel do final do século XX adquiriu e que os proprietários ausentes podiam apenas sonhar.

Distinguindo-se por contraste dos proprietários ausentes do começo dos tempos modernos, os capitalistas da modernidade tardia e os corretores de terras (graças à nova mobilidade de seus agora líquidos recursos) não encontram limites para o seu poder suficientemente real – sólido, duro, resistente – para impor a submissão. Os únicos limites que poderiam se fazer sentir e respeitar seriam aqueles administrativamente impostos sobre a livre movimentação de capital e dinheiro. Contudo, tais limites são poucos e raros, enquanto aqueles que permanecem estão sob grande pressão, sujeitos a serem apagados, ou apenas arrastados pelo abandono. No momento em que aqueles na extremidade que recebe – as vítimas designadas ou acidentais do impulso de gerar lucro – tentassem flexionar seus músculos e fazer suas forças serem sentidas, o capital teria pouca dificuldade para empacotar suas tendas e encontrar um ambiente mais hospitaleiro, isto é, que não resistisse, maleável e brando. O capital não precisa de enfrentamento se o evitamento funciona.

Em poucas palavras, *mais do que nivelar por cima as condições humanas, a anulação tecnológica e política das distâncias temporais/espaciais tende a polarizá-las.* Emancipa determinados humanos das restrições territoriais e torna extraterritoriais certos significados gerados pela comunidade – enquanto desnuda o território, no qual outras pessoas continuam a ser confinadas, de seu significado e de sua capacidade de conferir identidade. Para algumas pessoas ela pressagia uma liberdade sem precedentes dos obstáculos físicos e uma capacidade inaudita de mover-se e atuar apesar da distância. Para outras, pressagia a impossibilidade de se apropriar e domesticar a localidade da qual elas têm pouca chance de se libertar para ir a outro lugar. Com as distâncias não significando mais nada, ao menos não muito, as localidades, separadas por distâncias, também perdem muito de seu significado. Isso prenuncia liberdade de criação de significado para alguns, mas sinaliza a atribuição de falta de significado para outros. Alguns agora podem sair da localidade – qualquer localidade – quando desejam. Outros apenas assistem, impotentes, à única localidade que podem habitar mover-se debaixo de seus pés.

A informação também flutua independentemente de seus portadores; a mudança de corpos e o rearranjo de corpos no espaço físico são menos necessários do que nunca para reordenar os significados e os relacionamentos. Para algumas pessoas – para a elite móvel, a elite da mobilidade – isso significa, literalmente, "eliminar a fisicidade", uma nova leveza de poder. As elites viajam no espaço, e mais rápido do que nunca – mas o alcance e a densidade da rede de poder que tecem não dependem dessa viagem. Graças à nova "falta de corporeidade" do poder, sobretudo em sua forma financeira, seus detentores se tornam de fato extraterritoriais, mesmo que, em termos corpóreos, estejam "no lugar". Seu poder não é total e verdadeiramente "de outro mundo" – não do mundo físico onde constroem suas casas e seus escritórios bastante protegidos, livres da invasão de vizinhos que não são bem-vindos, separados do que possa ser chamado de comunidade *local*, inacessíveis para todos que estejam, ao contrário deles, confinados nela.

E assim outra lacuna se escancara, além daquela da agência. Essa lacuna entre as elites que constroem significados e tudo o mais cresce a cada instante. Assim como os detentores do poder de hoje nos remetem aos proprietários ausentes pré-modernos, as elites instruídas, cultivadas e culturalmente criativas mostram uma forte semelhança com as similarmente extraterritoriais elites escolásticas da Europa medieval, que falavam e escreviam em latim. Parece que o episódio moderno da construção da nação foi a única exceção de uma regra muito mais permanente. A difícil tarefa de reforjar a confusão de linguagens, cultos, sabedoria popular, costumes e modos de vida em nações homogêneas sob um governo homogêneo levou, por um tempo, as elites instruídas a um comprometimento direto com "o povo" (os termos "intelectuais" e "povo", assim como a idéia de um vínculo entre conhecimento e poder, são invenções *modernas*).

Tendo esse episódio terminado – ao menos na parte rica do globo, lar da seção mais influente da elite cultural – parece não haver uma necessidade óbvia ("objetiva") para a continuação desse comprometimento. O ciberespaço, ancorado seguramente em sites da internet, é o equivalente contemporâneo do latim medieval – o espaço que a elite instruída de hoje habita; e os residentes desse espaço têm pouco o que falar com aqueles ainda desesperadamente chafurdados no espaço físico demasiado real. E nada poderiam ganhar com esse diálogo. Não por acaso a palavra "povo" está saindo de moda rapidamente na filosofia; ela reaparece no discurso público, durante as campanhas eleitorais.

Não se espera mais que os novos Estados, assim como os de mais longa vida na presente condição deles, desempenhem a maioria das funções um dia vistas como a *raison d'être* das burocracias dos Estados-nação. A função mais evidente que foi abandonada, ou retirada das mãos do Estado ortodoxo, é a manutenção (como observou Cornelius Castoriadis)[9] de um equilíbrio dinâmico entre os ritmos do crescimento do consumo e do aumento da produtividade. Foi uma tarefa que levou Estados soberanos, em vários momentos, a impor proibições intermitentes de importar ou exportar, barreiras alfandegárias ou a estimularem a demanda interna ao estilo keynesiano, controlada pelo Estado. Qualquer controle de tal equilíbrio dinâmico hoje está além dos meios, e de fato além das ambições, de quase todos os Estados de outro modo soberanos (no sentido estrito de policiamento da ordem). A própria distinção entre o mercado interno e o global, ou, de maneira mais geral, entre o "interior" e o "exterior" do Estado, é muito difícil de ser mantida no sentido mais estrito de "policiamento do território e da população".

Todas as três pernas do tripé da soberania – econômica, militar e cultural – foram destruídas. Não mais capazes de equilibrar suas contas, proteger seu território ou promover identidades distintivas, os Estados contemporâneos se transformam cada vez mais em executores de forças que eles não têm a esperança de controlar politicamente. No veredicto incisivo de um radical analista político latino-americano,[10] graças à nova "porosidade" de todas as economias alegadamente "nacionais" e à efemeridade, esquivez e não-territorialidade do espaço em que elas operam, os mercados financeiros globais impõem suas leis e preceitos. "A 'globalização' não é nada mais do que uma extensão totalitária da lógica dos mercados financeiros para todos os aspectos da vida." Os Estados não possuem recursos suficientes ou liberdade de manobra suficiente para suportar tal pressão – pela simples razão de que "poucos minutos são o bastante para que empresas, e os próprios Estados, sofram um colapso" (como testemunhado algum tempo atrás nos casos de México, Malásia e Coréia do Sul).

> No cabaré da globalização, o Estado passa por um *strip-tease* e no final da apresentação é deixado apenas com as necessidades nuas: seus poderes de repressão. Com sua base material destruída, sua soberania e independência anuladas, sua classe política apagada, o Estado-nação se torna um simples serviço de segurança para as megacompanhias ... Os novos senhores do mundo não precisam governar diretamente: os governos nacionais estão encarregados da tarefa de administrar os negócios em nome deles.

O resultado geral de tudo isso é que a "economia" está sendo progressivamente isentada do controle político; na verdade, o principal significado transmitido pelo termo "economia" é "a área do não-político". Espera-se que o que restou da política seja tratado pelo Estado, como nos bons velhos tempos, mas ao Estado não é permitido tocar em qualquer coisa que tenha a ver com a vida econômica, exceto por seu próprio risco e o de seus súditos: qualquer tentativa nessa direção enfrentaria a ação punitiva imediata e furiosa de bancos, bolsas de valores e mercados financeiros. A impotência econômica do Estado seria uma vez mais exposta de maneira espalhafatosa, para o horror de sua equipe governante.

De acordo com os cálculos de René Passet,[11] as transações financeiras entre moedas puramente especulativas alcançam um volume de 1,3 trilhão de dólares por dia – 50 vezes maior do que o volume de trocas comerciais e quase igual ao total de 1,5 trilhão de dólares, que é a soma de todas as reservas de todos os "bancos nacionais" do mundo. "Por esse motivo," comenta Passet, "nenhum Estado pode resistir por mais de alguns dias às pressões especulativas dos 'mercados'." A única tarefa econômica que se permite ao Estado é que ele assegure o equilíbrio do orçamento policiando e mantendo em xeque as pressões locais por uma intervenção mais vigorosa na condução dos negócios e pela defesa da população contra as sinistras conseqüências da anarquia do mercado.

Como Jean-Paul Fitoussi observou,

Tal programa, contudo, não pode ser implementado a não ser que de um modo ou outro a economia seja tirada do campo da política. Um Ministério das Finanças com certeza ainda é um mal necessário, mas, idealmente, prescindiríamos de um Ministério de Assuntos Econômicos (isto é, do governo da economia). Em outras palavras, o governo deveria ser privado de sua responsabilidade pela política macroeconômica.[12]

Por sua liberdade de movimentação e sua liberdade irrestrita para perseguir seus fins, as finanças globais, o comércio e a indústria da informação dependem da fragmentação política, do *fatiamento* da cena mundial. Podemos dizer que todos eles têm capital investido em "Estados fracos", isto é, esses Estados que são *fracos* mas mesmo assim permanecem sendo *Estados*. Deliberada ou inconscientemente, essas instituições supralocais, interessados, que foram criadas e a quem se permite atuar com o consentimento do capital global, exercem pressões coordenadas sobre todos os Estados membros ou dependentes para, de modo sistemático, destruir qualquer coisa que possa deter ou frear a livre movimentação do capital e limitar a liberdade de mercado. Escancarar os portões e abandonar qualquer pensamento a respeito de uma política econômica autônoma é a condição preliminar, e resignadamente cumprida, de elegibilidade para a ajuda financeira de bancos mundiais e fundos monetários. Os Estados fracos são exatamente o que a nova ordem mundial, que mais se parece com uma nova desordem mundial, precisa para se sustentar e se reproduzir. Quase-Estados fracos podem ser facilmente reduzidos ao papel (útil) de delegacias de polícia locais, assegurando a pequena quantidade de ordem requerida para a condução dos negócios, mas não precisam ser temidos como freios efetivos à liberdade das companhias globais.

A separação da economia e da política e a dispensa da primeira da intervenção reguladora da segunda, o que resulta na retirada do poder da política como agência efetiva, pressagia muito mais do que uma simples virada na distribuição do poder social.

Como observou Claus Offe,[13] a agência política como tal – "a capacidade de fazer escolhas coletivamente comprometidas e levá-las a cabo" – tornou-se problemática. "Em vez de perguntar o que há para fazer, deveríamos, o que seria mais frutífero, pesquisar se existe alguém capaz de fazer o que é necessário fazer." Como as "fronteiras se tornaram penetráveis" (de maneira seletiva, é claro), "as soberanias se tornaram nominais, o poder, anônimo, e seu lugar ficou vazio".

Não alcançamos ainda o destino final; o processo continua e parece não parar. "O padrão dominante pode ser descrito como 'soltando os freios': desregulamentação, liberalização, flexibilidade, fluidez crescente e facilitação de transações nos mercados de trabalho e imobiliário, diminuindo a carga tributária etc." Quanto mais consistente for a maneira com que o padrão é aplicado, menos poder permanece nas mãos da agência que o promove; e menos a agência cada vez mais sem recursos pode deixar de seguir esse padrão, se é que desejam ou pressionam para que ela o faça.

Uma das conseqüências mais seminais da nova liberdade de movimentação global é que fica progressivamente mais difícil, talvez de todo impossível, reforjar questões sociais em ações coletivas que sejam efetivas. E as seções da sociedade tradicionalmente encarregadas dessa tarefa viram as costas; nada em sua própria posição e nas socialmente enquadradas vocações as instiga a voltar a assumir o papel que caiu ou foi arrancado de suas mãos. Esses dois aspectos, tomados em conjunto, fazem o mundo de hoje ainda menos hospitaleiro à ética de Levinas, enquanto os toques de clarim de Hans Jonas guardam uma estranha semelhança com chorar no deserto.

Essas duas separações têm sido anunciadas, com uma mistura de assombro e alívio, como "o fim da história" ou "o fim da idade da ideologia". Não tendo um programa nem uma visão da boa sociedade, nenhum modelo de justiça social – na verdade, não há qualquer modelo de política moral ou eticamente orientada, exceto aquele com políticos cansados de usar seus poderes para solicitar subornos ou favores sexuais (com o barulho levantado pela frivolidade sexual de Bill Clinton, podia-se ouvir o desabamento das fundações do Estado de bem-estar social) – tem sido, em uma curiosa inversão de valores, proclamado como motivo de orgulho das elites instruídas. Insistir (a não ser durante as campanhas eleitorais) que a eqüidade, a justiça, o bem público, a boa sociedade ou a cidadania efetiva ainda são conceitos significativos e tarefas que valem a pena serem empreendidas pode ser feito apenas sob risco de ridicularização.

Os intelectuais podem ser os salvadores?

Cornelius Castoriadis afirmou, numa de suas últimas intervenções, que o problema da nossa civilização é que ela parou de se questionar. Na verdade, podemos dizer que a proclamação da morte das "grandes narrativas" (ou, no caso de Richard Rorty, da retirada dos "movimentos políticos", um tipo que costumava avaliar cada passo no sentido de diminuir a distância para um estado ideal de coisas, em favor da resolução do problema em pauta, que é o princípio de uma-questão-de-cada-vez das "campanhas políticas") anuncia o desligamento das classes eruditas, a grande recusa da vocação intelectual moderna.

Existem duas formas aparentemente opostas, porém convergentes, pelas quais as classes eruditas tendem a lavar as mãos em relação a esse questionamento da sociedade que um dia foi seu traço definidor.

O "conceito positivo" de ideologia é um deles. Se todo conhecimento é ideológico, se podemos confrontar a ideologia apenas da perspectiva de outra ideologia, se *il n'y a pas hors d'idéologie*,* nenhum padrão externo com o qual medir e comparar a validade de diferentes ideologias – então não há um "problema de ideologia", nada que os estudantes de ideologia precisem ou de-

---

*Não existe nada fora da ideologia. (N.T.)

vam fazer além de descrevê-los *sine ira et studio*.* Acima de tudo, é preciso não adotar uma posição. Como não há uma forma pela qual se possa estabelecer a superioridade de uma percepção de mundo sobre outra, a única estratégia remanescente é recebê-las do jeito que vêm e seguir com o fato bruto de sua vasta e irredutível variedade. Se não se permite nenhuma crítica da ideologia, então a tarefa da reflexão social termina uma vez que tenha sido observado que a ideologia está em todo lugar e que tudo é ideológico. A idéia de um comprometimento ativo com a sociedade perde sua justificação e sua urgência.

Ironicamente, a visão oposta leva às mesmas conclusões práticas. Essa outra visão, nunca de todo ausente do discurso moderno e agora ganhando força, defende que a presença da ideologia é o sinal de uma sociedade ainda não completamente modernizada; a ideologia é uma variedade retrógrada e nociva do conhecimento. Se persistir, só pode ser devido à ignorância ou a uma insidiosa conspiração de auto-indicados reformadores da realidade. Na ocasião de sua admissão na Academia Francesa, Jean-François Revel definiu a ideologia como "uma construção *a priori*, elaborada apesar de e com desprezo por fatos e leis; ela é, ao mesmo tempo, o oposto de ciência e filosofia, religião e moralidade".[14]

Podemos apenas supor como a ciência, a filosofia, a religião e a moralidade se encontravam ombro a ombro defendendo os fatos e as leis. Mas uma suposição crível é que o papel de comandante foi atribuído, naquele exército, à ciência – que, como assinala Revel, testa suas afirmações contra a realidade (à diferença da ideologia, que – como Revel não diz – testa a realidade contra suas afirmações). Revel tem a esperança de que a ciência possa por fim vir a substituir a ideologia. Quando isso acontecer, a premonição de Castoriadis por fim se tornará verdadeira: a sociedade deixará de se questionar.

---

*Sem ódio nem parcialidade, Tácito. (N.T.)

O anúncio do "fim da ideologia" é uma declaração de intenção dos analistas sociais, mais do que uma descrição das coisas como são – não mais criticar a forma como as coisas estão sendo feitas, não mais julgar ou censurar o mundo confrontando seu presente estado com uma alternativa para uma sociedade melhor. Toda teoria e prática críticas serão, daqui por diante, tão fragmentadas, desregulamentadas, auto-referentes, singulares e episódicas quanto a própria vida pós-moderna.

No entanto, menciona-se com freqüência que a apoteose neoliberal dos resultados econômicos, da produtividade e da concorrência, com seu culto ao vencedor e sua promoção do cinismo ético, é o equivalente atual das grandes ideologias de outrora; uma ideologia, além disso, que chega mais perto de uma hegemonia incontestada do que todas as suas antecessoras. O ponto de similaridade entre a visão de mundo neoliberal e uma típica ideologia "clássica" é que ambas servem como marcos *a priori* para todo o discurso futuro, separando o que é visto do que passa sem ser percebido, concedendo ou negando relevância, determinando a lógica do raciocínio e a avaliação dos resultados. E ainda assim, o que faz a visão de mundo neoliberal bastante distinta de outras ideologias é justo a ausência de questionamento e de qualquer aresta crítica, sua rendição ao que é visto como a implacável e irreversível lógica da realidade social. Podemos dizer que a diferença entre o discurso neoliberal e as ideologias clássicas da modernidade é a mesma que existe entre a mentalidade do plâncton e a dos nadadores ou marinheiros.

Pierre Bourdieu comparou a aparente invencibilidade da visão de mundo neoliberal com a do "discurso forte" do manicômio de Erving Goffman:[15] esse tipo de discurso é notoriamente difícil de ser rebatido porque tem a seu lado todas as mais poderosas e indômitas forças terrenas que já pré-separaram o "real" do "irrealista" e fizeram o mundo como ele é. A apoteose neoliberal do mercado confunde *les choses de la logique avec la logique des choses*, enquanto as grandes ideologias dos tempos modernos, com todas as suas controvérsias, concordam em um ponto: a lógica das coisas como elas são desafia e contradiz o que a lógica da razão dita. Ideologia usada para estabelecer a razão *contra a natureza*, o discurso neoliberal desautoriza a razão ao *naturalizá*-la.

Antonio Gramsci cunhou o termo "intelectuais orgânicos" para se referir a esses membros da classe erudita que tomaram para si elucidar as tarefas e expectativas genuínas, putativas ou postuladas, de amplos setores da população, dessa forma ajudando na ascensão de uma ou outra *klasse an sich** para a *klasse für sich***. Essa elucidação, "que coloca as dificuldades de uma classe em perspectiva histórica", foi trabalho da ideologia; os intelectuais se tornaram "orgânicos" ao se engajarem na práxis ideológica. Deixem-me observar que o acréscimo do qualificativo "orgânico" ao conceito de "intelectual" torna a combinação resultante pleonástica; é precisamente o fato de serem "orgânicos" no sentido gramsciano que transforma "homens e mulheres do conhecimento" em intelectuais.

Ao desenvolver a *noção de ideologia* como um dispositivo para mudar o mundo, como uma alavanca elevando as classes da sociedade de classes à categoria de agentes históricos autoconscientes, ou como um aparelho para reformar e condensar populações heterônomas e heterogêneas em unidades culturais autônomas e homogêneas, os intelectuais desempenharam um papel "orgânico"; nesse caso, contudo, atuaram como "intelectuais orgânicos" *de si mesmos*, elevando a classe erudita ao status de *klasse-für-sich* e à categoria de uma classe muito especial de pessoas, com uma vocação missionária peculiar, uma espécie de metaclasse, a "classe que produz classes". Qualquer noção de ideologia atribui uma representação histórica crucial aos homens e mulheres do conhecimento, proclamando-os responsáveis pela explicação detalhada dos valores e objetivos convenientes, adequados e apropriados para classes, grupos étnicos, gêneros ou nações, e para tornar suas descobertas historicamente efetivas.

---

*Classe em si. (N.T.)

**Classe para si. (N.T.)

Essa suposição subjacente e crucial do conceito de ideologia coloca os intelectuais no papel de criadores de cultura, professores e até guardiães de valores (notavelmente, valores *éticos*); isso exige compromisso direto com o modelo de sociedade justa e, portanto, com a própria sociedade ou determinadas seções dela. Na verdade, dá sentido à própria idéia de "intelectuais" como mulheres e homens de conhecimento *com uma missão* a desempenhar e uma virtude a promover – assim como sustentar o lance coletivo, feito pela classe erudita, por uma posição de autoridade correspondente a essa vocação coletiva.

A questão é se o evangelho hoje muito difundido, talvez dominante, do "fim da ideologia" ou da "morte das grandes narrativas" (e, pairando sobre todos eles, do "fim da história") é um ato de rendição por parte da classe erudita e de retirada da oferta coletiva; ou, pelo contrário, pode ser visto como outra versão, atualizada, da estratégia "auto-orgânica" e, por conseguinte, dessa ideologia que fornece sua justificativa e *raison d'être*.

Parece que, se a classe erudita da era moderna tardia ou pós-moderna assume de algum modo o papel de intelectuais orgânicos, é apenas o papel de intelectuais orgânicos de si mesmos. O que distingue com maior clareza o pensamento atual das classes eruditas é sua auto-referencialidade, sua preocupação aguda com as condições de sua própria atividade profissional e uma postura cada vez mais evasiva em relação a outros setores da sociedade; na verdade, o quase total abandono do tradicional papel "sintetizador" – uma falta de vontade de ver no resto da sociedade algo mais do que um conjunto de indivíduos, unida à inclinação de teorizá-los como agentes solitários, em vez de coletivos. A "privatização" da noção de representação no pensamento social de hoje é um caso relevante – um de muitos.

Seria ingênuo culpar a "traição dos empregados" pela atual separação seminal em outros estágios de produção e buscar compensação no clamor ortodoxo do compromisso como obrigação. A retirada de uma agenda pública para abrigos profissionais dificilmente pode ser explicada de maneira satisfatória por uma súbita (e também inexplicável) mudança de vontade ou um acesso de egoísmo. É provável que as causas sejam mais profundas, chegando à transformação da forma em que o poder e a capacidade de atuar e de atuar efetivamente, que acompanha o poder, são distribuídos e exercidos na sociedade pós-moderna, e no modo como são reproduzidas as condições de vida social, inclusive as das classes eruditas.

Ao analisar as causas do rápido enfraquecimento dos vínculos entre os interesses e as preocupações das classes eruditas e da agenda pública, Geoff Sharp apontou com precisão o "isolamento do 'discurso' teórico social da linguagem do dia-a-dia" como o principal entre eles.[16] Mais uma vez, esse isolamento não é só o resultado da escolha contingente nem é uma questão de falha de caráter. Vem na esteira de um reposicionamento radical dos recursos intelectuais e de uma mudança na maneira como o trabalho intelectual é conduzido. Nos termos que sugeri, podemos dizer que o isolamento em questão pode muito bem ser a única forma que a ideologia auto-referente dos intelectuais poderá assumir se eles tiverem que permanecer – sob condições pós-modernas, do mesmo modo que no decorrer dos tempos modernos – como "intelectuais orgânicos" de si mesmos; embora, simultaneamente, essa forma exija que as classes eruditas deixem de ser "intelectuais orgânicos" de qualquer pessoa.

O ponto mais geral, diz Sharp,

é que essa prática intelectual como tal é radicalmente dependente de mediação tecnológica para sua forma característica de constituir uma forma de vida. A ação mediada é sua marca de qualidade ... Ela também funciona para a maneira mediada com que as tecnociências se apoderam de seus objetos e os constituem, isto é, por meio de um aparato de intervenção que permite que tal objeto seja re-representado e entendido em formas que não estão disponíveis para um conhecimento sensato mais direto. Por fim, a mediação permite que todas as expressões da prática intelectual constituam seus objetos de maneira mais abstrata; que os constitua em categorias diferentes e tipicamente mais inclusivas do que é característico das relações de presença mútua.

Deixem-me acrescentar que, com toda sua ostentada inclusão e tipicidade, as categorias em questão não incluem todos os seres humanos quando emergem e atuam na vida diária de cada um. Pelo contrário: generalizando aspectos abstratos dos agentes humanos, *pars pro toto*,* as categorias em questão separam e dividem mais do que "fazem um conjunto" e ficam no caminho da vida humana sem nunca adquirir a totalidade pela qual luta. Qualquer que seja o caso, notemos, como observa Sharp, "a forma sem precedentes segundo a qual práticas intelectualmente relatadas estão reconstituindo o mundo da pós-modernidade à sua própria imagem: de maneira mediada, abstrata e por meio de arquivo textual".

A rede mundial de computadores, habitada pelas classes eruditas, deixa o *Lebenswelt* – o mundo vivido – do lado de fora; admite pedaços e partes desse mundo apenas quando adequadamente fragmentados e assim prontos para processamento, e os devolve ao mundo exterior com uma forma abstrata, estupidamente reciclada. O ciberespaço, o terreno da prática intelectual pós-moderna, alimenta-se da fragmentação e a promove, sendo ao mesmo tempo seu produto e sua principal *causa efficiens*.

A ascendência da mitologia no auge da modernidade foi, notoriamente, uma bênção confusa. Mas também foi sua morte. Passado o evento, sabemos agora os custos humanos de colocar a sociedade em camisas-de-força ideológicas, de cair na tentação de casar os planos ideológicos com o fervor dos poderes executivos – e estamos inclinados a contá-los cuidadosamente antes que qualquer novo compromisso entre em cena. Mas ainda precisamos aprender os custos de viver sem sinalizadores alternativos e sem padrões de comparação, de "deixar as coisas acontecerem" e declarar que as conseqüências são inevitáveis e imprevistas.

---

*A parte pelo todo. (N.T.)

A visão de Ulrich Beck da *Risikogesellschaft*, a sociedade de risco, é um vislumbre de tal forma de viver: de uma crise para outra, tentando enfrentar um problema conhecido apenas para provocar uma quantidade desconhecida de problemas desconhecidos, concentrando-se no gerenciamento de ordens locais e perdendo a visão de sua contribuição para o caos global. É muito cedo para comemorar o fim das "grandes narrativas", assim como é estranho e talvez antiético, à luz da experiência moderna, lamentar o falecimento delas.

· 15 ·

Democracia em duas frentes de batalha

Aprendemos com Aristóteles a diferenciar o *oikos* (esse territó-rio privado familiar e aconchegante, apesar de algumas vezes barulhento e tempestuoso, onde nos encontramos com alguns outros familiares diariamente e cara a cara, falamos e negocia-mos as formas de compartilhar nossas vidas) da *ecclesia* (aquele domínio distante, que raras vezes visitamos pessoalmente mas onde as questões públicas, as matérias que afetam as vidas de cada um de nós, são estabelecidas). Existe, no entanto, uma terceira área que se estende entre essas duas: a *ágora*, um reino nem verdadeiramente privado nem de todo público, um pouco de ambos. É na *ágora* que "o público" e "o privado" se encon-tram, são apresentados um ao outro, passam a se conhecer e aprendem, por tentativa e erro, a difícil (e útil) arte da coabita-ção pacífica.

A *ágora* é a terra natal da democracia. Pela freqüência com que é visitada e pela duração da estada, mede-se o pulso da democracia. É durante essas visitas que o trabalho de *transla-ção* entre o *oikos* e a *ecclesia* é executado. A democracia é, na verdade, a prática da translação contínua entre o público e o privado, de reforjar problemas privados em questões públicas e redistribuir o bem-estar público em tarefas e projetos privados. Como toda translação, ela dificilmente é perfeita e sempre permanece aberta a correções. E apresenta camadas totalmente novas de possibilidades em ambos os lados da ação translativa. Friedrich Schleiermacher nos ensinou que a interpretação consiste em um "círculo hermenêutico" de rotação constante. Podemos pensar a translação da mesma maneira. A democracia é um "círculo de translação". Quando este movimento pára, a democracia acaba. A democracia não pode reconhecer qualquer translação como final e não mais aberta à negociação sem trair sua natureza. Podemos definir uma sociedade democrática por sua suspeita nunca totalmente mitigada de que seu trabalho não está completo, que ela ainda não é democrática o bastante.

Cornelius Castoriadis sugere que nenhuma fórmula apreendeu melhor a essência da democracia do que *edoxe te boule kai to demo* ("é considerado bom pelo conselho e pelo povo") – usada pelos atenienses como um preâmbulo rotineiro para as leis que promulgavam. "É *considerado* bom" – e não "*é bom*". O que é considerado bom hoje pode não ser amanhã, quando o conselho e o povo se reunirem outra vez na *ágora*. As leis que se seguiam às reuniões só podiam ser obedecidas como convites permanentes a novas reuniões. A conversa entre a *ecclesia* e o *oikos* não pode nunca ranger os freios até parar.

A possibilidade e a exeqüibilidade da translação dependem da mesma condição: a autonomia da sociedade e de seus membros. Os cidadãos devem ser autônomos, livres para formar suas próprias opiniões e para cooperar em dar substância às palavras. E a sociedade também deve ser autônoma, livre para estabelecer suas leis, sabendo que não existe outra garantia da bondade da lei senão o exercício sério e diligente dessa liberdade. As duas autonomias se complementam, mas apenas sob a condição de que seus territórios se sobreponham e de que os reinos sobrepostos incluam todas as coisas necessárias para que a vida compartilhada seja boa. O que faz com que a conversação existente entre o conselho e o povo tenha significado e que suas reuniões regulares valham o tempo e o esforço que requerem é a expectativa de que "aquilo que for considerado bom" para ambos os lados se tornará a lei que ambos os lados obedecerão e pela qual serão governados. Para ver sentido em exercer sua autonomia, os cidadãos precisam saber e acreditar que a sociedade que apela para seu pensamento e seu trabalho também é autônoma.

Se a democracia trata disso, então hoje em dia ela está exposta a uma dupla ameaça. Uma vem da crescente impotência da *ecclesia*, dos poderes públicos, de promulgar "o que é considerado bom" e implementar o que foi promulgado. A outra ameaça (relacionada à primeira) vem do enfraquecimento da arte da translação entre a *ecclesia* e o *oikos*: as questões públicas e os problemas privados. O destino da sobrevivência da democracia é resolvido nas duas frentes de batalha em que as ameaças gêmeas são enfrentadas.

Comecemos com a primeira ameaça: o poder está cada vez mais separado da política. O poder flui, como diz Manuel Castells, enquanto todas as instituições políticas inventadas e entrincheiradas numa história de 200 anos de democracia moderna continuam atadas ao solo. O poder hoje é global e extraterritorial; a política é territorial e local. O poder se move livremente e na velocidade dos sinais eletrônicos, ignorando as limitações do espaço (Paul Virilio sugeriu que, ainda que os obituários da história sejam excessivamente prematuros, certamente estamos testemunhando o fim da geografia. As distâncias não importam mais). A política, porém, não tem outra representação senão o Estado, cuja soberania é, como antes, definida (e confinada) em termos espaciais. O poder tende a ser medido pela capacidade de evitar o compromisso ou de desobrigar-se e escapar de repente ou sem aviso, enquanto o sintoma da falta de poder é a incapacidade de parar ou até mesmo de diminuir os movimentos. Manter aberta a opção do "ato de desaparecimento" está se tornando a estratégia principal dos poderes globais, e "atacar e fugir" transforma-se na tática mais usada por eles.

Existe uma lacuna crescente entre os limites externos do controle político institucionalizado e o espaço onde as questões mais relevantes para a vida humana são, por planejamento ou omissão, estabelecidas. Esse espaço está fora do alcance do Estado soberano – até agora a única totalidade que corporificou e institucionalizou o procedimento democrático. Sempre que algumas tentativas foram empreendidas (de maneira tímida) pela assembléia de Estados soberanos para preencher coletivamente o vazio, elas falharam, como as desdentadas resoluções do Uruguai, ou demonstraram a completa impossibilidade de chegar a posições comuns em relação a questões tão essenciais como engenharia genética e clonagem. A guerra na antiga Iugoslávia ressaltou muitas divergências consideráveis – mas também foi um prego no caixão da soberania estatal subjacente à ordem mundial e à prática da democracia durante a maior parte da história moderna, além de uma declaração da irrelevância das Nações Unidas, essa resposta à globalização que adotou o princípio da soberania do Estado como ponto de partida. A democracia global não está à vista.

Anthony Giddens usou a metáfora do caminhão pesado para visualizar a forma como a vida moderna se espalhou (a imagem do *juggernaut* – um gigantesco veículo sob o qual os fiéis, vítimas do êxtase religioso, supostamente se atiravam com alegria para serem esmagados e transformados em polpa – foi importada da Índia pelos governantes ingleses e substituiu a imagem do Moloch* bíblico no imaginário britânico). Além de representar as dinâmicas da modernidade, essa metáfora apreende com exatidão a lógica da globalização.

O êxtase religioso está confinado aos poetas da corte dos poderes recém-chegados, ou a seus pregadores, como Francis Fukuya-

---

*Moloch, na tradição bíblica, é o nome do deus ao qual os amonitas sacrificavam seus recém-nascidos jogando-os em uma fogueira. (N.T.)

ma ou Thomas Friedman. Para o sóbrio *Staatsmänner** de nossos tempos profanos bastará uma versão atualizada da *Staaträson*;** a marca da nobre prudência é, cada vez mais, o princípio Tina (uma abreviatura proposta por Pierre Bourdieu para o credo de que "There Is No Alternative"*** dos devotos dos mercados globais). Não há nada que possamos fazer para interromper o jogo – e se você não pode vencê-los, junte-se a eles. De um modo ou de outro, o resultado é quase o mesmo. A sabedoria política se reduz a deixar os portões escancarados para a livre movimentação do capital financeiro e comercial e para tornar o país hospitaleiro e sedutor para os nômades poderosos, minimizando as regras e maximizando a flexibilidade dos mercados financeiro e de trabalho. Em outras palavras, a *ecclesia* usa seu poder para entregar o poder. Os governos competem entre si para fazer com que o *juggernaut* vá em suas direções.

Claus Offe observou, alguns anos atrás, que nossa complexa realidade social havia ficado tão rígida que qualquer reflexão crítica sobre seus mecanismos parece fútil e sem conseqüências práticas. Mas a "dureza" do bife é ela mesma um reflexo da afiação da faca e dos dentes. Com as facas não mais sobre a mesa e os dentes, saudáveis ou doentes, arrancados um a um, não há nada com que morder o bife...

Assim, o mais mal-assombrado dos mistérios políticos de hoje não é tanto "*o que fazer*", mas sim "*quem* o faria se soubéssemos o que deve ser feito". Sendo a exeqüibilidade da ação medida pela potência das ferramentas, pouca ação é esperada pelas pessoas mais razoáveis de sua *ecclesia* local, já que sabem bem quão limitada se tornou suas margens de manobra. Para qualquer um preocupado com o bem-estar do *oikos*, as reuniões na *ágora* para negociar interesses comuns e os meios de promovê-los e protegê-los parece ser cada vez mais uma perda de tempo e esforço. Quanto aos profissionais da *ecclesia*, também parece

---

*Estadista. (N.T.)
**Razão de Estado. (N.T.)
***Não existe alternativa. (N.T.)

não haver mais razão para que visitem a *ágora*. Depois de tudo, podem acrescentar pouco ao debate, a não ser exortações adicionais para aceitarmos as coisas do jeito que elas vêm e mordê-las à maneira deles, com facas privadas e dentaduras fornecidas pelas lojas.

A *ágora* foi abandonada, porém não ficou vazia por muito tempo. Voltou a ser ocupada, desta vez pelos sons que reverberam do *oikos*. Como observou Peter Ustinov, espirituoso humorista inglês, "Este é um país livre, madame. Temos o direito de compartilhar sua privacidade em um espaço público". Alain Ehrenberg, sociólogo francês, escolheu uma noite de quarta-feira, em outubro de 1983, como momento decisivo na história cultural francesa (e não apenas dela): naquela noite, uma certa Vivianne, na frente de milhões de telespectadores, anunciou que seu marido, Michel, sofria de ejaculação precoce e que ela nunca tivera prazer em suas relações sexuais. Desde esse evento seminal, inúmeros programas de entrevistas se tornaram a principal janela aberta para o mundo pelas estações de TV em todo o globo. Os espectadores vêem, através dessa janela, pessoas confessando o íntimo *Erlebnisse* nunca antes apresentado em público. A maior lição, que escutam *ad nauseam*, é: cada um de nós tem de lutar contra as mesmas preocupações, e devemos fazê-lo sozinhos, usando nossa própria sagacidade e estamina e ajudados apenas pelas brilhantes engenhocas encontradas nas lojas de departamentos.

O "privado" invadiu a cena-destinada-a-ser-pública, mas não para interagir com o "público". Mesmo quando está sendo enxovalhado na frente do público, o "privado" não adquire uma nova qualidade; quando muito, é reforçado em sua privacidade. As conversas televisadas de "pessoas comuns", como Vivianne e Michel, e o mexerico "exclusivo" dos jornais sobre as vidas privadas de estrelas do mundo do espetáculo, políticos e outras celebridades são lições públicas sobre a vacuidade da vida privada e a vaidade das esperanças investidas em alguma coisa menos particular do que os problemas privados e as curas privadas.

Hoje, os indivíduos solitários entram na *ágora* apenas para encontrar a companhia de outros indivíduos solitários. E voltam para casa com a confiança renovada em sua solidão.

Esse é o nó górdio que ata os pés e as mãos do futuro da democracia: a crescente impotência prática das instituições públicas diminui o interesse em questões e posições comuns de sua esfera de atração, enquanto a capacidade enfraquecida e a vontade definhante de trasladar sofrimentos privados para questões públicas facilita o trabalho das forças globais que impulsionam essa impotência à medida que se alimenta de seus resultados. Serão necessárias a visão e a coragem de um Alexandre da Macedônia para cortar o nó.

· 16 ·

Violência – antiga e nova

Nos Estados Unidos, a luta contra o terrorismo, interna e externa, tem sido uma das principais preocupações do governo federal, sendo razão para alimentar os orçamentos da polícia e das forças armadas com grandes pedaços da renda nacional. O "terrorismo" se tornou o nome genérico que aparece cada vez que os *marines* ou os pilotos de caças saem em missão, quando outra quantidade de mísseis inteligentes é lançada ou restrições novas e mais duras são impostas aos habitantes das cidades do interior. O conceito de "terrorismo" fica particularmente conveniente quando alguém em algum lugar decide resistir à opressão com um arma na mão, ainda mais se resistem aos governos que há muito tempo deixaram de resistir ao "programa globalizante" norte-americano de livre-comércio e fronteiras abertas. De acordo com o professor Herbert I. Schiller, de San Diego, apenas na última década os iranianos, líbios, palestinos e curdos foram denunciados (pela então secretária de Estado Madeleine Albright) como terroristas. Antes disso, durante os últimos 50 anos, o Exército norte-americano e seus aliados queimaram com *napalm* ou massacraram de outro modo os terroristas na Coréia, na República Dominicana, no Vietnã, na Nicarágua, no Iraque e em muitos outros lugares.[1]

Não há dúvida de que o terrorismo é brutal e sangrento e que as pessoas chamadas de "terroristas" estão prontas e impacientes para matar quantos mortais sejam necessários para assegurar o nascimento ou a sobrevivência de sua causa. No entanto, a questão é que a etiqueta de "terrorista" das pessoas que atiram, lançam bombas e queimam outros cidadãos depende menos da natureza de suas ações do que da simpatia ou antipatia daqueles que imprimem as etiquetas e as colam. Se não fosse pelas etiquetas, poderíamos confundir os terroristas e as vítimas – como aquele soldado britânico anônimo, em Kosovo, que compartilhou suas dúvidas com Chris Bird, correspondente do *Guardian*: "Creio que fomos mal informados sobre o Exército de Libertação do Kosovo. Eles são terroristas e nós ganhamos essa guerra para eles. Não só os sérvios, mas os albaneses étnicos também têm medo deles."[2]

Terroristas fazem violência; para ser mais preciso, chamamos de violência o que os terroristas fazem. Essa definição reversível mostra como é bastante difícil definir violência ao nos referirmos apenas ao atributo do ato. Sim, é característica da violência obrigar as pessoas a fazerem coisas que de outra maneira não fariam e que não têm vontade de fazer; sim, violência significa aterrorizar as pessoas para fazê-las atuar contra a vontade delas e assim privá-las de seu direito de escolha; e sim, para atingir tais efeitos, danos são impostos ao corpo humano, a dor é infligida, o horror é espalhado pelo espetáculo da carne queimada, das poças de sangue e dos rumores de que homens e mulheres audazes ou arrogantes o bastante para resistir tiveram seu sangue derramado. Isso é verdade, mas não a verdade toda.

Nem toda subjugação de liberdade e integridade corporal humana aparece sob a rubrica da "violência". Para que essa ação seja chamada de "violência", e portanto seja condenada, algumas outras condições, que não estão relacionadas à natureza das ações, mas aos seus perpetradores, devem ser alcançadas. Quanto às vítimas de suas ações, dificilmente notarão a diferença:

estarão cobertas de sangue, expulsas de seus lares, privadas de suas propriedades ou de suas vidas, e essas coisas tendem a parecer iguais, quer seu motivo seja genuíno, quer putativo. A dor é sentida exatamente da mesma forma, tanto quando é classificada como "dano colateral" ou como resultado de uma intenção. Mais importante ainda, as vítimas só dispõem das palavras de seus torturadores quando se trata de decidir quais foram as intenções verdadeiras e qual a extensão do "dano colateral" que essas intenções podem absorver enquanto persistirem as nobres intenções que dizem ter.

Em resumo, a violência é um conceito contestável. A contestação em que esse conceito está inserido se refere à legitimidade. A violência é uma coerção ilegítima; para ser mais preciso, uma coerção à qual foi negada a legitimidade. Chamá-la de ato de coerção, de forçar as pessoas a agir contra suas vontades ou tirando delas a chance de voltar a atuar de boa ou má vontade, de um "ato de violência", não é uma informação nova para a descrição do ato, mas transmite a decisão do orador de questionar o direito de os atores exercerem coerção, e também de negar-lhes o direito a determinar quais palavras serão usadas para descrever suas ações. Na luta pelo poder, a violência é ao mesmo tempo um meio e um risco. Esse papel dual tem origem no principal objetivo dessa luta: legitimar a coerção.

Em sua perspicaz análise do "campo literário", Pierre Bourdieu ridiculariza os estudos literários "positivistas" por tentarem fazer um inventário das qualidades imanentes e "objetivas" da literatura, o que, na visão deles, possibilitaria que fosse estabelecido, de forma igualmente "objetiva", o que é e o que não é um "trabalho literário" ou quem é e quem não é um "escritor". Contra tais esperanças e intenções, Bourdieu observa que "um dos maiores riscos nas lutas conduzidas dentro do campo literário ou artístico é a definição dos limites do campo", ou seja, do conjunto de pessoas "com o legítimo direito a participar na luta". O risco em questão é a definição de "prática legítima" – e, por último, o direito de articular as definições "autorizadas", isto é, "vinculantes".[3]

Sugiro que essa análise, apesar de lidar com conflitos literários e artísticos, tem relevância direta para o nosso assunto. Tudo isso que Bourdieu falou sobre a dinâmica do campo literário diz respeito aos atributos que este possui como espécime de uma classe mais ampla de "campos sociais". Todos os campos sociais, não importa quão diferentes e específicos e quaisquer que sejam suas ferramentas e produtos, são sedimentações de lutas passadas pelo poder, "mantidas em forma" por lutas atuais pelo poder. A essência de todo poder é o direito de *definir com autoridade*, e o maior risco da luta pelo poder é a apropriação ou retenção do direito de definir e, não menos importante, do direito de invalidar e ignorar as definições vindas do campo adversário.

Edward W. Said observou a respeito das conseqüências da irrupção de violência no Kosovo:

> O Tribunal Internacional que julgou Milosevic um criminoso de guerra perde sua credibilidade se, seguindo os mesmos critérios, ele se abstém de inculpar Clinton e Blair, Madeleine Albright, Sandy Berger, o general Clark e todos aqueles que violaram, simultaneamente, todas as formas de decência e as leis da guerra. Em comparação com o que Clinton fez ao Iraque, Milosevic é quase um amador.[4]

Podemos assumir com segurança que a ingenuidade dessas observações foi deliberada. Certamente Edward Said, um analista muito perceptivo das modas e fraquezas de nossa civilização, sabe que os critérios seguidos pelo Tribunal Internacional não eram esses do grau de crueldade e do volume de sofrimento humano que essa crueldade causou (e menos ainda critérios tão etéreos e vagos como a "decência"), mas aqueles do *direito a ser cruel*; e que, por conseguinte, os critérios aplicados pelo tribunal a Milosevic e Clinton foram, na verdade, os mesmos. Foi por esses critérios que o primeiro pôde ser declarado um criminoso e o segundo obteve a glória de colocá-lo de joelhos. É concebível que, alguns anos atrás, quando o princípio de soberania territorial do Estado ainda não havia desmoronado sob a pressão infatigável da globalização, "os mesmos" critérios pudessem ter impulsionado a absolvição de Milosevic e uma acusação de agressão – a violência eponimicamente ilegítima – contra as forças da Otan.

Em todos os esforços de construção e manutenção da ordem a legitimidade é, necessariamente, o principal risco do jogo e o conceito mais contestado. A luta é conduzida em torno da fronteira que divide a coerção e imposição adequada (isto é, impunível) da inadequada (punível). A "guerra contra a violência" é travada em nome do monopólio da coerção. A "eliminação da violência", o declarado objetivo dessa guerra, é visualizada como o estado no qual esse monopólio não é mais contestado. A "não-violência" apresentada como atributo da vida civilizada não significa ausência de coerção, apenas a ausência de coerção *não autorizada*. Essas são as principais razões pelas quais a guerra contra a violência é invencível e uma ordem social "não-violenta" é quase uma contradição.

Nossa civilização moderna colocou a "eliminação da violência" como um dos principais itens da agenda de construção da ordem. Levando o projeto de modernidade a sério e esquecidos da agenda cuja escolha de palavras queria esconder ou tornar mais palatável, muitos estudiosos dizem que a civilização moderna está voltada para o "abrandamento" da condição humana e a firme eliminação de métodos coercitivos de promover a ordem. Até agora, foram dolorosamente desapontados em suas tentativas de documentar um progresso convincente, embora, com cada mudança no estabelecimento e nas regras do jogo de poder em curso, tenham celebrado antecipadamente o avanço que estava por vir. O problema com o jogo que muda a toda hora é que, apesar de revigorar continuamente as enfraquecidas promessas de melhores chances para o futuro, ele só pode reavaliar o passado: o que foi gravado em seu tempo como um triunfo da ordem civilizada tende a ser reescrito algum tempo depois como uma história arrepiante de violência cruel – como tem sido o destino da "pacificação" dos "violentos povos tribais" da Índia ou a domesticação dos índios selvagens da América e dos aborígines na Austrália. Quanto são vulneráveis e transitórias as fronteiras entre violência e "progresso civilizatório" é vividamente mostrado pelos notórios problemas dos livros didáticos de história norte-americana – sucessivamente denunciados, censurados, desqualificados e retirados de circulação por serem "politicamente incorretos", isto é, por causarem irritação com a idéia da legitimidade de controlar os respectivos adversários com armas em punho.

Duas conclusões importantes resultam disso.

Primeira: é impossível dizer se a história moderna é uma história de violência crescente ou declinante – assim como é impossível encontrar uma forma de medir "objetivamente" o volume geral de violência.

Para começar, há o oportuno lembrete de Ludwig Wittgenstein de que "nenhum grito ou tormento pode ser maior do que o grito de um homem ... Ou, mais uma vez, nenhum tormento pode ser maior do que aquilo que um único ser humano possa sofrer ... O planeta inteiro não pode sofrer um tormento maior do que aquele que uma única alma suporta"[5] – mas mesmo que, imprudentemente, afastássemos esse aviso contra a comum e no entanto enganosa tendência a reduzir a imposição da dor à questão do número de pessoas que sofrem uma dor, permaneceria o problema de que o tratamento de atos de coerção como "atos violentos" é demasiado inconstante e errático para permitir um tratamento adequado de séries estocásticas, por mais que fossem cuidadosa e laboriosamente pesquisadas e coletadas. Todas as estimativas de tendências históricas para a violência têm tido uma expectativa de vida pequena; estão destinadas a ser tão contenciosas e contestadas quanto a legitimidade da coerção e a classificação da coerção como violência que depende dessa legitimidade.

Segunda: de maneira contrária às declarações de intenção que acompanham a promoção e o entrincheiramento de uma "ordem civilizada", não é provável que uma posição consistente e determinada contra a violência seja adotada. A censura da violência poderia ser coesiva apenas se fosse estendida à coerção como tal; mas isso simplesmente não está nas cartas. Os construtores e guardiães da ordem têm e só podem ter uma dupla estrutura da mente quando se lida com a questão da utilidade e da necessidade da coerção. A idéia de construir a ordem não lhes ocorreria se não fosse pela presença de "obstáculos à ordem" ou de "inimigos da ordem" que precisam ser suprimidos, *coagidos* à submissão, para que essa ordem possa triunfar. Uma ordem radicalmente tolerante e de todo permissiva é uma *contradição em termos*. A construção e a proteção da ordem consistem, principalmente, na isenção de uma vasta variedade de medidas coercitivas do opróbrio reservado à violência; sendo seu objetivo a redistribuição da legitimidade, a guarda da ordem é tanto uma luta para eliminar a violência, que é uma coerção *ilegítima*, como um esforço para *legitimar* a coerção "útil e necessária". A condenação da força e da compulsão só pode ser seletiva – e, com maior freqüência do que não, disputada.

A percepção da coerção endêmica, "ordinária" e "normal" como "violência" varia com o grau de legitimidade da ordem social. Se a reivindicação da ordem por legitimidade é trêmula e pobremente assentada, muito da força usada a serviço da ordem será entendida como violência. Negar o direito de usar a força é igual à recusa de conceder legitimidade aos poderes existentes – recusa associada ao lance de um poder competitivo. Em tempos de transição, muito da coerção endêmica na vida diária "ordeira" da sociedade aparece na consciência pública como violência.

Vivemos tempos de transição, e uma transição não menos profunda e compreensiva do que aquela que ocorreu na história com o nascimento da sociedade moderna. Não é de admirar que a impressão de "viver em tempos violentos" e a convicção de que o volume e a crueldade da violência estão aumentando é tão disseminada. Quando os velhos andaimes institucionais da rotina diária estão desmoronando, poucas "obrigações", um dia consideradas como "parte da vida", desagradáveis e irritantes, ainda que destinadas a serem vividas e sofridas em silêncio, permanecem tão óbvias e parecem tão inevitáveis como antes.

Quando institucionalizada com segurança, a coerção se dissolve no cenário da vida cotidiana, fora do foco. Os olhos raras vezes a vêem, e assim ela é "invisível"; e quanto mais rotineira, repetitiva e monótona é a coerção, menor é a chance de que chame a atenção. Só quando a rotina é quebrada ou fica sob pressão é que a coerção que costumava sustentá-la se faz visível. Esse é também o momento em que, aos olhos de seus alvos, a coerção adquire a aparência exterior da violência: um uso não autorizado, injustificado e indesculpável da força, um ataque perverso contra a integridade e a soberania pessoais.

Contudo, essa é só uma parte da história. A freqüência cada vez maior com que as pessoas hoje recorrem ao uso da força, que, na ausência de estruturas institucionalizadas, só pode ser classificado como violência, não pode ser dispensado como um *trompe-l'oeil** e culpado pela confusão cognitiva natural em tempos de transição.

Nossos tempos são de transição, pois as velhas estruturas estão desmoronando ou têm sido desmanteladas e nenhuma estrutura alternativa com um peso institucional semelhante está pronta para substituí-las. É como se os moldes nos quais os relacionamentos humanos eram vertidos para adquirir forma tivessem sido lançados em um cadinho. Privados desses moldes, todos os padrões de relacionamento se tornam tão suspeitos quanto incertos e vulneráveis, receptivos ao desafio e abertos à negociação. Não se trata apenas de as relações humanas atuais, assim como todos os atributos humanos na era da modernidade, precisarem de um esforço para adaptá-las a um padrão;

---

*Que engana o olho. Pintura tão realista que parece tridimensional. (N.T.)

o problema é que os próprios padrões já não são "dados". Eles mesmos se transformaram em tarefas, que devem ser executadas sob condições que são marcadas pela ausência de "regulação normativa" e de critérios bem definidos para uma realização bem-sucedida. Um jogo curioso, cujos objetivos e regras são eles mesmos seus principais riscos.

Uma vez que a construção de padrões não tem uma linha de chegada preestabelecida e como não existem planos prontos para se verificar a direção da fuga, muito menos medir seu progresso, o trabalho só pode proceder por meio de uma série de tentativas e erros. Hoje, a construção de padrões consiste num processo contínuo de experimentação. Qualquer suposição inicial que os experimentos deveriam testar tende a ser vaga ou completamente ausente; o objetivo da experimentação é ele próprio o tópico do experimento.

O processo de tentativa e erro de construir padrões toma a forma de "reconhecimento através da batalha". Na prática militar o termo se refere a enfrentar o inimigo em uma escaramuça com a esperança de revelar os recursos do outro lado, suas capacidades defensivas ou ofensivas, e que tipo de resposta aos nossos próprios gambitos podemos esperar ou, inversamente, quão segura podemos presumir seja nossa própria posição. Tentativas para reconhecer todas essas coisas por intermédio de um breve, mas intenso, enfrentamento militar são feitas algumas vezes quando o plano estratégico é completado e assinado e o que falta é testar quão realistas são as perspectivas de seu sucesso. Mas também ocorre que o "reconhecimento através da batalha" é iniciado para descobrir quão largo é o âmbito de opções exeqüíveis. Sem planos elaborados, o estabelecimento de alvos para a ação dependerá, ao invés disso, dos resultados do enfrentamento preliminar e das conclusões que daí possam derivar, que dizem respeito à força e à vontade de resistência que provavelmente se encontrará.

O crescente volume de violência "familiar" e "na vizinhança" pede uma explicação em dois estágios. Primeiro: graças à percebida fragilidade dos padrões de relacionamento – antes todo-poderosos, auto-evidentes e inquestionados –, muito da coerção vinculada à sua reprodução diária tem sido destituída da antiga legitimidade, e hoje tende a ser reclassificada como violência. Segundo: a nova fluidez e flexibilidade dos relacionamentos livres das restrições dos padrões impulsionam o uso de estratagemas de "reconhecimento na batalha": a força, os recursos e a adaptação dos lados em disputa são postos à prova todos os dias no sentido de descobrir quanto nosso próprio território poderia ser expandido, quão longe podemos ir sem temer um contra-ataque ou quantos importúnios e empurrões o outro lado provavelmente suportará antes de "reunir forças" e responder à altura. Este é o uso-da-força-em-busca-da-legitimidade; e até que a busca por legitimidade não tenha sido vencida e cercada com segurança, a "tentativa pela força" é por definição um ato de violência. Se novos padrões não aparecerem e os termos do armistício precisarem ser reforçados ou renegociados diariamente, a coerção que sempre subjaz à "coabitação pacífica" pode permanecer com a farda da violência por um longo tempo.

As recém-nomeadas variedades de violência familiar e na vizinhança – como o estupro marital, o abuso de crianças e o assédio sexual no trabalho – ilustram os processos de "reclassificação". Os fenômenos que todas essas palavras capciosas, que geram ultraje e pânico, compreendem não são novos. Estiveram por aí por muito tempo, mas ou eram tratados como "naturais" e sofridos em silêncio, assim como outros nada bem-vindos mas inevitáveis inconvenientes da vida, ou permaneciam despercebidos, como outras características da "normalidade". Com muita freqüência, sob o nome de lealdade marital, intimidade de pais e filhos e arte de cortejar, esses comportamentos eram elogiados e cultivados com outras condições similarmente indispensáveis da ordem mundial (a assim chamada "socialização" consiste em induzir os indivíduos a fazerem de boa vontade o que, de acordo com as regras de sua sociedade, precisam fazer). Os novos nomes se referem menos aos fenômenos que denotam e mais à recusa de lidar com eles de maneira tão plácida como antes. Podemos dizer que os novos nomes são os pontos de interrogação que estão substituindo os pontos finais. Os fenômenos que eles nomeiam agora são questionados, a legitimidade é refutada, os fundamentos institucionais estão bambos e não transmitem mais um ar de solidez e permanência – e a coerção ilegítima, como lembramos, é violência.

Uma vez que os velhos padrões não parecem mais obrigatórios e que o poder de controle deles não é mais avassalador nem inspira terror-e-obediência, enquanto nenhum novo padrão oferecer um convite para um consentimento universal e houver o permanente entrincheiramento institucional, mais e mais situações serão vividas como fluidas, mal definidas e contenciosas, demandando vigilância constante e esforços de batalha. A nossa é cada vez mais uma sociedade em batalha – onde violência, acusações de violência e expectativas de violência se transformam nos principais veículos para a auto-afirmação de indivíduos e grupos. O velho princípio *si vis pacem, para bellum* (se você quer ter paz, prepare-se para a guerra) parece mais atual do que nunca – do topo à base do sistema social, no nível global, local ou doméstico.

A suspeita de violência é ela mesma uma ampla fonte de ansiedade: como o problema da legitimidade fica permanentemente sem resolução e aberto a debate, nenhuma demanda com probabilidade de surgir das circunstâncias de compartilhar o espaço, o lar ou a vida está livre da acusação de violência aberta ou oculta. Não por acaso existe um medo ambiente da violência, o que impulsiona a estratégia do descomprometimento: separações territoriais tornadas seguras pelos equivalentes modernos de fossos e pontes levadiças, como a vigilância da vizinhança, condomínios envoltos por grades, circuitos fechados de televisão e patrulhas de segurança, além da substituição de compromissos do tipo "até que a morte nos separe" por "casamentos de experiência" e lares flexíveis cuja fragilidade e caráter descomprometido são protegidos pela cláusula de cancelamento.

Os padrões institucionalizados desmoronam e se desintegram em todos os níveis da organização social com conseqüências similares: em todos os níveis, cada vez mais tipos de interação são reclassificados na categoria de violência, enquanto os atos de violência do tipo "reconhecimento pela batalha" se tornam uma característica permanente da contínua desconstrução e reconstrução das hierarquias de poder. Dois níveis merecem maior atenção: um, ocupado até bem pouco tempo atrás pelo Estado e pela nação, fundidos em um só; e outro, pobremente institucionalizado, que até recentemente era quase uma "terra de ninguém" mas que agora é intensamente colonizada pelo sistema "global" (ou, no vocabulário de Alberto Melucci, "planetário") emergente.

A construção dos Estados-nação modernos foi uma história de violência perpetrada pelas relativamente poucas etnias com recursos e bem-sucedidas contra a multidão de nações incipientes, menores e desafortunadas – as nações "que seriam" mas "nunca serão". A história é escrita pelos vencedores, e assim a supressão e o extermínio físico ou cultural de minorias derrotadas, que nunca tiveram a chance de escrever sua própria história, chegaram a ser gravadas e recontadas como uma edificante e enaltecedora história do progresso ou do processo civilizatório: de uma gradual, mas incessante, pacificação da vida diária e da purificação da interação humana com a violência. Quando examinada com o benefício da percepção tardia, essa purificação se parece bastante com a eliminação bem-sucedida da coerção *não autorizada* e com a institucionalização ("naturalização") da coerção *autoritária* bordada no tecido dos vínculos humanos. Apesar da posterior repintura do retrato, a questão da violência esteve por muitas décadas confinada ao problema de margens criminais, anti-sociais. Com os começos tempestuosos dos Estados-nação convenientemente esquecidos, uma linha clara e não mais disputada podia ser traçada entre a coerção vestida como "defesa da lei e da ordem" e a violência "nua" e "selvagem" que, embora espalhada e dispersa, é fácil de localizar e isolar.

Entretanto, esse não é mais o caso. Com a soberania dos Estados-nação continuamente erodida pelas pressões globalizantes e os requerimentos de convites à autodeterminação radicalmente diminuídos, a assimilação compulsória assistida pelo poder, a incorporação de minorias étnicas e a aniquilação de suas identidades separadas (a versão atualizada da categoria etnológica da estratégia *antropofágica* de Claude Lévi-Strauss – a principal técnica de construção da ordem utilizada pelos Estados-nação no passado) não são mais possíveis. As tentativas esporádicas de utilizá-las agora tendem a ser ineficazes.

Por conseguinte, a disposição de uma estratégia alternativa (uma tradução atual da estratégia *antropoêmica* de Lévi-Strauss) – a do descomprometimento, da separação mútua e da evicção e deportação – é uma tentação difícil de resistir. Aquele outro, que já não é assimilável, precisa ser destruído ou deportado para além das fronteiras de uma comunidade que só pode se apoiar na similaridade uniforme de seus membros quando se trata da imposição e defesa de padrões de coabitação. Para os Estados que apareceram recentemente, uma política de assimilação compulsória e de supressão de tradições, memórias, costumes e dialetos locais já não é mais uma opção exeqüível ou viável. Entramos no período da limpeza étnica como principal expediente da estratégia de construção da nação.

As nações emergentes que lutam por seus Estados-nação não obtêm benefícios das instituições autoritárias, já-reforçadas-e-entrincheiradas, para apoiar sua identidade frágil e bastante contestada, mais postulada do que real. Elas ainda precisam se cristalizar fora da mistura de culturas, linguagens e crenças nas quais foram dissolvidas; ainda precisam destilar sua identidade separada, distinguindo e isolando os ingredientes desesperadamente misturados da solução. Como não podem recorrer à "coerção legitimada", qualquer coisa que façam para alcançar este objetivo só pode ser classificada como violência.

E ela deve ser violenta: para as nações aspirantes, o frenesi de matar é uma questão não tanto de vida ou morte, como de nascimento ou aborto acidental. Existem poucos substitutos, se é que existe algum, para o "crime original" como um adesivo à prova de tolos para manter juntos, por um longo tempo, indivíduos dispersados e cimentá-los em uma comunidade nacional compacta e unida. Só a futura "nação soberana" desejará e será capaz de absolver os cúmplices, rejeitando a acusação de violência, e protegê-los da punição, assim como das memórias de culpa que os perseguem.

Os mais terríveis inimigos da nação promissora são, portanto, os vira-casacas, os infiéis, os tépidos e os indiferentes; quanto mais sujas as mãos de qualquer um, mais comum e universalmente sentida será a necessidade de lavar essas mãos, e apenas a "nação soberana" será poderosa o bastante para declará-las limpas. A violência é necessária, em primeiro lugar e antes de mais nada, para forçar os patriotas de má vontade a participar dos atos violentos. Os inimigos oficiais e publicamente declarados, os objetos da "limpeza étnica", são, por essa suposição, as vítimas do "dano colateral" sofrido no curso dos esforços para "cerrar fileiras" do Estado-nação que lutam por fazer surgir.

A nova explosão de violência no nível local, um dia pacificado sob a administração dos Estados-nação soberanos, não ocorreria se não fosse pela erosão da soberania pelas pressões geradas no nível do "sistema planetário". O uso da violência nesses dois níveis estão estreitamente relacionados; mas cada nível apresenta problemas próprios e tende a gerar um tipo distinto de violência.

No nível das nações-em-busca-de-um-Estado, o território é a aposta da guerra interétnica. Quem ficar de pé no campo depois da batalha vence a guerra. Por esse motivo, qualquer tática que tenha sido escolhida requer um enfrentamento direto com o adversário. Essa necessidade é aumentada pelo já discutido fator de solidariedade-no-crime: a experiência da crueldade cometida deve ser pessoal, direta, e assim impossível de negar, e sua memória precisa ser mantida vívida e inextirpável. A esse respeito, o tipo de violência do "nascimento da comunidade nacional" difere de forma radical das operações coercitivas de construção ou manutenção da ordem, incluindo genocídios levados a cabo por Estados-nação. Estes se viram obrigados a recorrer ao anonimato burocrático, à "responsabilidade flutuante" e à despersonalização da ação individual, além de abrigar os perpetradores dos ensangüentados resultados de suas ações. Mas o assassinato em massa que acompanha o nascimento de uma nova nação deve ser cometido à vista de todos para ser efetivo. As manchas de sangue nas mãos dos assassinos devem ser visíveis e permanentes.

Contudo, esse requerimento não vincula os atos violentos perpetrados no curso das novas "guerras globais", das quais a Guerra do Golfo e a campanha da Otan no Kosovo forneceram os exemplos mais seminais. Os ganhos territoriais não estavam entre os objetivos dessas guerras; ao contrário, a possibilidade de invadir um território e trazê-lo para a administração e o gerenciamento dos atacantes foi muito meticulosamente evitada; impedir isso foi o principal fator, talvez decisivo, nos cálculos estratégicos. O objetivo da guerra foi forçar o inimigo – relutante a abrir seu território às "forças globais" – à submissão mas obrigá-lo a assumir a responsabilidade pela condução do dia-a-dia dos negócios locais; deixá-lo com a quantidade de recursos necessários para manter o território hospitaleiro e confortável para o comércio e as finanças globais, mas não o suficiente para que ele possa algum dia transformar o país numa fortaleza.

O objetivo do novo tipo de "guerra global" não é o aumento do território, mas escancarar qualquer porta ainda fechada para o livre fluxo do capital global. Parafraseando Clausewitz, podemos dizer que esta guerra é, acima de tudo, a "promoção do livre-comércio global por outros meios". Por essa razão, os objetivos dela dificilmente poderiam ser atendidos por medidas tão fora de moda como a confrontação, o enfrentamento e o combate, que inevitavelmente exigem assumir compromissos e agüentar as conseqüências. Idealmente, a seleção de alvos poderia ser de todo deixada aos computadores e mísseis inteligentes, teleguiados. Aquém desse ideal, os planejadores da guerra tentaram reduzir as tarefas dos profissionais do Exército a rodar os programas e monitorar as telas dos computadores. As novas guerras da era global são guerras a distância, guerras de atacar-e-fugir: os bombardeiros abandonam a cena antes que o inimigo possa articular qualquer resposta e antes que a carnificina possa ser vista.

Richard Falk comparou essa nova guerra com a tortura: assim como o torturador, o atacante está no domínio da situação e livre para selecionar qualquer método violento para infligir dor que julgue efetivo. Tal comparação não é inteiramente correta: a tortura, de maneira distinta da nova guerra da era da globalização, realizou um encontro, na verdade uma interação, entre o torturador e a vítima, ambos inevitáveis e "produtivos". As novas guerras globais, impensáveis sem a tecnologia eletrônica que transforma o tempo em instantâneo e aniquila a resistência do espaço, são ganhas pela evitação do encontro e por negar ao adversário qualquer chance de responder. Essa diferença só aumenta os privilégios que os atacantes, numa guerra global de atacar-e-fugir, compartilham com o torturador. Sua liberdade de manobra é quase absoluta, e assim também sua impunidade. As baixas são contabilizadas apenas "lá embaixo", no solo – mas os atacantes, se tiverem sorte, nunca tocarão o solo; e tudo indica que a sorte estará do lado deles.

Sugiro que nisto reside o mais sinistro potencial de guerras que o braço militar das forças globalizantes é capaz e deseja apresentar. A perspectiva de total impunidade, unida à redundância da mobilização ideológica, que consome tempo e é carregada de risco, e à irrelevância do "capital patriótico", assim como, com a libertação da necessidade de limpar a confusão e a devastação causadas pelo ataque, combinam-se em uma tentação que pode ser difícil de resistir e demasiado fácil (na verdade, "racional") para se render a ela. Todos aqueles que buscam a política do livre-comércio global e do fluxo de capital global descobrem que esses "outros meios" têm muito a recomendar. E existe muito pouco para aconselhá-los do contrário, menos ainda para impedi-los, uma vez que estejam resolvidos.

O século que provavelmente ficará na história como o da violência perpetrada pelos Estados-nação contra seus súditos chegou ao fim. É provável que outro século violento o suceda – desta vez um século de violência impulsionada pela progressiva desabilitação dos Estados-nação pelos poderes globais que fluem livremente.

· 17 ·

Sobre os usos
pós-modernos do sexo

Em seu lindo ensaio *La llama doble – Amor y erotismo*,[1] publicado em 1993, o grande pensador mexicano Octavio Paz explora a complexa interação entre sexo, erotismo e amor – três parentes próximos que no entanto são tão diferentes uns dos outros que cada um precisa de uma linguagem separada para explicar sua própria existência. A metáfora central do livro, de maneira muito adequada, é o fogo: com o fogo primordial do sexo, acendido pela natureza muito antes dos primeiros movimentos da humanidade, surge a chama vermelha do erotismo, na qual tremula e palpita a delicada chama azul do amor. Não haveria chamas sem fogo; contudo, há muito mais nas chamas vermelhas e azuis do que no fogo do qual elas surgem.

Sexo, erotismo e amor estão ligados, ainda que separados. Dificilmente um pode viver sem o outro, embora a existência deles seja gasta em uma eterna guerra de independência. As fronteiras entre eles são contestadas de modo muito acalorado; são, de maneira alternativa, mas muitas vezes simultaneamente, o cenário de batalhas defensivas e de invasões. Algumas vezes a lógica da guerra exige que as possessões ao longo das fronteiras sejam negadas ou suprimidas; algumas vezes os exércitos invasores cruzam a fronteira em grande número com a intenção de submeter e colonizar o território além dela. Dilaceradas entre esses impulsos contraditórios, as três áreas são notórias pela falta de clareza de suas fronteiras, e os três discursos que as servem (ou que talvez as produzam) são conhecidos por serem confusos e inóspitos para a afetação e a precisão.

O sexo, assim nos lembra Octavio Paz, é o menos humano dos três. Na verdade, o sexo é natural, e não um produto cultural; nós o compartilhamos com grande parte das espécies não-humanas. Em sua forma natural, não contaminada pela cultura, o sexo é sempre o mesmo; como observou Theodore Zeldin,[2] "tem havido mais progresso na culinária do que no sexo". É a erótica sublimação do sexo, a fantasia e os substitutos dele que são infinitamente variáveis. A "história do sexo" é, portanto, a história da *manipulação cultural* do sexo. Ela começa com o nascimento do erotismo – por meio do truque cultural de separar a *experiência* sexual (no sentido de *Erlebnis*,* não de *Erfahrung***), em particular o *prazer* associado a essa experiência, da reprodução, essa função primária do sexo e sua *raison d'être*. Podemos dizer que a natureza é não se arriscar, e por essa razão ela só pode ser perdulária; lança uma saraivada de balas sobre seus alvos de modo que pelo menos uma acerte na mosca.

O sexo não é exceção; as espécies que se reproduzem sexualmente são dotadas com quantidades enormes de energia sexual e a capacidade para encontros sexuais é muito maior do que requereria uma reprodução adequada. E assim o erotismo não é apenas um feito puramente cultural e de nenhuma maneira um ato de violência cometido contra a natureza, um ato "antinatural"; a natureza induziu a sagacidade humana a inventá-lo, pródiga como é em produzir volumes enormes, redundantes e incontroláveis de energia sexual e desejo. Esse excedente é um convite à inventiva cultural. Os usos que esse

---

*Experiência vivida. (N.T.)
**Experiência, prática. (N.T.)

excesso desperdiçado e reprodutivamente redundante pode ter são uma criação cultural.

O erotismo trata de reciclar esse desperdício. Vive à custa de preencher o ato sexual com um valor excedente – além de sua função reprodutiva. Os seres humanos não seriam criaturas eróticas se não fossem seres sexuais; a sexualidade é o único solo em que as sementes culturais do erotismo podem ser semeadas – mas esse solo tem fertilidade limitada. O erotismo começa com a reprodução, mas a transcende desde o início; a reprodução, sua força vital, logo se transforma em uma restrição. Para manipular livremente, para processar à vontade a capacidade excedente de sexualidade, o erotismo deve ser "replantado" em outros solos de maior potencial e poder nutritivo; a cultura precisa emancipar o deleite sexual da reprodução, sua aplicação utilitária primordial. Por isso a função reprodutiva do sexo é ao mesmo tempo a condição indispensável e um espinho na carne do erotismo; existe um vínculo indissolúvel, mas também uma tensão constante, entre os dois – sendo esta tão incurável quanto o vínculo é indissolúvel.

Em teoria, existem várias estratégias de gerenciamento da tensão. Todas foram experimentadas e a "história do sexo" pode ser contada como a alternância de foco de uma estratégia para outra, diferentes estratégias obtendo uma dominância cultural temporária em várias eras históricas. A escolha, no entanto, é limitada. De modo geral, está confinada ao reposicionamento das forças culturais na fronteira do sexo/erotismo ou na do erotismo/amor, e certas combinações entre os movimentos de tropas em ambos os territórios.

Simplificando muito, poderíamos dizer que, no decorrer da era moderna, duas estratégias culturais competiram entre si pela dominação. Uma – oficialmente promovida e sustentada pelos poderes legislativos do Estado e pelos poderes ideológicos da Igreja e da escola – foi a estratégia de reforçar os limites impostos pelas funções reprodutivas do sexo sobre a liberdade da imaginação erótica, relegando o excedente incontrolável de energia sexual para as esferas culturalmente suprimidas e socialmente degradadas da pornografia, prostituição e ligações ilícitas, extramaritais. A outra – sempre carregando um matiz de divergência e rebeldia – foi a estratégia romântica de cortar os laços que uniam o erotismo ao sexo, atando-o, em vez disso, ao amor.

Na primeira estratégia, o erotismo tinha de se justificar em termos de sua utilidade (reprodutiva) sexual, com o terceiro elemento – o amor – sendo um adorno bem-vindo, mas supranumerário. O sexo era "culturalmente silencioso" – não tinha uma linguagem própria, reconhecida como vernáculo público e meio de comunicação pública. As relações sexuais na metade do século XIX eram, como observou Stephen Kern,[3] "mortalmente sérias" e "concluídas de maneira abrupta", em comparação com o sexo do século XX, já que "o interlúdio pós-coito era particularmente embaraçoso, pois os olhos se abriam, as luzes se acendiam e o casal tinha de se olhar ou virar para o outro lado, sendo obrigado a começar a conversar ou suportar um silêncio de romper os nervos". Na segunda estratégia, o amor recebeu o poder legitimador e o erotismo foi colocado como uma imagem de criada do amor, enquanto seu vínculo com a sexualidade foi desaprovado ou reduzido ao papel de um atributo não-essencial, mesmo que prazeroso. Em ambas as estratégias o erotismo buscou ancoragem em algo diferente dele mesmo – no sexo ou no amor; as duas estratégias eram variantes de uma política de aliança, e os aliados potenciais eram procurados além das fronteiras do erotismo. As duas estratégias assumiram que a manipulação cultural e o reposicionamento da energia sexual excedente precisavam de uma justificativa funcional, não sendo capazes de bastar-se por si mesmas nem de serem "seu próprio objetivo" ou um valor de direito próprio. Ambas as estratégias se originaram da suposição tácita que, entregue a si mesma, a inventiva erótica humana facilmente perderia o controle, devastando o delicado tecido das relações humanas; ela precisava, portanto, de poderes externos, autoritários e com recursos para contê-la dentro de limites aceitáveis e protelar seu potencial destrutivo.

Vista nesse cenário, a expressão moderna tardia ou pós-moderna do erotismo parece não ter precedentes – um avanço genuíno e uma novidade. Ela não faz alianças com a reprodução sexual ou com o amor, reivindicando independência de ambos os vizinhos e recusando diretamente qualquer responsabilidade pelo impacto que poderia ter no destino deles; orgulhosa, pro-clama-se como sua única razão e como seu objetivo. Como observaram Mark C. Taylor e Esa Saarinen com uma precisão epigramática,[4] "o desejo não deseja a satisfação. Ao contrário, o desejo deseja o desejo". Quando ditas anteriormente (raras ve-zes e em sussurros), tais afirmações foram classificadas como a heresia da libertinagem e foram exiladas na ilha da desordem e da perversão sexual.

A auto-suficiência do erotismo, a liberdade de procurar deleites sexuais para o próprio bem, cresceu até o nível de uma norma cultural, trocando de lugar com seus críticos, agora designados para a *Kunstkammer** de curiosidades culturais e relíquias de espécies extintas. Hoje o erotismo adquiriu uma substância que nunca antes fora capaz de carregar em seus próprios ombros, mas também uma leveza e uma volatilidade inauditas. Sendo um erotismo "sem amarras", solto, sem rédeas, o erotismo pós-moderno é livre para entrar e sair de qualquer as-sociação por conveniência, mas também é uma presa fácil para forças ansiosas por explorar seus poderes sedutores.

Tornou-se folclore da ciência social deixar a responsabili-dade da "revolução erótica" nas portas das "forças do mercado" (um endereço muito conveniente devido ao mistério que rodeia seu residente notoriamente vago). Preocupado em preencher o vazio deixado pela Divina Providência e pelas leis do progresso, o estudo cientificamente orientado do cambiante comporta-mento humano ilumina as "forças do mercado" – não piores, e

---

*Câmara artística. (N.T.)

em muitos aspectos melhores, do que outros candidatos à vaga de "principal determinante". Não estou particularmente preocupado se a lacuna permanecerá vazia. As "forças do mercado" podem no máximo ser culpadas por explorarem sem escrúpulos os recursos já ao seu alcance e por explorá-los guiadas apenas por seu potencial comercial, esquecendo-se de todos os outros, incluindo os culturalmente devastadores e moralmente iníquos aspectos da questão.

Dar-lhes o poder de conjurar os próprios recursos seria como aceitar a autoria do alquimista pelo ouro encontrado no tubo de ensaio: um exercício de raciocínio mais mágico do que científico (embora, para ser franco, a diferença entre os dois nos estudos sociais seja bastante ambígua). É preciso mais do que a cobiça por lucro, a livre concorrência e o refinamento da mídia de propaganda para realizar uma revolução cultural em escala e profundidade iguais àquelas da emancipação do erotismo da reprodução sexual e do amor. Para ser reposicionado como um fator econômico, o erotismo precisa primeiro ter sido culturalmente processado e ter recebido uma forma adequada como possível mercadoria.

Deixem-me pôr de lado os usos "comerciais" do erotismo, realmente não surpreendentes numa sociedade em que o cuidado com qualquer coisa vista como necessidade humana é cada vez mais mediado pelo mercado de utilidades – e concentrar-me, em vez disso, em vínculos de certa forma menos óbvios, e certamente descritos de maneira menos completa e muito pouco discutidos, entre a revolução erótica e outros aspectos da emergente cultura pós-moderna. Entre tais características, duas em particular parecem ser diretamente relevantes para o nosso assunto.

O primeiro é o colapso do modelo "panóptico" de assegurar e perpetuar a ordem social. Esse modelo, como sabemos, foi descrito em detalhes por Michel Foucault, em referência à idéia de Jeremy Bentham para a solução universal de todas as tarefas que requerem instilar disciplina e assim obter um tipo desejável de conduta por parte de um grande número de pessoas. Essa solução, de acordo com Bentham, era *ver sem ser visto*, uma vigilância sub-reptícia, com seus objetos sendo conscientizados de que poderiam vir a ser escrutinados de perto a cada momento, mas sem ter como saber quando de fato estariam sob observação. Foucault usou a idéia de Bentham como um paradigma da atividade de manter a ordem dos poderes modernos. Fábricas, casas de correção, prisões, escolas, hospitais, asilos ou quartéis, quaisquer que fossem suas funções manifestas, foram também, ao longo da Idade Moderna, produtoras da ordem; nisso residia sua função social, latente porém suprema.

Entre todas as instituições panópticas, duas foram decisivas para o desempenho dessa última função devido às suas vastas áreas de abrangência: as fábricas industriais e os exércitos de conscritos. Esperava-se que a maioria dos membros masculinos da sociedade passasse pelos moinhos disciplinadores e adquirisse os hábitos que garantissem a obediência às regras que constituíam a ordem (e mais tarde para impor esses hábitos aos membros femininos em sua qualidade de "cabeças da família"). Contudo, para desempenhar seu papel, essas instituições panópticas precisavam de homens capazes de incumbir-se do trabalho industrial e das funções do Exército – com a capacidade de suportar a dureza do trabalho industrial e da vida militar. A invalidez industrial e a desqualificação do serviço militar significavam exclusão do controle e do treinamento panóptico.

A capacidade de trabalhar e lutar se tornou a medida da "norma", enquanto a incapacidade era equivalente à anormalidade social, ao desvio da norma, sujeita ao tratamento médico ou penal. A medicina moderna deu a essa norma o nome de "saúde". Um "homem saudável" era uma pessoa capaz de certa quantidade de exercício físico, requerido pelo trabalho produtivo e/ou serviços militares; a norma que guiava a avaliação do estado de saúde e da infinita variedade de possíveis anomalias era, portanto, "objetivamente mensurável". Podia ser facilmente estabelecida como um alvo; acertar ou errar o alvo podia ser definido com considerável precisão.

A sociedade contemporânea não precisa do trabalho industrial em massa nem de exércitos enormes (de conscritos). A era em que as fábricas e tropas eram as instituições decisivas de sustentação da ordem acabou (pelo menos em nossa parte do mundo). Assim como o poder panóptico como veículo principal da integração social e a regulação normativa como a principal estratégia de manutenção da ordem. Hoje, a grande maioria das pessoas está integrada mais pela sedução do que pelo policiamento, mais pela propaganda do que pelo doutrinamento, precisa mais da criação do que da regulação normativa. Quase todos nós estamos social e culturalmente treinados e moldados para buscar e recolher sensações, mais do que para sermos produtores e soldados.

A constante abertura para as novas sensações e a cobiça por novas experiências, sempre mais fortes e mais profundas do que as anteriores, são condições *sine quibus non* de ser receptivo à sedução. Não é a "saúde", com sua conotação de estado firme, de alvo imóvel para o qual todos os corpos treinados de modo adequado convergem, mas a "boa forma" – que implica estar sempre se movendo ou pronto para se mover, uma capacidade de assimilar e digerir volumes de estímulos cada vez maiores, uma flexibilidade e resistência a todo fechamento – que compreende a qualidade esperada do colecionador de experiências, a qualidade que ele precisa possuir para buscar e absorver sensações. E se a marca da "doença" era a incapacidade para a vida na fábrica ou no Exército, a marca da "incapacidade" é uma falta de *élan vital*, uma incapacidade de sentir com força, *ennui*, *acidia*, uma falta de energia, de estamina, de interesse pelo que a vida colorida tem a oferecer, uma falta de desejo e de desejo pelo desejo...

A "boa forma", como uma definição do estado corporal desejável, apresenta, no entanto, problemas dos quais a norma da "saúde" estava livre.

Primeiro: "saúde" é uma norma, e as normas são claramente delineadas por cima e por baixo da mesma forma. A "boa forma" talvez tenha seu limiar inferior, embora um tanto borrado e sujo, mas não pode, por definição, ter um limite superior; a "boa forma" se refere, acima de tudo, à constante capacidade de avançar, de elevar-se a níveis cada vez mais altos de experiência. Por isso a "boa forma" nunca irá adquirir a confortante exatidão e precisão de uma norma. A "boa forma" é um horizonte que-nunca-deve-ser-alcançado, localizada sempre no futuro, uma espora para esforços sem fim, e nenhum dos quais pode ser visto como completamente satisfatório, muito menos definitivo. A busca da "boa forma", apesar de seus pequenos triunfos, é abatida pela ansiedade incurável e é uma fonte inexaurível de auto-acusação e auto-indignação.

Segundo: como trata apenas da *Erlebnis*, de sensações vividas de maneira subjetiva, a "boa forma" não pode ser inter-subjetivamente comparada nem medida de modo objetivo; dificilmente pode ser relatada em termos interpessoalmente significativos e assim confrontada com experiências de outros sujeitos. Assim como são necessários conselhos a fim de se preparar para essa intangibilidade imanente da evidência, talvez exista um limite definitivo para a intervenção do conselheiro; dar nomes e citar médias estatísticas ficará aquém de abrir uma brecha na solidão do colecionador de sensações. Como sabemos por Ludwig Wittgenstein, não existe uma linguagem privada, e precisaríamos de uma para exprimir sensações – o mais privado ingrediente do *Lebenswelt*. Na verdade, um Ardil-22* – exigindo nada menos do que a quadratura de um círculo.

De uma forma ou de outra, já que a certeza só pode ser uma realização social e interpessoal, os buscadores da "boa forma" nunca podem estar seguros de quão longe chegaram e quanto ainda precisam caminhar.

---

*Ver nota da página 78. (N.T.)

Terceiro: no jogo chamado "boa forma", o jogador é ao mesmo tempo o violinista e o violino.* Sensações prazerosas, excitantes ou arrebatadoras em termos corporais são o que uma pessoa em "boa forma" procura – mas o coletor de sensações *é esse corpo*, e ao mesmo tempo o dono, guardião, *treinador* e *diretor* deste. Os dois papéis são inerentemente incompatíveis. O primeiro requer total imersão e auto-abandono, o segundo pede uma distância e um julgamento sóbrio. A conciliação das duas demandas é uma tarefa difícil – se é que possível, o que é duvidoso. Somada aos outros dois problemas previamente apontados, essa preocupação adicional faz do compromisso daquele que busca a "boa forma" uma agonia da qual seus ancestrais, conscientes da saúde, não faziam idéia. Todos os três problemas geram muita ansiedade; e esta – uma aflição tipicamente pós-moderna – não tem probabilidade de algum dia ser curada e terminar. Ela também é difusa, como observou Jean Baudrillard; e as ansiedades difusas e fora de foco não admitem remédios específicos...

O prazer sexual é o auge das sensações de prazer; na verdade, um padrão pelo qual todos os outros prazeres tendem a ser medidos e do qual eles são, de comum acordo, apenas pálidos reflexos no melhor dos casos, e imitações inferiores e falsificadas no pior. Seja lá o que tenha sido dito sobre a estratégia de vida de recolher sensações, em geral aplica-se em uma medida ampliada à expressão especificamente pós-moderna do erotismo, esse "processamento cultural" do sexo. Todas as contradições inerentes à vida de um colecionador de sensações costumam afetar a vida sexual com um impacto concentrado – mas existe uma dificuldade extra que surge da inata monotonia e inflexibilidade do sexo (o sexo, lembremos, sendo um fenômeno da natureza, deixa pouco espaço para a inventiva, típica da cultura). Em sua expressão pós-moderna, a atividade sexual está concentrada estritamente no efeito orgástico; na prática, o sexo pós-moderno *gira em torno do orgasmo*. Sua tarefa suprema é fornecer

---

*Em inglês, estar em boa forma pode se traduzir como "afinado como um violino". (N.T.)

um *Erlebnisse* mais forte, infinitamente variável, de preferência novo e sem precedentes; contudo, pouco pode ser feito nesse campo, e assim a experiência sexual definitiva permanece para sempre uma tarefa para mais adiante e nenhuma experiência sexual real é verdadeiramente satisfatória, nenhuma elimina a necessidade de mais treinamentos, instruções, conselhos, receitas, drogas ou aparelhos.

Existe outro aspecto da relação entre a revolução erótica de hoje e a transformação cultural pós-moderna mais ampla, para a qual quero chamar a atenção agora.

O sexo, como sabemos, é a solução evolucionária da natureza para a questão da continuidade, da durabilidade das formas de vida; coloca a mortalidade de cada organismo vivo individual contra a imortalidade da espécie. Só os humanos sabem que esse é o caso; só os humanos sabem que estão destinados a morrer e só eles podem imaginar a perpetuidade do gênero humano; só para eles a existência transitória do corpo segue seu curso à sombra da perpetuidade da humanidade como um todo. Esse conhecimento tem conseqüências consideráveis; não é de nenhuma maneira extravagante supor que ele está por trás da notória dinâmica das invenções culturais humanas, que são todas, de modo geral, dispositivos destinados a tornar a duração das formas sociais imunes à transitoriedade e à perecibilidade inata das vidas humanas individuais; ou, para ser mais exato, oficinas engenhosas onde a durabilidade é continuamente produzida a partir do transitório – onde a existência frágil e limitada pelo tempo dos corpos humanos é reforjada na sólida perpetuidade da humanidade.

O sexo está no coração dessa alquimia. É o substrato material dessa produção cultural da imortalidade e o padrão ou metáfora suprema do esforço para transcender a mortalidade individual e estender a existência humana além do período de vida dos humanos individuais. O sexo está envolvido – de maneira central e inextricável – no maior feito e no milagre cultural que mais terror inspira: conjurar a imortalidade a partir da mortalidade, o interminável a partir do temporal, o imperecível a partir do evanescente. O enigma desse milagre que desafia a lógica, desse quebra-cabeça da mais vulnerável e obscura realização da cultura, satura cada ato sexual: a comunhão de dois seres mortais é vivida como o nascimento da imortalidade... Com o advento da consciência humana da mortalidade, o sexo perde sua inocência de modo irrecuperável.

Situado no outro lado do erotismo, o amor é ao mesmo tempo a superestrutura intelectual/emocional que a cultura construiu sobre as diferenças sexuais e a reunião sexual delas, dessa forma investindo o sexo com significados ricos e infinitamente expansíveis, que protegem e reforçam seu poder de refundir a mortalidade em imortalidade. O amor é uma réplica cultural, uma imagem refinada da superação da oposição entre a transitoriedade dos corpos sexuais e a durabilidade de sua reprodução, que de fato é realizada no ato sexual. Assim como o próprio sexo, o amor é carregado de ambigüidade, residindo sobre a linha tênue que divide o natural do sobrenatural, o familiar presente do enigmático e impenetrável futuro. O amor por outra pessoa mortal é uma das principais empresas culturais em direção à imortalidade; é, podemos dizer, um espelho espiritual para a eternidade biológica criada sexualmente. Da mesma maneira que o sexo, o amor é uma fonte de incurável ansiedade, embora, talvez, de uma ansiedade ainda mais profunda, embebida na premonição do fracasso. No amor, a esperança e a promessa de "eterno amor" são colocadas num corpo que é tudo menos eterno; a eternidade do amor e do amado é a mentira salvadora da cultura, ajudando a assimilar o que de fato desafia a compreensão. Uma pessoa mortal é amada como se fosse imortal, e é amada por uma pessoa mortal de uma forma acessível apenas aos seres imortais.

Já observamos que um marco muito preeminente da revolução erótica pós-moderna é o cortar de laços que conectam o erotismo ao sexo por um lado (em sua função reprodutiva essencial) e por outro ao amor. Na cultura pós-moderna são to-

Sobre os usos pós-modernos do sexo

madas precauções para assegurar a emancipação da atividade eroticamente inspirada das restrições biologicamente impostas pelo potencial reprodutivo do sexo, e culturalmente, pelas exigências do amor por lealdade eterna e estritamente seletiva, na verdade exclusiva. O erotismo foi assim liberado de ambos os vínculos que o atavam à produção da imortalidade, física ou espiritual. Mas ele não estava só nessa libertação espetacular, tendo seguido as tendências muito mais universais que afetavam em igual medida a arte, a política, as estratégias de vida e praticamente qualquer outra área da cultura.

É uma característica da condição pós-moderna achatar o tempo e condensar a percepção de um fluxo infinitamente expansível de tempo para dentro da experiência (*Erlebnis*) do *Jetztzeit*,* ou o fatia para dentro de uma série de episódios auto-sustentados, cada um deles a ser vivido como uma intensa experiência do momento fugaz e separado de maneira tão meticulosa quanto possível, tanto de suas conseqüências passadas como futuras. A política de movimentos está sendo substituída pela política de campanhas, que busca resultados instantâneos e é despreocupada em relação às repercussões de longo prazo; a preocupação pela fama duradoura (eterna!) dá lugar a um desejo de notoriedade; a duração histórica é identificada com a gravação instantânea (e a princípio apagável); obras de arte, um dia pensadas para durar "além do túmulo", são substituídas por *happenings* deliberadamente curtos e por instalações que pouco duram; identidades de um tipo pensado para ser construído com zelo e para durar por toda uma vida são trocadas por kits de identidade para montagem imediata e desmantelamento igualmente instantâneo. A nova versão pós-moderna da imortalidade foi pensada para ser vivida instantaneamente e aproveitada aqui e agora; não é mais refém do impiedoso e incontrolável fluxo do tempo objetivo.

---

*Walter Benjamin (1892-1940) criou um conceito de tempo – *Jetztzeit* – em que o presente não é a mera transição que liga o passado ao futuro. (N.T.)

A desconstrução pós-moderna da imortalidade – a tendência a separar o presente do passado e do futuro – equipara-se a separar o erotismo da reprodução sexual e do amor. Isso oferece à imaginação e à prática eróticas, assim como ao restante das políticas de vida pós-modernas, uma liberdade de experimentação jamais gozada. O erotismo pós-moderno flutua livremente; pode entrar em reação química com qualquer outra substância, alimentar e sorver sucos de qualquer outra emoção ou atividade humana. Tornou-se um significante livre, capaz de ser casado em termos semióticos com um número quase ilimitado de significados, mas também um significado pronto a ser representado por qualquer um dos significantes disponíveis.

Só nessa versão liberada e separada o erotismo pode navegar em liberdade sob a bandeira da busca do prazer, animadamente e se desviando de toda busca que não seja estética, isto é, orientada para a *Erlebnis.* Agora ele é livre para estabelecer e negociar suas próprias regras enquanto navega, mas essa liberdade é um destino que o erotismo não pode mudar nem ignorar. O vazio criado pela ausência de restrições externas, pela retirada ou falta de interesse dos poderes legislativos, deve ser preenchido, ou ao menos devem ser feitas tentativas de preenchê-lo. A recém-adquirida subdeterminação é a base de uma liberdade divertidamente vasta, mas também é a causa de uma incerteza e de uma ansiedade extremas. Não há nenhuma solução confiável a ser seguida: tudo é negociado novamente e *ad hoc...*

O erotismo, em outras palavras, tornou-se uma espécie de pau para toda obra, procurando desesperadamente por um domicílio seguro e por um emprego estável, mas temendo a perspectiva de encontrá-los... Essa circunstância o torna disponível para novos tipos de usos sociais, muito diferentes daqueles conhecidos na história moderna. Dois deles em particular precisam ser brevemente examinados aqui.

O primeiro é o posicionamento do erotismo na construção pós-moderna da identidade. O segundo é o papel representado pelo erotismo ao servir à rede de laços interpessoais, por um lado, e às batalhas separatistas da individualização, por outro.

A identidade deixa de ser "dada", o produto da "divina cadeia do ser", e transforma-se, ao invés disso, num "problema" e numa tarefa individuais com o amanhecer dos tempos modernos. A esse respeito não existe diferença entre a modernidade "clássica" e sua fase pós-moderna. O que é novo é a natureza do problema e a maneira como as tarefas resultantes são atacadas. Em sua forma moderna clássica, o problema da identidade para a maioria dos homens e das mulheres consistia na necessidade de *adquirir* suas definições sociais, construí-las usando seus próprios esforços e recursos, de desempenhos e apropriações, mais do que de propriedades herdadas. A tarefa precisava ser encarada estabelecendo-se um alvo – um modelo da identidade desejada –, e então, ao longo da vida, aferrando-se obstinadamente ao itinerário determinado pelo estabelecimento do alvo.

No entardecer da era clássica da modernidade, Jean-Paul Sartre resumiu essa experiência consagrada pelo tempo em seu conceito de "projeto de vida", que não só expressa, como cria a "essência" do indivíduo humano. As identidades dos homens e das mulheres pós-modernos permanecem, assim como as identidades de seus ancestrais, sendo feitas pelo homem. Mas elas não precisam mais ser planejadas de modo meticuloso, construídas com cuidado e sólidas como uma rocha. Sua mais cobiçada virtude é a *flexibilidade*: todas as estruturas devem ser leves e móveis, de forma a poderem ser rearranjadas pouco depois, ruas de mão única devem ser evitadas, nenhum compromisso deve ser tão preso a ponto de restringir a livre movimentação. A solidez é um anátema, como toda permanência – agora um sinal de falta de adaptação ao mundo que muda de maneira rápida e imprevisível, assim como às oportunidades-surpresa que ele traz e à velocidade com a qual transforma os bens de ontem nos riscos de hoje.

O erotismo libertado de suas restrições reprodutivas e amorosas preenche muito bem os requisitos; é como se ele fosse feito para medir as identidades múltiplas, flexíveis e evanescentes dos homens e das mulheres pós-modernos. O sexo, livre das conseqüências reprodutivas e das ligações amorosas obstinadas e prolongadas, pode ser incluído na estrutura de um episódio: não deixará sulcos profundos na face a todo momento rearrumada, que assim fica assegurada contra limitações à sua liberdade de experimentar. O erotismo que flutua livremente é, portanto, eminentemente adaptado à tarefa de tender para o tipo de identidade que, da mesma forma que todos os outros produtos culturais pós-modernos, é calculado (nas memoráveis palavras de George Steiner) para obter "máximo impacto e obsolescência instantânea".

O erotismo que flutua sem restrições também representa o que Anthony Giddens[5] chamou de "sexo plástico". Há cerca de 100 anos, quando o erotismo estava totalmente enroscado na reprodução sexual, sem direito a uma existência independente e com a reivindicação ao seu próprio *télos* negada, esperava-se e pressionava-se para que homens e mulheres vivessem de acordo com padrões bastante precisos de masculinidade e feminilidade, organizados em torno dos respectivos papéis no sexo reprodutivo, protegidos pelo requerimento de uma ligação duradoura entre os parceiros. Essa foi a era da norma, e a fronteira entre o normal e o anormal estava claramente delineada e vigiada de perto. A diferença colocada entre sexo e sua "perversão" deixava pouco espaço para a imaginação. Mas esse não deveria ser o caso, e não é agora – quando apenas uma pequena parcela do vasto território erótico é dedicada aos aspectos reprodutivos do sexo e o território como um todo permite a livre movimentação e tem apenas algumas residências com aluguéis longos.

De modo semelhante para machos e fêmeas, a forma como a sexualidade é explorada em termos eróticos não tem relação direta com o papel reprodutivo e não existe razão pela qual ela deva ser limitada à experiência obtida pelo desempenho desse papel. Frutos sensuais muito mais ricos de sexualidade podem

Sobre os usos pós-modernos do sexo

ser colhidos por meio da experimentação com outras que não só as atividades diretamente heterossexuais. Assim como em várias outras áreas, também na sexualidade o reino um dia pensado como governado apenas pela natureza é invadido e colonizado por tropas culturais; o aspecto gênero da identidade, da mesma maneira que todos os outros aspectos, não é *dado* de uma vez por todas – deve ser *escolhido*, e pode ser descartado se considerado insatisfatório ou não satisfatório o bastante. Esse aspecto, como todos os outros componentes da identidade pós-moderna, é, portanto, permanentemente indeterminado, incompleto, aberto a mudança, sendo um reino da incerteza e uma fonte inexaurível de ansiedade e busca da alma, assim como do medo de que alguns tipos preciosos de sensações tenham sido perdidos e que o potencial do corpo para fornecer prazer não tenha sido espremido até a última gota.

Deixem-me dizer agora algumas palavras sobre o papel atribuído ao erotismo na tecedura e no desalinhavar do tecido das relações interpessoais.

Em sua introdução à *História da sexualidade*,[6] Michel Foucault argumentou de forma convincente que, em todas as suas manifestações, sejam aquelas conhecidas desde tempos imemoriais ou aquelas descobertas e nomeadas pela primeira vez, o sexo serviu à articulação de novos (modernos) mecanismos de poder e controle social. Os discursos médicos e educacionais do século XIX construíram, entre outras noções, o fenômeno da sexualidade infantil, mais tarde transformado por Freud, *ex post facto*, na pedra fundamental da psicanálise. O papel central nessa articulação foi desempenhado pelo pânico inventado acerca da inclinação da criança para se masturbar – percebida simultaneamente como uma inclinação natural e uma doença, um vício impossível de erradicar e um perigo com um incalculável potencial para causar danos. Foi tarefa dos pais e dos professores defender as crianças contra esse perigo – mas para tornar a proteção efetiva, foi necessário espionar a doença em cada mudança de conduta, em cada gesto e expressão facial, ordenando estritamente a vida da criança para tornar essa prática mórbida impossível.

Em torno da luta incessante contra a ameaça da masturbação foi construído todo um sistema de vigilância parental, médica e pedagógica. Nas palavras de Foucault, "o controle da sexualidade infantil esperava alcançar seu objetivo por meio de uma propagação simultânea de seu próprio poder e do objeto ao qual ele foi levado a se dedicar". O controle parental indômito e impiedoso precisava ser justificado em termos da universalidade e elasticidade do vício infantil, e assim o vício foi mostrado – pela universalidade e elasticidade das práticas de controle – como universal e elástico.

> Sempre que havia a chance de que [a tentação] pudesse aparecer, os aparelhos de vigilância eram instalados; armadilhas eram colocadas para forçar confissões; discursos corretivos e incansáveis eram impostos; pais e professores eram alertados e deixados com a suspeita de que todas as crianças eram culpadas, com o medo de estarem eles mesmos em falta se suas suspeitas não fossem fortes o bastante; eram mantidos em prontidão diante desse perigo recorrente; suas condutas eram prescritas e suas pedagogias recodificadas; um regime médico-sexual inteiro tomou conta do meio familiar. O "vício" da criança era menos um inimigo e mais um suporte...
>
> Mais do que os velhos tabus, essa forma de poder demandava presenças constantes, atentas e curiosas para seu exercício; pressupunha proximidades; procedia por intermédio do exame e da insistente observação; requeria uma mudança de discursos, por meio de perguntas que extorquiam admissões, e confidências que iam além das perguntas feitas. Implicava uma proximidade física e um jogo interno de sensações intensas ... O poder que assim tomou conta da sexualidade começou a colocar corpos em contato, acariciando-os com seus olhos, intensificando áreas, eletrificando superfícies, dramatizando momentos incômodos. Envolveu o corpo sexual em seus braços.

A sexualidade da criança, manifesta ou latente, desperta ou adormecida, costumava ser um poderoso instrumento na articulação dos relacionamentos da família moderna. Fornecia a razão e o ímpeto para a compreensiva e obstrusiva interferência parental nas vidas das crianças; obrigava os pais a estar constantemente "em contato", a manter as crianças sempre à vista, a se empenharem em conversas íntimas para encorajar confissões.

Hoje, ao contrário, a sexualidade das crianças está se tornando um fator igualmente poderoso na perda dos laços humanos, libertando o poder de escolha do indivíduo, particularmente em termos da separação pais-criança e de "manter a própria distância". Os medos de hoje emanam do desejo sexual dos pais, não da criança; não é o que as crianças fazem seguindo seus próprios impulsos, mas o que fazem ou possam fazer sob o comando de seus pais que nos faz suspeitar de matizes sexuais; é o que os pais gostam de fazer com (e para) suas crianças que assusta e pede vigilância – só que este é um tipo de vigilância que pede cautela e reserva. Agora as crianças são consideradas principalmente *objetos* sexuais e vítimas potenciais de seus pais como *sujeitos* sexuais; e uma vez que os pais são por natureza mais fortes do que seus filhos e se encontram em uma posição de poder, a sexualidade parental pode facilmente levar ao abuso desse poder a serviço dos instintos sexuais dos pais. O espectro do sexo também assombra, portanto, as casas de família. Para exorcizá-lo, é preciso manter as crianças a distância – e, acima de tudo, abster-se de intimidade e de manifestação tangível e aberta de amor parental...

A Grã-Bretanha vem testemunhando uma epidemia de "exploração sexual de crianças". Em uma campanha amplamente divulgada, assistentes sociais, em cooperação com médicos e professores, acusaram dezenas de pais (principalmente pais, mas também um número crescente de mães) de ataques incestuosos contra seus filhos; as vítimas foram removidas à força da casa dos pais, enquanto os leitores da imprensa popular tiveram acesso a histórias terríveis sobre os antros de devassidão em que se transformaram os quartos e banheiros de família. Os jornais relatavam abusos sexuais de jovens pupilos em vários reformatórios.

Apenas alguns dos casos discutidos publicamente foram levados a julgamento. Em alguns os pais conseguiram provar inocência e obtiveram os filhos de volta. Mas o que aconteceu não podia "desacontecer". A ternura parental perdeu sua inocência. Foi levado ao conhecimento público que as crianças são, sempre e em qualquer lugar, objetos sexuais, que existe um lado sexual obscuro e potencialmente explosivo em qualquer ato de amor parental, que cada carícia tem seu aspecto erótico e qualquer gesto amoroso esconde uma investida sexual. Como observou Suzanne Moore,[7] um levantamento da NSPCC (National Society for the Prevention of Cruelty to Children) relatou que "um em cada seis de nós foi vítima de 'interferência sexual' quando criança"; de acordo com um relatório de Barnardo, "seis em cada dez mulheres e um quarto dos homens 'experimentaram algum tipo de ataque ou interferência sexual antes dos 18 anos'". Suzanne Moore concorda que "o abuso sexual é bem mais difundido do que estamos preparados para aceitar", mas ela ressalta que "a palavra abuso é tão usada hoje que quase qualquer situação pode ser considerada abusiva". No amor e cuidado parentais, outrora não problemáticos, foi revelado um abismo de ambivalência. De qualquer maneira, nada mais é claro e óbvio, tudo está atravessado pela ambigüidade – e somos aconselhados a nos mantermos longe das coisas ambíguas.

Em um dos casos amplamente divulgados, a pequena Amy, de 3 anos de idade, foi observada na escola fazendo objetos de massa de modelar em forma de salsicha ou cobra (que a professora identificou como pênis). A menina também falou de coisas que "esguichavam uma coisa branca". A explicação dos pais, de que o objeto misterioso esguichando uma coisa branca era o spray nasal contra congestão e que as coisas em forma de salsicha eram imagens das balas favoritas de Amy, não convenceram. O nome de Amy foi colocado na lista de "crianças em risco" e seus pais foram à luta para limpar seus nomes. Como Rosie Waterhouse comenta sobre este e outros casos:[8]

Abraçar, beijar, dar banho e até mesmo dormir com seus filhos são padrões naturais de comportamento parental ou são atos de abuso inapropriados e hipersexualizados?

E quais são os passatempos infantis normais? Quando as crianças fazem desenhos de bruxas e cobras, isso significa que são símbolos de eventos abusivos e aterrorizantes? Essas são questões fundamentais com as quais os professores, os assistentes sociais e outros profissionais envolvidos no cuidado das crianças têm que lidar com freqüência.

Maureen Freely descreveu vividamente o pânico que, como resultado disso, assombra as famílias pós-modernas:[9]

> Se você é um homem, provavelmente pensará duas vezes antes de se aproximar e oferecer ajuda a uma criança perdida que está chorando. Você relutará em pegar a mão de sua filha de 13 anos ao atravessar uma rua perigosa, e ... você não levará um rolo contendo fotografias de crianças de qualquer idade para ser revelado em uma loja. Se *Pretty Baby* aparecesse hoje, com certeza haveria demonstrações contra ele. Se *Lolita* fosse publicado pela primeira vez em 1997, ninguém ousaria chamá-lo de clássico.

Os relacionamentos entre pais e filhos não são os únicos que estão sofrendo verificação meticulosa e estão em processo de reavaliação e renegociação nesses tempos da revolução erótica pós-moderna. Todos os outros tipos de relações humanas são – de maneira aguçada, vigilante e obsessiva, algumas vezes até tomados pelo pânico – purificados até mesmo do mais pálido dos matizes sexuais. Os matizes sexuais são suspeitados e farejados em cada emoção que vá além do escasso inventário de sentimentos permitidos na estrutura de um desencontro (ou quase-encontro, encontro fugaz, encontro sem conseqüências),[10] em cada oferta de amizade e em cada manifestação de um interesse mais-profundo-do-que-a-média por outra pessoa. Uma observação casual sobre a beleza ou o encanto de um companheiro de trabalho tem probabilidade de ser censurado como uma provocação sexual, e oferecer uma xícara de café pode ser considerado assédio sexual. O espectro do sexo agora assombra os escritórios das companhias e as salas de aula dos colégios; existe uma ameaça em cada sorriso, olhar, forma de se dirigir. O resultado geral é uma rápida extenuação das relações humanas, despojando-as de intimidade e emoção, além de um definhamento do desejo de entrar nelas e mantê-las vivas.

Mas não só empresas e escolas são afetadas. Os tribunais vêm legalizando o conceito de "estupro marital"; os serviços sexuais já não consistem em direitos e deveres maritais, e insistir neles pode ser classificado como um crime punível. É notoriamente difícil interpretar "de maneira objetiva" a conduta de um parceiro (ainda mais se os parceiros compartilham uma cama todas as noites). Uma vez que definir o evento como estupro se baseia na decisão de apenas um dos parceiros, qualquer ato sexual pode, com um mínimo de boa vontade (ou melhor, má vontade), ser apresentado na forma de um ato de estupro (que certas escritoras feministas radicais foram rápidas em proclamar como a "verdade do sexo masculino como tal").

Os parceiros sexuais, portanto, precisam lembrar, em cada ocasião, que a discrição é essencial. A obviedade ostensiva e o caráter não problemático dos direitos maritais, que um dia foram pensados para encorajar os parceiros a preferir o sexo marital em detrimento do sexo fora do matrimônio, em teoria mais arriscado, agora é percebido com maior freqüência como uma armadilha; por conseguinte, as razões para associar a satisfação do desejo erótico com o casamento se tornam menos evidentes e convincentes – em particular quando a satisfação sem laços que aprisionem é tão fácil de ser obtida em outro lugar.

O enfraquecimento dos laços é uma importante condição para a bem-sucedida produção social de colecionadores de sensações, que também vêm a ser consumidores efetivos. Se algum dia, no limiar da era moderna, a separação entre o negócio e a família permitiu que o primeiro se submetesse às demandas inflexíveis e não emocionais da concorrência e permanecesse surdo a todas as outras, principalmente à moral, às normas e aos valores – a separação atual entre o erotismo e as outras relações inter-humanas permite que ele se submeta sem qualificação aos critérios estéticos da experiência forte e da gratificação sensual. Mas há custos enormes a serem pagos por esse ganho. Num tempo de reavaliação de todos os valores e de revisão de hábitos historicamente moldados, nenhuma norma de conduta humana pode ser suposta e é provável que alguma permaneça inconteste por muito tempo.

Toda busca por deleite está, portanto, permeada pelo medo; habilidades sociais habituais são vistas como suspeitas, enquanto as novas, sobretudo aquelas que são comumente aceitas, são raras e demoram a chegar. Para tornar a difícil situação dos homens e mulheres pós-modernos ainda pior, as poucas maneiras práticas de proceder, que emergem da confusão, criam uma confusão ainda maior por conta de suas aparentemente insolúveis contradições. A cultura pós-moderna elogia os deleites do sexo e encoraja que cada canto e greta do *Lebenswelt* seja investido de significância erótica. Impulsiona o colecionador de sensações pós-moderno a desenvolver plenamente o potencial de sujeito sexual.

Por outro lado, a mesma cultura proíbe explicitamente que se trate outro colecionador de sensações como um objeto sexual. Contudo, o problema é que, em cada encontro erótico, somos ao mesmo tempo sujeitos e objetos de desejo, e – como todo amante sabe – nenhum encontro erótico é concebível sem que os parceiros assumam ambos os papéis, às vezes fundindo-os em um só. Os sinais culturais contraditórios minam, de maneira dissimulada, o que abertamente prezam e encorajam. Essa é uma situação repleta de neuroses psíquicas, tornada ainda mais grave pelo fato de não ser mais evidente o que a "norma" é e que tipo de "conformidade à norma" poderia promover a cura dessas neuroses.

· 18 ·

Existe vida após a imortalidade?

A vida deve seu valor à morte; ou, como observou Hans Jonas, é apenas por sermos mortais que *contamos os dias e que os dias contam*. Para ser mais exato, a vida tem valor e os dias têm peso porque nós, humanos, somos conscientes de nossa mortalidade. *Sabemos* que iremos morrer e que nossa vida, para citar Martin Heidegger, significa *viver em direção à morte*.

A consciência de que a morte é inevitável poderia facilmente ter privado a vida de valor se o conhecimento da fragilidade e da finitude da vida não tivesse conferido um valor destacado para a durabilidade e a infinidade. A eternidade é o que nos evita e que não podemos pegar para nós, e mesmo tentar agarrá-la não poderia ser feito senão à custa de um grande esforço e de uma exorbitante auto-imolação. E como sabemos por Georg Simmel, todo valor deriva do sacrifício que demanda; o valor de qualquer objeto é medido pelas dificuldades de sua aquisição.

Assim, a consciência da transitoriedade da vida atribui valor apenas à duração eterna. Valida a vida de modo oblíquo: até onde sabemos, não importa quão breve nossa vida possa ser, o período de tempo entre o nascimento e a morte é nossa única chance de transcendência, de criar um esteio na eternidade.

Assim como o brilho da Lua, o da vida é apenas um reflexo de um sol: o Sol da imortalidade. Não podemos permitir que nenhum momento que possa deixar sua marca na eternidade morra sem deixar testamento. Os momentos podem ser usados de forma sensível ou desperdiçados. Contamos os dias e os dias contam.

Para essa glória refletida da vida, mais uma condição deve ser atingida. Precisamos do conhecimento para reforjar a transitoriedade em durabilidade: como construir uma ponte que leve da finitude ao infinito. A consciência da morte chega sem convite, mas esse outro conhecimento, o conhecimento da *transcendência*, deve ser construído dolorosamente. Nem o sentido comum nem a razão fornecerão esse conhecimento. De qualquer maneira, eles irão debochar de sua vaidade e afastarão os mortais da busca.

Foi apesar da razão e da lógica, e não seguindo seu conselho, que a cultura humana empreendeu a tarefa de construção da ponte. Chamamos "cultura" ao tipo de atividade humana que, em última instância, consiste em fazer o volátil se tornar sólido, vinculando o finito ao infinito, e de outra maneira construindo pontes que conectam a vida mortal aos valores imunes ao impacto erosivo do tempo. Um momento de reflexão bastaria para revelar que os pilares da ponte se apóiam nas areias movediças do absurdo. Ao deixar essa preocupação para a melancolia dos filósofos, notemos, no entanto, que a habilidade da cultura permite que os pilares sejam construídos sobre as mais frágeis fundações, que são resistentes o bastante para sustentar trechos de ponte suficientemente duros e sólidos a fim de permitir que flua um sentido de extemporaneidade na vida demasiado temporária.

A cultura conseguiu construir muitos tipos de ponte. A visão de uma vida após a morte foi uma das mais usadas. De maneira contrária ao que pensam seus críticos, essa visão não entra em conflito com a experiência comum. Todos sabem que os pensamentos têm uma existência de certa forma independente daqueles que os pensam; sabemos que eles vêm de tempos em que seus pensadores ainda não existiam e esperam que sejam repensados nesses tempos misteriosos quando seus atuais pensadores não existirão mais. E há apenas um pequeno passo dessa experiência para a idéia de que a alma, o substrato sem carne dos pensamentos, leve uma existência diferente daquela de seu invólucro carnal e temporal. Acreditar na imortalidade do corpo é algo exagerado; mas é igualmente difícil duvidar da existência, mais duradoura do que a vida, da alma. Pelo menos sua mortalidade não pode ser provada "além de uma dúvida razoável" – não no tribunal da imaginação humana, com a experiência humana sendo chamada ao banco das testemunhas.

Mas se a duração da alma é, em comparação com a vida corpórea, eterna, sua breve coabitação com o corpo é quase uma abertura para uma vida infinitamente mais duradoura e assim infinitamente mais preciosa e importante. Essa abertura adquire uma importância formidável: todos os motivos, harmonias e contrapontos da longa ópera que se segue precisam ser convocados e reunidos em seu breve período de tempo. A coabitação com o corpo pode ser risivelmente curta em comparação com a longevidade da posterior existência solitária da alma, mas é durante esse viver juntos que a qualidade da vida eterna é decidida; deixada sozinha, a alma não é capaz de mudar nada em seu destino. O mortal tem poder sobre o imortal: a vida mortal é o único tempo para coletar créditos para a eternidade. "Mais tarde" significa demasiado tarde. E assim os carregadores mortais das almas imortais contam os dias, e os dias contam.

A Reforma, ainda mais em sua expressão calvinista, contestou essa manifestação pecadora do conceito. Como ousam imaginar os mortais humanos que o que fazem aqui na Terra é poderoso o suficiente para comprometer os veredictos de Deus? Questionar a onipotência de Deus é um pecado mortal, e de qualquer maneira não alteraria a sentença de *predestinação*; muito antes que as almas embarcassem em suas breves viagens à Terra, já estava decidido quais eram os condenados e quem deveria ser salvo. De uma vez só, a doutrina da predestinação despedaçou a ponte que o cristianismo havia construído com tanto trabalho. Destruir essa ponte poderia – e deveria – despojar a vida terrena de significado e direção, gerar uma apatia universal e, com seu absurdo sendo desmascarado, fazer a vida inviável. De forma paradoxal, o oposto aconteceu. Uma vez mais a habilidade da cultura desafiou e pôs a lógica de lado.

Como Max Weber explicou, em vez de criar a inação, a predestinação calvinista libertou um volume sem precedentes de energia humana. Se a eternidade administrada por Deus é imune às ações humanas, não existe razão para medir a vida terrena humana por seus padrões. A religiosidade nascida-do-medo da Reforma estava, desde o princípio, repleta de secularismo humanista – deixou os humanos livres para se concentrarem em outras coisas que não aquelas mantidas nos compartimentos secretos dos escritórios divinos, nas coisas que nós, humanos, somos capazes de compreender e dirigir para nossa vantagem. Se eles acreditavam ou não em vida após a morte, já não era mais costume das pessoas pensar todos os dias a respeito dos efeitos que seus atos teriam sobre a vida eterna, de acordo com a aritmética colocada por Deus à disposição das criaturas humanas. Deve haver outras formas de fazer os dias contarem: outras pontes para a eternidade, pontes que os humanos poderiam projetar, construir, mapear e usar.

Na verdade, pontes modernas, novas, logo foram lançadas sobre o precipício que separava o transitório e o durável. As pontes modernas diferiam das que tinham sucumbido, pois guardas e guias humanos foram postados em ambos os lados. Não que elas tivessem sido construídas com a *intenção* de expulsar o sagrado e o divino da vida humana; sua descrição como produtos da secularização se justifica apenas na medida em que eram seculares *em suas conseqüências*. Havia pouca diferença prática entre a descrença na existência de Deus e na crença no silêncio e na impossibilidade de escrutar Deus. A afirmação de Nietzsche sobre a morte de Deus significava apenas que a vida dos humanos em nossos tempos modernos tornou irrelevante a questão da existência ou não de Deus. Vivemos *como* se estivéssemos sós no Universo. Tem sido um princípio do pensamento moderno que as proposições que não podem ser provadas ou refutadas com os meios disponíveis aos humanos não possuem sentido, e portanto não são dignas de um discurso sério. Se você não pode falar sobre certas coisas, alertou Ludwig Wittgenstein, é melhor permanecer em silêncio.

Dois tipos de ponte são particularmente "modernas", isto é, feitas à medida dos seres órfãos, aqueles que só podem contar com os membros que possuem ou com os veículos que inventam. As pontes do primeiro tipo são feitas, por assim dizer, para os pedestres, para o uso de nômades individuais. As do segundo são construídas para acomodar veículos de transporte público. A modernidade de ambos descansa menos em sua novidade (desde tempos imemoriais existiam pranchas de desembarque colocadas onde essas pontes tivessem sido construídas) e mais na centralidade do papel que desempenham nos tempos modernos, na ausência de passagens alternativas para a imortalidade.

As pontes para uso individual são as oportunidades de permanecer vivo na memória da posteridade: como uma pessoa, única e insubstituível, com um rosto reconhecível e nome próprio. O corpo se desintegrará em matéria inorgânica – o pó voltará ao pó –, mas a "pessoa" (assim como a alma do ano passado) persistirá em seu ser *individual*. Os humanos são mortais, mas suas glórias podem escapar da morte. Essa ponte desempenha sua função muito bem: na verdade, fornece o *vínculo* necessário entre a transitoriedade e a duração – a transitoriedade, que é o destino humano, e a duração como realização humana. Outra vez, vale a pena contar os dias, e de novo os dias contam. A maneira como se vive a própria vida *importa*. É preciso merecer a memória da posteridade – bajulando-a ao enriquecer nossas vidas ainda-não-esquecidas ou forçando-a a lembrar, deixando nosso selo pessoal na forma do mundo que irão habitar. Todos morrerão, mas alguns permanecerão no mundo enquanto houver pessoas com memória, enquanto os documentos arquivados não forem perdidos e os museus permanecerem de pé.

Esse tipo de ponte tem sido construído desde o começo da história (na verdade, construir essas pontes fez a história começar). Primeiro pelos déspotas e tiranos. Os faraós e imperadores ordenavam que seus restos fossem colocados em pirâmides que resistiriam ao tempo e que ninguém poderia deixar de notar; as histórias de seus feitos deveriam ser gravadas em pedras indestrutíveis ou esculpidas nas colunas e nos arcos. As pessoas que construíram as pirâmides e talharam as tabuletas permaneceram anônimas e pereceram sem deixar traços, mas seus trabalhos asfaltaram o caminho para a imortalidade.

A modernidade, tendo inventado a história "feita-pelo-homem", "faça-você-mesmo", abriu o caminho da imortalidade para todos os governantes de Estado, legisladores e comandantes de exércitos – mas também para os "governantes espirituais", descobridores e inventores, poetas e dramaturgos, pintores e escultores; para todas as pessoas cuja presença no mundo "fez diferença" e, portanto, "fez história". Os livros didáticos de história estão recheados com os nomes e rostos deles. Existem muitas sugestões para como datar o começo da modernidade, mas o momento mais representativo é aquele em que os pintores começaram a assinar seus murais e suas telas e que os nomes dos compositores começaram a ser pronunciados tão freqüentemente (e até mais) quanto os nomes de seus poderosos patronos.

Pontes individuais, como seus nomes deixam claro, não são adequadas para o uso comum, muito menos da massa. Além disso, desempenham sua função apenas enquanto não estão abarrotadas. Não que as condições de entrada tenham sido muito dificultadas para que só fossem preenchidas por pessoas excepcionais; na verdade, os critérios de admissão foram colocados de tal forma para *fazer* com que aqueles que os preencham sejam poucos e muito excepcionais. A essência de tais pontes é separar os poucos da cinzenta e anônima massa dos muitos – e essa realização depende da massa ser mantida anônima e cinzenta. Os que usam essa ponte só podem permanecer na memória como indivíduos porque todo o resto foi esquecido e suas fisionomias foram lavadas e dissolvidas.

Nem tudo foi perdido, porém, no que diz respeito a esse "resto" sem rosto. Existem pontes do segundo tipo, feitas para aqueles que tiveram o acesso barrado para as primeiras. Se os passes para a primeira ponte são escassos e oferecidos apenas a pessoas excepcionais em reconhecimento de sua excepcionalidade – o acesso à segunda ponte, pública, é, ao contrário, livre para todos que não sobressaem mas obedecem à lei e à rotina mundana. De modo contrário às pontes do primeiro tipo, a efetividade psicológica das pontes públicas como vínculos entre a vida mortal e a eternidade cresce com o número de pessoas que as usam.

As pontes do segundo tipo oferecem uma fuga coletiva da mortalidade individual. A duração individual não está em oferta, mas cada pessoa, não importa quão pequena e insignificante, pode "fazer a diferença" para o futuro com a contribuição dele ou dela para a sobrevivência de alguma coisa maior e mais durável do que qualquer ser humano: da nação, da causa, do partido, da linhagem ou da família. A vida individual não é irrelevante, a mortalidade individual pode ser instrumental para atingir a imortalidade coletiva. Ninguém se lembrará de faces ou nomes – mas aqueles que um dia os usaram deixarão um traço duradouro, se não na memória, ao menos na vida feliz de seus sucessores. Nas praças centrais de todas as capitais modernas você encontrará os túmulos de "soldados desconhecidos"; ambas as palavras dessa expressão são igualmente importantes.

Entre as coletividades cujas durações conferiram sentido à transitoriedade individual, duas se destacaram por sua capacidade de acomodar a todos ou quase todos entre os vivos: a nação e a família.

Todos pertencem a alguma nação, que é uma comunidade de seus *leais* filhos e filhas. A perpetuidade das nações depende da devoção de seus membros – todos eles juntos e cada um deles em separado. Se a sobrevivência ou segurança da nação está em perigo, melhor, pois o vínculo entre o que se faz diariamente e a eterna existência da nação torna-se mais evidente e tudo que se faz adquire gravidade. Uma nação que parasse de pedir sacrifícios a seus membros se tornaria inútil como veículo da imortalidade. Mas por grande parte de sua história moderna, a Europa – esse campo de batalha de Estados-nação e nações-em-busca-do-Estado – conheceu apenas nações (ou nações-em-espera) severas e duras em suas demandas. Nenhuma nação se sentiu de fato segura e, assim, confiante o bastante para baixar o tom de seus gritos de guerra e permitir complacência ou lapsos de vigilância. Sempre importou o que os filhos e as filhas da nação fizeram ou deixaram de fazer. As torres com relógios tiquetaqueavam bem alto e assim todos sabiam que os dias estavam sendo contados e que por isso eles contavam.

A família era outra totalidade sobre a qual se concentrava a solução coletiva para o drama da mortalidade individual: cada membro individual da família é mortal, mas a família pode ser poupada da mortalidade. No caso da família, não era o túmulo do soldado desconhecido ou o cenotáfio, mas o álbum familiar – repleto de fotografias amareladas de ancestrais há muito esquecidos e reservando algumas páginas para a aparência dos ainda não nascidos – que lembrava a inseparabilidade da duração e da transitoriedade. Folhear o álbum faz com que pensemos em nossos deveres, mas também no valor do dever cumprido. Nascemos em algo muito mais durável do que nosso próprio corpo vulnerável, e ao preencher nossas exigências – casar, ter filhos e capacitá-los a casar e ter filhos – podemos assegurar que isso será durável. Uma vez mais, é preciso contar os dias para que eles contem. "Como se fosse possível matar o tempo sem ferir a eternidade", disse Henry David Thoreau.

A nação e a família não eram, é claro, as únicas pontes coletivas para a imortalidade, colocadas pela modernidade no lugar do desafio da salvação-da-alma, para o qual não havia soluções modernas, ou seja, instrumentais-racionais. Houve muitas dessas pontes e muitas outras continuam a ser construídas todos os dias – de partidos e movimentos políticos até clubes de futebol e fã-clubes de celebridades. Entretanto, nenhuma dessas outras pontes pode concorrer com as nações e a família quando se chega à compreensibilidade e à "democracia" da solução: as nações e a família não têm rival quanto à questão crucial de todas as soluções coletivas – sua acessibilidade ou "capacidade de carga". Não por acaso a crise que hoje aflige a ambas ponha a civilização moderna numa incerteza profunda e sem precedentes.

A nação e a família deixaram de resumir a duração perpétua. De todas as entidades supra-individuais conhecidas dos seres humanos por sua experiência diária, as nações e as famílias são as que chegam mais perto da idéia de eternidade, de uma existência cujos princípios se dissolvem na história antiga, cujas possibilidades são infinitas e diminuem o vexame da breve duração da vida individual. As nações e as famílias costumavam ser portos seguros de perpetuidade nos quais os frágeis barcos da vida mortal podiam ser ancorados; sólidas passagens para a duração, que, enquanto fossem mantidas em bom estado, durariam mais do que qualquer dos usuários. Mas elas não podem mais se vangloriar de nenhuma dessas qualidades.

As nações podiam servir como personificações tangíveis da eternidade enquanto permanecessem entrincheiradas em segurança nos assombrosos poderes do Estado. Mas a era dos Estados-nação está chegando ao fim. Eles não estão mais protegidos por sua absoluta soberania econômica, militar, cultural e política; todas essas soberanias, uma a uma, tiveram de se render à pressão das forças globalizantes. Qualquer coisa que um Estado possa fazer por si mesmo parece risivelmente inadequada quando comparada ao poder do capital extraterritorial e nômade. Por outro lado, a capacidade de manter uma soberania complexa já não é mais considerada um teste pelo qual uma suposta nação deve passar antes de lhe ser concedido, como às nações *tout court*, o direito à autopreservação. A nacionalidade não é mais um privilégio raro que precisa e pode ser efetivamente defendido contra reivindicações concorrentes.

Como observou Eric Hobsbawm, cada pontinho no mapa pode reivindicar um escritório de presidência e um edifício para um Parlamento próprio. Obter o status de nacional, com o de Estado, é fácil por causa de sua inofensividade; quanto menor e mais fraco se tornar a unidade política territorial, menos restritivo é o governo das forças extraterritoriais. Enfraquecidas pelo governo indivisível do Estado-nação, as nações parecem frágeis, transitórias e, acima de tudo, demasiado fracas, inseguras e não antigas o bastante para suportar a carga da eternidade. Como já não existem fortalezas, a maior parte das nações não é uma fortaleza *sitiada*; e como não existem ameaças visíveis para sua existência continuada, existe pouco, ou nada, que a lealdade e os esforços dos filhos e das filhas da nação possam mudar no futuro. Seus dias não contam, pelo menos a esse respeito.

As famílias colocaram seus membros mortais em contato com a eternidade, já que ofereceram aquilo que, do ponto de vista deles, era uma "vida póstuma". Hoje a expectativa de vida das famílias não excede à de seus membros e poucas pessoas podem afirmar com confiança que a família que acabam de criar viverá mais do que eles. Em vez de servirem como fixações firmes, mantendo a contínua cadeia de consangüinidade unida, os casamentos tornaram-se pontos de encontro em que as cadeias são rompidas e as identidades das linhagens familiares são borradas, diluídas ou dissolvidas. Os casamentos "até que a morte nos separe" são substituídos em todas as partes pelas parcerias do "amor confluente" de Anthony Giddens, pensadas para durar tanto (porém não mais) quanto a espalhafatosamente transitória satisfação derivada da coabitação desses parceiros.

Para encurtar a história, as duas principais pontes de grande capacidade construídas nos tempos modernos para o tráfego de mão dupla entre a mortalidade individual e os valores eternos estão ruindo. As conseqüências para a condição humana, para os fundamentos da vida e para as estratégias de vida são enormes; pela primeira vez na história, contar os dias e fazer com que os dias contem é destituído de razão e de uma base institucional. Não existem pontos de conexão óbvios, creditáveis ou críveis, que dirá dignos de confiança, entre a transitoriedade e a duração, entre o que possa ser comprimido no breve espaço de tempo de uma vida individual e o que possa se esperar ou desejar que sobreviva além dos limites da mortalidade corpórea.

O inventário de conseqüências é longo e está longe de ter sido completamente gravado. Irei me limitar a um breve exame de apenas alguns itens de uma lista muito longa.

Primeiro vem a pressão sem precedentes exercida sobre as pontes construídas para sustentar apenas viajantes individuais: as estradas para a imortalidade, um dia reservadas para alguns poucos escolhidos, estão cercadas por multidões impacientes para entrar nelas. Como vimos, essas pontes são singularmente inapropriadas para o tráfego de massa. Uma vez que os bilhetes de acesso são distribuídos de forma generosa e a um preço promocional, a passagem em oferta muda de caráter; o que está sendo vendido é a "experiência" ou a sensação de imortalidade, mais do que a própria coisa (o comércio de "experiências de..." é hoje um grande e movimentado negócio: é a atração principal que seduz os visitantes de parques temáticos, museus do Holocausto ou disneylândias). É verdade, a "imortalidade" que está em oferta se relaciona com o protótipo que imita, como um vestido produzido em massa e vendido por um preço que muitos podem pagar, refere-se a um único original da *haute couture*. Dificilmente podemos nos queixar que ele foi feito com um material frágil que não durará mais do que a presente estação.

A fama costumava ser a estrada real para a imortalidade individual. Foi substituída pela *notoriedade*, que é um objeto de consumo mais do que *oeuvre* – algo produzido laboriosamente. Da mesma maneira que todos os objetos de consumo em uma sociedade de consumidores, a notoriedade é planejada para trazer uma satisfação instantânea que logo se esgota. Uma sociedade de consumidores é também uma sociedade de peças sobressalentes e materiais descartáveis, na qual a arte de reparar e preservar é redundante e já foi esquecida. A notoriedade é descartável e instantânea, assim como a experiência da imortalidade; e como a experiência está no lugar, agora, do que foi pensado para ser experimentado, a imortalidade, que não é instantânea nem descartável, é quase impossível de ser concebida. Tampouco é muito procurada.

Na corrida por notoriedade, os que um dia foram os únicos arrematantes – cientistas, artistas, inventores, líderes políticos – não têm vantagem sobre as estrelas pop e artistas de cinema, escritores de ficções baratas, modelos, artilheiros, assassinos seriais ou divorciados reincidentes. Todos precisam competir nos mesmos termos e o sucesso de cada um é medido pelos mesmos critérios dos exemplares vendidos de um livro ou da audiência de uma emissora de televisão. Isso repercute no modo como a atividade deles é percebida e como eles mesmos a percebem: na atribuição de prestígio acadêmico ou artístico, presenças momentâneas, porém freqüentes, em programas de televisão com grande audiência contam mais do que anos de pesquisas meticulosas ou experiências assíduas. Todos os objetos de consumo devem passar pelo teste de George Steiner, de máximo impacto e obsolescência instantânea.

O ritmo de tirar o fôlego com que a moda muda e celebridades nascem e desaparecem (apenas para serem "recicladas" no próximo ensaio de nostalgia orquestrada) desmente toda suspeita de que os dias têm importância. A experiência comum ensina que o tempo está correndo não em linha reta, mas em espirais e rodopios difíceis de prever: o tempo não é irreversível, nada está perdido para sempre, assim como nada é obtido e possuído para sempre, e o que está acontecendo nesse instante não compromete as formas dos amanhãs. Na verdade, os dias não têm importância e não vale a pena contá-los. O antigo lema *carpe diem* adquiriu um sentido totalmente diferente e leva uma nova mensagem: colha seus créditos agora, pensar no amanhã é perda de tempo. A cultura dos cartões de crédito substituiu a das cadernetas de poupança. Os cartões de crédito tiveram seu uso generalizado há duas décadas com o slogan "tire o esperar do desejar".

A imortalidade perdeu seu atributo mais crucial e atrativo: a garantia de irreversibilidade e irrevogabilidade. Viraram a mesa: agora a morte, e apenas a morte, pode ter o status de ser definitiva. A morte não é mais a passagem para outra coisa. Não introduz a eternidade; a morte é o fim da *sensação de eternidade*, que só pode ser extasiante e momentânea, que transformou a própria coisa em redundante e suas características de "mesmices" duráveis em nada menos do que repulsivas. Em certo sentido, essa bancarrota da imortalidade proporciona uma nova atração à vida mortal. É verdade que a vida já não é mais a única chance que temos de conseguir uma permissão de residência da eternidade; mas é nossa única chance de provar e gozar a imortalidade, embora em sua forma aparentemente degradada de notoriedade endemicamente volátil.

Contudo, o "novo e melhorado" significado da vida mortal também tem suas conseqüências, que o transformam em uma bênção mista. Em todos os tempos e lugares, a maioria das pessoas desejou que sua vida fosse mais longa, e assim fez o possível para adiar o momento da morte. Mas dificilmente a ânsia de lutar contra a morte desempenhou um papel tão central como hoje para estabelecer estratégias e objetivos de vida. Uma vida longa e adequada – do tipo que permite o consumo de todos os prazeres que a vida tem para oferecer – é hoje o valor supremo e o principal objetivo dos esforços de vida. Para essa nova hierarquia de valores, a tecnologia da clonagem vem a calhar: na era das peças sobressalentes, ela brande a perspectiva de tornar substituível a parte mais preciosa de todas...

Sendo a vida corpórea a única coisa que existe, é impossível conceber um objeto mais precioso e que valha mais a pena cuidar. Nossos tempos são marcados por uma preocupação obsessiva com o corpo, que é uma fortaleza rodeada de inimigos astutos e dissimulados. O corpo deve ser defendido diariamente, e uma vez que o tráfego entre o corpo e o hostil "mundo lá fora" não pode ser evitado por completo (embora as pessoas que sofrem de anorexia, uma doença criada por nossos tempos, tentem com afinco), todos os pontos de entrada, os orifícios corpóreos, devem ser vigiados de perto. Qualquer coisa que venhamos a comer, beber ou respirar, ou que deixemos que toque nossa pele, pode ser desmascarada amanhã por ser um veneno. O corpo é um instrumento de gozo, e portanto deve ser alimentado com as atrações que o mundo tem em estoque. Mas o corpo também é a mais preciosa das possessões, devendo ser defendido a todo custo contra o mundo que conspira para enfraquecê-lo e destruí-lo. A contradição irremediável entre as ações exigidas por essas duas considerações, obviamente incompatíveis, está destinada a ser uma inesgotável fonte de ansiedade; acredito que esta seja a principal causa das neuroses mais comuns e típicas de nosso tempo.

A história da cultura é muitas vezes escrita como a história das belas-artes. Existe uma boa razão para esse hábito de outra forma tendencioso e narcisista: as artes sempre, com ou sem saber, mapearam – e assim os tornou familiares e habitáveis – os novos territórios em que o restante das pessoas estava prestes a entrar. Devemos buscar nas artes contemporâneas os sintomas prodrômicos de vida ainda por chegar e assim muito incipientes para serem observados em outro lugar.

Charles Baudelaire sonhou com pintores que, ao registrarem o momento, revelariam o grão de eternidade que este envolve. Hannah Arendt sugeriu que o único critério de grandeza da arte é seu eterno poder de impressionar e provocar. As catedrais góticas, construídas para durarem mais do que quaisquer outras construções humanas, os afrescos que cobrem as paredes das igrejas barrocas, a frágil beleza de rostos mortais gravada em mármore que não envelhece, a obsessão dos impressionistas com a verdade definitiva da visão humana – tudo isso preenchia esses critérios e demandas.

No centro da atenção dos críticos e nas relações de finalistas dos mais prestigiados e cobiçados prêmios artísticos de hoje estão obras de arte que constroem a transitoriedade, a contingência e a fragilidade na própria modalidade de sua existência. As obras de arte mais notórias de nossos dias manifestam desprezo ou indiferença pela imortalidade. Quanto às instalações montadas para durarem uma única exposição, os espectadores sabem que elas serão desmanteladas no dia que a exposição for encerrada. Não se trata apenas de as instalações não perdurarem: elas reivindicam o acesso ao espaço da galeria com base em sua fragilidade e evidente temporariedade. É o evanescente e o passar do tempo que hoje estão expostos nos palácios da arte.

Um modo muito popular de ganhar a atenção do mundo artístico atualmente, na verdade uma receita para a notoriedade, é o *happening*. Ele acontece apenas uma vez: nunca mais será repetido na mesma forma e seqüência. Um *happening* nasce sob o estigma da morte; a proximidade da morte é sua principal atração. Ele se diferencia do desempenho teatral que, espera-se, permanecerá em cena por semanas ou meses. Nos *happenings*, nem os espectadores nem os atores sabem como irão proceder, e a estimulação do evento está justamente nessa ignorância – na consciência de que a sucessão de eventos não foi escrita de antemão.

Mesmo mestres antigos e veneráveis como Matisse ou Picasso, Vermeer ou Rubens, que acreditamos estar solidamente entrincheirados na eternidade, precisaram forçar sua passagem para o presente por meio do espetáculo e da propaganda; as multidões são atraídas pelo episódico e pela brevidade do evento. Mudam o foco da atenção para outros eventos também episódicos uma vez que a estimulação termina.

A arte contemporânea, da intelectual e sublime à popular e vulgar, é um contínuo ensaio da fragilidade da imortalidade e da revogabilidade da morte. Nossa civilização de peças sobressalentes também é uma civilização de reciclagem contínua. Nenhuma morte é derradeira e final, assim como toda eternidade é "até-novo-aviso".

Algum tempo atrás, Michael Thompson publicou um estudo a respeito do papel do durável e do transitório na história social.[1] Ele demonstrou o vínculo estreito entre durabilidade e privilégio social, entre transitoriedade e privação social. Os ricos e poderosos de todas as épocas faziam questão de estar rodeados de objetos duráveis, quem sabe indestrutíveis, deixando aos pobres e indolentes objetos frágeis e quebradiços que logo se tornariam lixo. A nossa é provavelmente a primeira era a reverter essa relação. A nova elite móvel e extraterritorial promove o desprezo pelas possessões, uma rejeição resoluta ao afeto pelos objetos e uma facilidade (assim como falta de arrependimento) para abandonar um objeto quando seu caráter de novidade diminui. Estar rodeado pelos restos da moda de ontem é um sintoma de retardamento ou privação.

A nossa é a primeira cultura na história a não premiar a duração e a conseguir fatiar o tempo de vida em séries de episódios vividos com a intenção de protelar suas conseqüências duradouras e evitar compromissos firmes que tornariam tais conseqüências restritivas. A eternidade não importa, a não ser para a experiência instantânea. O "longo prazo" é apenas um pacote de *Erlebnisse* de curto prazo, receptivo a um incessante embaralhamento e sem uma ordem privilegiada de sucessão. O infinito foi reduzido a uma série de "aqui e agora"; a imortalidade, à interminável reciclagem de nascimentos e mortes.

Não sugiro que o que enfrentamos hoje é uma "crise cultural". A crise – a perpétua transgressão e o esquecimento das formas já criadas e a experimentação com formas novas e não tentadas – é a condição natural de toda cultura humana. O que proponho é que nesse estágio de contínua transgressão chegamos a um território que os humanos jamais habitaram, um território que a cultura humana no passado considerou inabitável. A longa história da transcendência, esse salto em direção à eternidade que levou a um estabelecimento permanente, não é cobiçada nem parece necessária para tolerar a vida. Pela primeira vez, os humanos mortais conseguem viver sem a imortalidade, e não parecem se importar.

Repito: não estivemos aqui antes. Ainda veremos como é o "estar aqui" e quais serão suas conseqüências duradouras (perdão por usar termos fora de moda).

· Notas ·

Introdução *(p.7-23)*

1. Ernest Becker, *The Denial of Death* (Nova York: Free Press, 1997), p.26-7.

2. Ibid., p.7.

3. Émile Durkheim, in *Sociologie et philosophie* e "La science positive de la morale en Allemagne"; apud Émile Durkheim, *Selected Writings*, trad. Anthony Giddens (Cambridge: Cambridge University Press, 1972), p.115, 94.

4. Ulrich Beck, *The Reinvention of Politics*, trad. Mark Titter (Cambridge: Polity Press, 1997), p.51.

5. Ulrich Beck e Elisabeth Beck-Gernsheim, *The Normal Chaos of Love*, trad. Mark Ritter e Jane Wiebel (Cambridge: Polity Press, 1995), p.7.

6. Ulrich Beck, *Risk Society*, trad. Mark Ritter (Londres: Sage, 1992), p.137.

7. Stuart Hall, "New ethnicities", ICA Documents 7 (Londres, 1988), p.27. Apud Lawrence Grossberg, *We Gotta Get Out of This Place: Popular Conservatism and Postmodern Culture* (Londres: Routledge, 1992), p.47.

8. Grossberg, *We Gotta Get Out of This Place*, p.54.

1. Ascensão e queda do trabalho *(p.27-43)*

1. Ver Paul Bairoch, *Mythes et paradoxes de l'histoire économique* (Paris: La Découverte, 1994). Ver, em inglês, Bairoch, *Economics and World History: Myths and Paradoxes* (Londres: Harvester-Wheatsheaf, 1993).

2. Daniel Cohen, *Richesse du monde, pauvretés des nations* (Paris: Flammarion, 1998), p.31.

3. Ver Karl Polanyi, *The Great Transformation* (Boston: Beacon Press, 1957), esp. p.56-7 e cap.6.

4. Como relatado no *Chicago Tribune*, 25 de maio de 1916.

5. Richard Sennett, *The Corrosion of Character: The Personal Consequences of Work in the New Capitalism* (Nova York: Norton, 1998), p.42-3.

6. Geert van der Laan, "Social work and social policy in the Netherlands", texto de uma conferência feita durante o Diálogo Leste–Oeste sobre Trabalho Social realizado em Dresden, 1998.

7. Sennett, *The Corrosion of Character,* p.24.

8. Ver Robert Reich, *The Work of Nations* (Nova York: Vintage Books, 1991).

9. Ver Alain Peyrefitte, *La société de confiance. Essai sur les origines du développement* (Paris: Odile Jacob, 1998), p.514-6.

10. Nigel Thrift, "The rise of soft capitalism", *Cultural Values* (abril de 1997), p.52.

11. Ver Pierre Bourdieu, *Contre-feux. Propos pour servir à la résistance contre l'invasion néo-libérale* (Paris: Liber-Raisons d'Agir, 1998), p.97; em inglês como *Acts of Resistance,* trad. Richard Nice (Cambridge: Polity Press, 1998).

12. Jacques Attali, *Chemins de sagesse. Traité du labyrinthe* (Paris: Fayard, 1996), p.84.

2. Ordens locais, caos global *(p.44-56)*

1. Richard Sennett, *The Corrosion of Character* (Nova York: Norton, 1998.)

3. Liberdade e segurança: a história inacabada de uma união tempestuosa *(p.57-77)*

Este ensaio foi publicado previamente em alemão com o título "Freiheit und Sicherheit: Die unvollendete Geschichte einer stürmischen Beziehung", in Elisabeth Anselm, Aurelius Freitag, Walter Marschnitz e Boris Martre (org.), *Die Neue Ordnung der Politischen: Die Herausforderungen der Demokratie am Beginn des 21 Jahrhunderts* (Frankfurt: Campus, 1999).

1. Ver Sigmund Freud, *Civilization and its Discontents*, James Strachey (org.), trad. Joan Riviere (Londres: Hogarth Press, 1973), p.13, 14, 30, 33, 52.

2. Ibid., p.13.

3. Ibid., p.61.

4. Ibid., p.23-4.

5. Alain Ehrenberg, *La fatigue d'être soi. Dépression et société* (Paris: Odile Jacob, 1998).

6. Norbert Elias, *The Society of Individuals*, Michael Schröter (org.), trad. Edmund Jephcott (Oxford: Blackwell, 1991).

7. Ulrich Beck, *Risk Society: Towards a New Modernity*, trad. Mark Ritter (Londres: Sage, 1992), originalmente *Risikogesellschaft: auf democracia weg in eine andere Moderne* (Frankfurt: Suhrkamp, 1986).

8. Joël Roman, *La Démocratie des Individus* (Paris, Calmann-Lévy, 1998).

9. Ulrich Beck, *Ecological Enlightenment: Essays on the Politics of Risk Society*, trad. Mark Ritter (Atlantic Highlands: Humanities, 1995), p.40.

10. Pierre Bourdieu, "La précarité est aujourd'hui partout", in Contrefeux (Paris: Liber-Raisons d'Agir, 1998), p.96, 97; em inglês como *Acts of Resistance*, trad. Richard Nice (Cambridge: Polity Press, 1998).

Notas

11. Ver Pierre Bourdieu, "Le néo-liberalisme, utopie (en voie de réalisation) d'une exploitation sans limites", in ibid., p.110.

12. Ver Manuel Castells, *The Information Age: Economy, Society and Culture* (3 vols., Oxford: Blackwell, 1998).

13. Cornelius Castoriadis, *La Montée de l'insignifiance* (Paris: Seuil, 1996), p.99.

14. Ver Jacques Rencière, *Aux bords du politique* (Paris: La Fabrique, 1998).

15. Ver Claus Offe, Ulrich Mückenberger e Ilona Ostner, "A basic income guaranteed by the state; a need of the moment in social policy", in Claus Offe, *Modernity and the State* (Cambridge: Polity Press, 1996).

4. Modernidade e clareza: a história de um romance fracassado *(p.78-94)*

1. Ver *Scepticism from the Renaissance to the Enlightenment*, Richard H. Popkin e Charles B. Schmitt (Wiesbaden: Otto Harrasowitz, 1987), p.9.

2. M.F. Burneyot, "The sceptic in history place and time", in ibid., p.26.

3. Esequiel de Olaso, "Leibniz and scepticism", in ibid., p.156.

4. Emmet Kennedy, *Destutt de Tracy and the Origins of 'Ideology'* (Philadelphia: American Philosophical Society, 1978), p.48.

5. F.J. Picavet, *Les Idéologues* (Nova York: Burt Franklin, 1971), p.110.

6. Richard H. Popkin, *The History of Scepticism from Erasmus to Spinoza* (Berkeley: University of California Press, 1979), p.244.

7. Eric Voegelin, *From Enlightenment to Revolution*, trad. John H. Hallowell (Durham, N.C.: Duke University Press, 1975), p.51, 61.

8. Ver Picavet, *Les Idéologues*, p.203-11.

9. Destutt de Tracy, *Éléments d'idéologie*, vol.1 (Paris: J. Vrin, 1970), p.299-300.

10. Ver *Kant's Political Writings*, Hans Reiss (org.), trad. H.B. Nisbet (Cambridge: Cambridge University Press, 1970), p.186, 188.

11. Bronislaw Baczko, *Lumières de l'Utopie* (Paris: Payot, 1978); apud tradução inglesa, *Utopian Lights; The Evolution of the Idea of Social Progress*, trad. Judith L. Greenberg (Nova York: Paragon, 1989), esp. p.219-35.

12. Ninguém explorou as complexidades da vontade melhor do que Hannah Arendt em *The Life of the Mind*, vol.2: *Willing* (Nova York: Harcourt Brace Jovanovich, 1978).

13. Sigmund Freud, *Civilization and its Discontents*, trad. Joan Riviere (Londres: Hogarth Press, 1973), p.14, 30.

5. Sou por acaso o guardião do meu irmão? *(p.95-109)*

Este capítulo foi publicado previamente na *European Journal of Social Work* 3.1 (março de 2000).

1. Deixem-me observar que o termo "terceira via" provavelmente só será usado por aqueles escritores e políticos que renunciaram à esperança de domar as rudes e com freqüência selvagens forças do mercado mas não estão prontos a aceitar sua capitulação; os porta-vozes da "primeira", a via dominante do capitalismo de mercado, agora livre da "segunda", a alternativa socialista, dificilmente precisariam recorrer ao termo, já que não veriam muita diferença entre o que está sendo proposto sob o rótulo de "terceira via" e o que eles vêm dizendo o tempo todo.

7. Crítica – privatizada e desarmada *(p.129-47)*

Este ensaio foi previamente publicado em *Zeitschrift für Kritische Theorie* 9 (1999).

9. Usos da pobreza *(p.148-57)*

1. Como relatado no *Le Monde* de 10 de setembro de 1998.
2. Ver Jean-Paul Maréchal, "Demain, l'économie solidaire", *Le Monde Diplomatique* (abril de 1998), p.19.
3. Zygmunt Bauman, *Globalization: The Human Consequences* (Cambridge: Polity Press, 1998).
4. Ver Alain Gresh, "Les aléas de l'internationalisme", *Le Monde Diplomatique* (maio de 1998).

10. Educação: sob, para e apesar da pós-modernidade *(p.158-77)*

Este ensaio foi publicado previamente em *Language-Mobility-Identity: Contemporary Issues for Adult Education in Europe*, Agnieska Bron e Michael Schemmann (orgs.) (Münster: Litverlag, 2000).
1. Margaret Mead, *Continuities in Cultural Evolution* (New Haven: Yale University Press, 1964), p.79.
2. Gregory Bateson, "Social planning and the concept of deutero-learning", in *Steps to an Ecology of Mind* (Frogmore: Paladin, 1973), p.140.
3. Gregory Bateson, "The logical categories of learning and communication", in ibid., p.264-6.
4. "Le délabremente de l'Occident", entrevista com Cornelius Castoriadis feita em 1991 por Olivier Mongin, Joël Roman e Ramin Jahanbegloo; cf. Cornelius Castoriadis, *La Montée de l'insignifiance* (Paris: Seuil, 1996), p.3.
5. Ver Régis Debray, *Le pouvoir intellectuel en France* (Paris: Ramsay, 1979).
6. Muito mais do que a prática educacional, que só pode acompanhar, em cada uma de suas manifestações concretas tomadas em separado, a tradicional ânsia por padrão e estrutura; o centro de gravidade fica, afinal de contas, não em eventos educacionais separados, mas em sua variedade e, na verdade, em sua falta de coordenação...

11. Identidade no mundo globalizante *(p.178-93)*

1. Stuart Hall, "Who needs 'identity'?", in Stuart Hall e Paul du Gay (orgs.), *Questions of Cultural Identity* (Londres: Sage, 1996), p.1.

2. Arland Ussher, *Journey through Dread* (Nova York: Devin-Adair, 1955), p.80.

3. Ver Vincent Vycinas, *Earth and Gods* (Haia: Martinus Nijhoff, 1969), p.36-7.

4. Ver Alain Peyrefitte, *La société de confiance. Essai sur les origines du développement* (Paris: Odile Jacob, 1998), p.514-6.

5. Ver Stevie Davies, *Renaissance View of Man* (Manchester: Manchester University Press, 1978), p.62.

6. Ver Jean-Jacques Rousseau, *The First and Second Discourses*, publicados pela primeira vez em 1749 e 1754, trad. Victor Gourevitch (Nova York: Harper and Row, 1986), p.148.

7. Daniel Cohen, *Richesse du monde, pauvretés des nations* (Paris: Flammarion, 1997), p.84.

8. Erik H. Erikson, *Identity: Youth and Crisis* (Londres: Faber and Faber, 1974), p.17-9.

9. Zbyszko Melosik e Tomasz Szkudlarek, *Kultura, Tozsamosc i Edukacja* (Cracóvia: Impuls, 1998), p.89.

10. Christopher Lasch, *The Minimal Self: Psychic Survival in Troubled Times* (Londres: Pan Books, 1984), p.38.

11. Pierre Bourdieu, "La précarité est aujourd'hui partout", in Contre-feux (Paris: Liber-Raisons d'Agir, 1998), p.96-7; em inglês como *Acts of Resistance* (Cambridge: Polity Press, 1998).

12. Christopher Lasch, *Culture of Narcissism* (Nova York: Warner Books, 1979), p.29-30.

13. Eric Hobsbawm, *The Age of Extremes* (Londres: Michael Joseph, 1994), p.428.

14. Eric Hobsbawm, 'The cult of identity politics', *New Left Review* 217 (1996), p.40.

15. Jock Young, *The Exclusive Society* (Londres: Sage, 1999), p.164.

16. Jonathan Friedman, "The hybridization of roots and the abhorrence of the bush", in Mike Featherstone e Scott Lash (orgs.), *Spaces of Culture* (Londres, Sage 1999), p.241.

17. "Who needs 'identity'?", p.3.

12. Fé e satisfação instantânea *(p.194-202)*

Este ensaio foi publicado previamente em *Concilium* 4 (1999).

13. O amor precisa da razão? *(p.205-18)*

Este ensaio foi publicado previamente em alemão sob o título *Brauch die Liebe das Vernunft?*, in *Rhein Reden* 1 (2000).

1. Jonathan Rutherford, *I Am No Longer Myself Without You: An Anatomy of Love* (Londres: Flamingo, 1999), p.4.

2. Max Scheler, "Ordo Amoris", in *Selected Philosophical Essays*, trad. David R. Lachterman (Evanston: Northwestern University Press, 1973), p.117.

3. "Symposium", in *Great Dialogues of Plato*, trad. W.H.D. Rouse (Nova York: Mentor Books, 1956), p.87, 95-6, 101-2.

4. "Ordo Amoris", p.113, 114.

5. Ibid., p.110.

6. Emmanuel Levinas, *Le temps et l'autre* (Paris: PUF, 1979), p.64, 80.

7. Ver Emmanuel Levinas, *Autrement qu'être ou delà de l'essence* (Haia: Nijhoff, 1974).

8. Knud Ejler Løgstrup, *The Ethical Demand*, trad. Theodor I. Jensen (Notre Dame: University of Notre Dame Press, 1997), p.56.

9. Ver *The Ethical Demand*, p.110-3.

14. Moralidade privada, mundo imoral *(p.219-50)*

Uma versão resumida deste ensaio foi publicada previamente como "The world inhospitable to Levinas", *Philosophy Today* 43.2 (verão de 1999).

1. Vladimir Jankélévitch, *Traité des vertus* (Paris, 1968).

2. Agnes Heller, *A Philosophy of History in Fragments* (Oxford: Blackwell, 1993).

3. Entrevista com Emmanuel Levinas, por Roger-Pol Driot in *Le Monde*, 2 de junho de 1992.

4. Georg Simmel, *The Sociology of Georg Simmel* (Glencoe: Free Press, 1950).

5. Emmanuel Levinas, em conversa com François Poirié, *Qui êtes-vous?* (Lyon: Éditions la Manufacture, 1987).

6. Hans Jonas, *The Imperative of Responsability* (Chicago: University of Chicago Press, 1984).

7. *Le Monde Diplomatique*, julho de 1995.

8. Manuel Castells, *The Information Age* (3 vols., Oxford: Blackwell, 1998).

9. Cornelius Castoriadis, *La Montée de l'insignifiance* (Paris: Seuil, 1996).

10. Relatado no *Le Monde Diplomatique*, agosto de 1997.

11. *Le Monde Diplomatique*, julho de 1997.

12. *Le Monde*, agosto de 1997.

13. Claus Offe, *Modernity and the State: East, West* (Cambridge: Polity Press, 1996).

14. Relatado no *Le Monde*, 12 de junho de 1998.

15. *Le Monde Diplomatique*, março de 1998.

16. Em *Arena* 10 (1998).

15. Democracia em duas frentes de batalha *(p.251-7)*

Esse ensaio foi publicado previamente em alemão sob o título "Zerstreuung der Macht", *Die Zeit*, 18 de novembro de 1999.

16. Violência – antiga e nova *(p.258-74)*

Esse ensaio foi publicado previamente em alemão com o título "Alte und neue Gewalt", *Journal für Konflikt und Gewaltforschung* I (2000).

Notas

1. Herbert I. Schiller, "Décervelage à l'américaine", *Le Monde Diplomatique*, agosto de 1999, p.15.

2. Chris Bird, "This is what will happen to all of us", *Guardian*, 29 de julho de 1999, p.2.

3. Pierre Bourdieu, "Le champ intellectuel: un monde à part", in *Choses dites* (Paris: Minuit, 1987), p.171.

4. Edward W. Said, "La trahison des intellectuels", *Le Monde Diplomatique*, agosto de 1999, p.7.

5. Gravado pelos estudantes de Wittgenstein em 1944; apud *German Essays on Religion*, Edward T. Oakes (org.) (Nova York: Continuum, 1994), p.224-5.

17. Sobre os usos pós-modernos do sexo *(p.275-97)*

Este ensaio foi publicado previamente em *Theory, Culture and Society* 15.3-4 (1999).

1. Citado segundo a tradução polonesa, *Podwöjny Plomien* (Cracóvia: Wydawnictwo Loterackie, 1996).

2. Theodore Zeldin, *An Intimate History of Humanity* (Nova York Harper-Collins, 1994), p.86.

3. Stephen Kern, *The Culture of Love: Victorians to Moderns* (Cambridge, Mass.: Harvard University Press, 1992).

4. Mark C. Taylor e Esa Saarinen, *Imagologies: Media Philosophy* (Londres: Routledge, 1994)

5. Anthony Giddens, *The Transformation of Intimacy: Sexuality, Love and Erotism in Modern Societies* (Cambridge: Polity Press, 1992).

6. Michel Foucault, *The History of Sexuality*, vol.1: *An Introduction* (Londres: Penguin, 1990), p.40-4, 103-7.

7. Suzanne Moore, "For the good of the kids – and us", *Guardian*, 15 de junho de 1995.

8. Rosie Waterhouse, "So what is child abuse?", *Independent on Sunday*, 23 de julho de 1995.

9. Maureen Freely, "Let girls be girls", *Independent on Sunday*, 2 de março de 1997.

10. Ver meu capítulo "Formas de estar juntos", in *Life in fragments* (Oxford: Blackwell, 1995).

18. Existe vida após a imortalidade? *(p.298-313)*

1. Michael Thompson, *Rubbish Theory: The Creation and Destruction of Value* (Oxford: Oxford University Press, 1979).

· Agradecimentos ·

Estou em débito com John Thompson, por iniciativa dele estes documentos e palestras foram reunidos em um livro, sua ajuda na seleção foi inestimável. Ele também sugeriu o título para a compilação. E sou imensamente grato a Ann Bone pela habilidade, dedicação e paciência com que colocou o resultado em uma forma adequada para ser publicada.

 A marca FSC® é a garantia de que a madeira utilizada na fabricação do papel deste livro provém de florestas de origem controlada e que foram gerenciadas de maneira ambientalmente correta, socialmente justa e economicamente viável.

Este livro foi composto por Futura Editoração em Avenir e Minion e impresso em papel offset 90g/m² e cartão triplex 250g/m² por Intergraf em fevereiro de 2016.